Militaria

Nach dem lebensgrossen Abbild von König Friedrich's Person im Alter, wie dasselbe auf der Königl: Kunstkammer zu Berlin aufbewahrt wird. Mit Ausnahme der Stiefel, der Halsbinde, und des Knopfes nebst Halsschnur an der Hutkokarde (s.d.folg.Bl.) welche ergänzt sind, sind alle Garderobestücke echt. Die Uniform ist der Interimsrock der Garde, er war des Königs Alltagskleidung.

Wolfgang Hermann
Ernst-Ludwig Wagner

Militaria
von 1750 bis heute

Weltbild

Frontispiz:

König Friedrich der Große
in der Interimsuniform seines I. Bataillons Leibgarde
von Adolf Menzel

Wichtiger Hinweis
Die angegebenen Preise sind DM-Preise!

Genehmigte Lizenzausgabe für Verlagsgruppe Weltbild GmbH,
Steinerne Furt, 86167 Augsburg
Copyright 1993 © by Weltbild Ratgeber Verlage GmbH & Co. KG,
München. Veröffentlicht im Battenberg Verlag.
Umschlaggestaltung: Studio Höpfner-Thoma, München
Umschlagmotiv: AKG, Berlin
Gesamtherstellung: sachsendruck GmbH,
Paul-Schneider-Straße 12, 08525 Plauen
Printed in Germany
ISBN 3-8289-0791-1

2006   2005   2004   2003
Die letzte Jahreszahl gibt die aktuelle Lizenzausgabe an.

Alle Rechte vorbehalten.

Einkaufen im Internet: www.weltbild.de

Inhalt

Einführung in das Sammelgebiet 7
    Einleitung 7

Die Entwicklung der militärischen Ausrüstung seit dem Dreißigjährigen Krieg bis in die Neuzeit 9

Die Entwicklung von Uniform und Bewaffnung in Deutschland
    am Beispiel Brandenburg-Preußen 12
    Infanterie 12
    Jäger, Schützen und Maschinengewehr-Abteilungen 14
    Kürassiere 15
    Dragoner 16
    Husaren 16
    Ulanen 18
    Jäger zu Pferde 19
    Artillerie, Pioniere, Verkehrstruppen, Train 20
    Landwehr 21
    Rangabzeichen der Offiziere 21
    Rangabzeichen der Unteroffiziere und Mannschaften 23

Das Ende des Bunten Rockes: Der Erste Weltkrieg 1914–1918 ... 24
Von den Freikorps zum Hunderttausend-Mann-Heer der
    Reichswehr 25

Die Wehrmacht – Uniformierung des Heeres 28
    Luftwaffe – Uniformen für den neuen Wehrmachtteil 31
    Kriegsmarine – Traditionelle Uniform 33
    Militärische Orden und Ehrenzeichen im 3. Reich 35

Die Zeit nach 1945 37
    Der Bürger in Uniform: Die deutsche Bundeswehr 37
    Die NVA – Die bewaffnete Macht des Arbeiter- und
    Bauernstaates DDR 38
    Bundeswehr und NVA: Ein unerschlossenes Sammelgebiet 40

Fälschungen 41
Der Militariasammler und das Gesetz 42
Hinweise für Sammler 43

Glossarium militärischer Begriffe 49

Katalog-Bildteil 65
   Zum Katalog und zu den Preisangaben 65

Die Zeit bis 1918 66
   Kopfbedeckungen 66
   Uniformen – Uniformteile 98
   Blankwaffen und Schußwaffen 110
   Fahnen, Fahnenspitzen, Ringkragen, Schabrunken und
      Paukenbehänge 130
   Militärische Erinnerungsstücke 138
   Diverses 150

Die Wehrmacht 152
   Uniformen 152
   Stahlhelme und militärische Kopfbedeckungen 158
   Blankwaffen 160
   Orden und Ehrenzeichen 162
   Militärische Erinnerungsstücke 164
   Diverses 165

Die Zeit nach 1945 167
   Die deutsche Bundeswehr 167
   Die Nationale Volksarmee der DDR 169

Einführung in das Sammelgebiet

Einleitung

Es ist eine schwierige Aufgabe, Hinweise für das Sammeln von Militaria zu geben. Das Gebiet ist schier unübersehbar, und die Fülle der Einzelheiten läßt sich nur schwer in eine überschaubare Ordnung bringen. Die Wortfamilie »Militär, militärisch, Militaria« ist vom lateinischen »miles«, Soldat, hergeleitet und bezieht sich auf schlechthin alles, was mit dem Kriegswesen zusammenhängt. Der Sammler grenzt den Begriff Militaria auf die sammelbaren Gegenstände des militärischen Bereichs seit Einführung der stehenden, nach bestimmten Uniformvorschriften gekleideten und einheitlich ausgerüsteten Truppenteile ab.

Dazu gehören neben Stücken der Ausrüstung und Bewaffnung auch Zeitdokumente wie Bücher, Vorschriften, Bilder und Graphik sowie Dekoratives, z. B. Zinnfiguren, Büsten, Regimentsgeschenke, auch Gegenstände von historischer Bedeutung bzw. aus dem Besitz von Fürstlichkeiten, hohen Militärs oder anderen Personen der Geschichte. Die wissenschaftliche Behandlung des Gebiets wird zur Heereskunde gerechnet, einer der wichtigsten historischen Hilfswissenschaften. Die Militärgeschichte durchzieht die Geschichte der Menschheit wie ein roter Faden,

Preußen 1806. Offizier vom Regiment der Garde du Corps.
Preußen 1806. Karabinier vom Leibhusaren-Regiment von Rudorf No. 2. Beide Soldaten tragen die für den Anfang des 19. Jhs. typischen hohen Kopfbedeckungen, die vom militärischen Standpunkt aus völlig unvernünftig sind.

die Auseinandersetzung mit militärischen Problemen hat oft Anstoß zu wichtigen technischen Entwicklungen gegeben; andererseits finden Geisteshaltung, technische Entwicklung und Mode ihr Spiegelbild in Führung, Ausrüstung und Bekleidung der Truppen.

Die Interessen der Sammler entsprechen der Vielfalt des Gebotenen. Besonders eindrucksvoll ist die Pracht und handwerkliche Ausgestaltung vieler Gegenstände dieses Bereiches. Oft stand nicht unbedingt die Tauglichkeit der Dinge im Vordergrund, sondern die Selbstdarstellung des Trägers. So waren die in den meisten Armeen zu Anfang des 19. Jahrhunderts getragenen Helme und Tschakos in der Höhe so unvernünftig, sodaß der Soldat Schwierigkeiten hatte, sie auf dem Kopf zu behalten. Metallteile wurden aufwendig von Hand versilbert oder feuervergoldet, zum Teil ziseliert oder geätzt. Stickereien, Pailletten, kostbare Stoffe, Büsche aus den verschiedensten Farben und Haaren hoben besonders den Offiziersstand hervor. Der Aufwand war so hoch, daß Offiziere, die ihre Uniform ja selbst bezahlen mußten, deswegen oft jahrelang verschuldet waren, wenn sie nicht von Haus aus vermögend waren.

Das Studium einer bestimmten Entwicklung, z. B. bei Schußwaffen oder von Uniformen, oder die Darstellung einer bestimmten Epoche oder Waffengattung gibt reizvolle Anhaltspunkte zum Aufbau einer Sammlung. Vielfach werden familiengeschichtliche Interessen den Anstoß des Sammlers bilden.

Die Entwicklung der militärischen Ausrüstung seit dem Dreißigjährigen Krieg bis in die Neuzeit

Allgemein läßt sich erst im Zeitalter Ludwigs XIV. (1643–1715) vom Aufkommen der Uniform in Europa sprechen.

Vereinzelt lassen sich Ansätze schon früher erkennen; so kleideten die Fürsten und Lehnsherren ihre Gefolgschaft oftmals in ihren Wappenfarben, um sie von dem gemeinen Volk zu unterscheiden und ihnen eine standesgemäße Tracht zu geben. Das hing mit der Entwicklung der Heraldik zusammen, dem Wappenwesen, das im 13. zum 14. Jahrhundert seine volle Ausbildung erreicht hatte. Wesentlichen Anteil am Aufkommen der Uniformen hatte das Erstarken des Tuchhandels und der Färberei.

Im Gegensatz dazu war die Bewaffnung schon früher einheitlich gestaltet. So trug der Pikenier des Dreißigjährigen Kriegs Sturmhaube, Brust- und Rückenpanzer, Halsberge und Beintaschen. Neben der langen Lanze führte er einen Stoßdegen. Der Musketier kleidete sich mit einem breitkrempigen Hut und schoß mit dem Lunten-, später auch mit dem Radschloßgewehr, das er zur größeren Zielgenauigkeit auf eine Gabel legte. Über die Schulter trug er ein breites Lederbandelier, an dem die Pulverflasche, der Kugelbeutel und eine Reihe von Holzkapseln mit vorbereiteten Pulverladungen hingen. Im Nahkampf benutzte er ebenfalls den Stoßdegen. Der Reiter schützte sich zusätzlich mit Visierhelm sowie Ober- und Unterarmschutz. Beidseitig am Sattel waren große Holster befestigt, in denen die Radschloßpistolen steckten. Linksseitig trug er den Degen.

Die Bekleidung stand, wie bereits erwähnt, im Belieben des Söldners. Im allgemeinen wurde ein Lederwams getragen, einreihig geknöpft, darunter das Hemd mit Kragen. Weite tuchende Pumphosen, an den Knien mit einer Schleife gebunden, und Halbschuhe, bei den Reitern hohe Schaftstiefel, und Kniestrümpfe vervollständigten die Kleidung. Sehr anschaulich ist das Werk von Jacob de Gheyn »Wapenhandelinghe van Roers Musquetten ende Spiessen«, zu deutsch »Die Waffenhandhabung von Musketen und Spießen«, das 1607 in Den Haag erschien. Auf mehr als 70 Tafeln wird die Handhabung von Muskete und Spieß dargestellt.

Wie man sich leicht vorstellen kann, verursachte die Willkür in der Kleidung häufig Verwirrung, wenn es darauf ankam, Freund und Feind in der Schlacht auseinanderzuhalten. Zwar gaben bestimmte Feldzeichen wie Reisig an Helm oder Hut und farbige Feldbinden sowie Regimentsfahnen Anhaltspunkte, bei schlechtem Licht und Pulverdampf waren sie aber nichts mehr wert. Martin Lezius zitiert in seinem Buch »Das Ehrenkleid des Soldaten« den Generalleutnant der spanischen Reiterei in Flandern, Ritter Ludwig von Meltzo, der meinte, alle Reiter sollten ein Feldzeichen in der Farbe des Fürsten tragen, dem sie dienten, »und dasselbe nimmer ablegen, wann sie schon aus dem Quartier sich bege-

Pikenier um 1600. Aus: Jacob de Gheyn, »Waffenübungen«, Den Haag 1607.

Musketier um 1600. Ebenfalls nach einem Stich von de Gheyn.
Beide Figuren zeigen die Standardausrüstung der Fußtruppen in der 1. Hälfte des 17. Jhs.

ben, sei es zu Pferd oder zu Fuß, allein oder in Gesellschaft. Und soll ein schwere Straf auf diejenigen gesetzt werden, die ohne dasselbe gehen. Dieser Brauch, Feldzeichen zu tragen, ist zu vielen Sachen dienlich. Denn zu geschweigen, daß solches einer Reiterei ziemt und ihr ein schönes Aussehen gibt, so werden viele Soldaten davon abgehalten, daß sie nicht auf den Straßen rauben und sich für Feinde ausgeben und andere böse Stücke begehen, deren sie sich sonst unterfangen würden, wenn sie sich nicht fürchten müßten, daß sie an ihrem Feldzeichen möchten erkannt werden. Und wenn es zu einem Treffen kommt und der Angriff geschehen, so sind die Soldaten versichert, daß sie sich untereinander nicht beschädigen, dieweil sie sich an den Feldzeichen leicht erkennen mögen. In Mangel dessen habe ich oft gesehen, daß viel Soldaten durch ihren eigenen Freund sind verletzt und erschlagen worden«. Auch nach Einführung der Uniformen wurden Feldzeichen in diesem Sinne bis in unsere heutige Zeit beibehalten, besonders wenn verbündete Armeen gemeinsam kämpften.

Preußen 1701–1713 (Regierungszeit Friedrichs I.). Fahne der Artillerie.

Die *Uniformentwicklung* trägt bis in die Neuzeit in allen europäischen Ländern vergleichbare Grundzüge, die Knötel-Sieg im »Handbuch der Uniformkunde« so skizziert hat:

1600–1670: Bekleidung wie oben beschrieben. Der Soldat trägt langes Haar und häufig einen Spitzbart.

1670–1710: Der langschössige, dem Bürgerkleid gleichende Rock setzt sich durch. Dazu wird weiterhin der breite Filzhut getragen. Die Reiter entledigen sich der schweren Rüstung, die gegen die zunehmende Durchschlagskraft der Schußwaffen keinen Schutz mehr bietet, und tragen nur noch Brust- und Rückenpanzer. Bei den Offizieren wird die Allongeperücke Mode, der Bart wird kleiner.

1710–1805: Die Uniform löst sich vom Bürgerkleid. Der Rock wird mit der Zeit zweireihig und an der Brust aufgeschlagen. Durch Verwendung andersfarbigen Futters entsteht das für den »bunten Rock so charakteristische »zweierlei Tuch«. Der Rock wird enger, die Schöße und Ärmelaufschläge sind schmaler, die Kragen höher. Der Filzhut wird dreiseitig aufgeschlagen und wird so zum Dreispitz. Der Zopf wird eingeführt, der Bart verschwindet.

1805–1850: Ein- oder zweireihiger Frack mit unterschiedlich langen Schößen. Die Infanterie trägt meist den Tschako, die Reiterei Bügel- oder Raupenhelme nach französischem Vorbild. Der Zopf verschwindet.

1850–1914: Mittellanger Waffenrock und Pickelhaube, in den romanischen Ländern Tschako. Haar- und Barttracht der zivilen Mode angepaßt.

1914 bis zur Gegenwart: Die feldgraue Uniform setzt sich im Ersten Weltkrieg durch und entwickelt sich immer mehr nach angelsächsischem Muster mit zwei aufgesetzten Brust- und Schoßtaschen. Daneben wird für Paraden eine besondere Uniform beibehalten. Die Kopfbedeckung ändert sich durch die Einführung des Stahlhelms grundlegend.

Einführung in das Sammelgebiet 11

Entwicklung des Waffenrocks von 1690 bis 1914. Von oben nach unten: 1690, 1806, 1914. Ganz typisch die Versachlichung durch knapperen Schnitt und Fortlassen aller unnötigen Verzierungen.

Man beachte auch die Ähnlichkeit mit der normalen Bürgerkleidung. Erst das 20. Jh. schafft ab 1914 die Verselbständigung der militärischen Uniform.

Ihre eigene Entwicklung machen die *Standes- und Rangabzeichen* durch:

17. Jahrhundert: Der Offizier ist an seiner Schärpe zu erkennen. Im übrigen ist seine Kleidung reicher; die Art der Ausstattung bleibt ihm überlassen.
18. Jahrhundert: Zur Schärpe kommen Sponton (bei den Fußtruppen), Ringkragen und Portepee. Stickerei an den Röcken entsprechend genauen Vorschriften.
19. Jahrhundert: Die Dienstgrade unterschieden sich durch Epauletten, Achselstücke und Tressen.

Auch die Entwicklung der *Bewaffnung* trägt gleichlaufende Züge:

17. Jahrhundert: Die der Musketiere, Pikeniere und Kavallerie wurde oben beschrieben. Das zahlenmäßige Verhältnis der Pikeniere zu den Musketieren verschiebt sich. Kamen ursprünglich zwei Pikeniere auf einen Musketier, so verschwinden die Pikeniere gegen Ende des Jahrhunderts ganz. Dazu Umrüstung des Zündsystems vom Luntenschloß über Schnapphahn und Radschloß zum Steinschloß. Erfindung des Bajonetts, das vom Spundbajonett zum Dillenbajonett fortschreitet. Verschwinden des schweren Stoßdegens, Übergang zum leichen Infanteriesäbel.
Von 1700 bis 1840: Laufende Verbesserung der Steinschloßwaffen durch Einführung von zylindrischen eisernen Ladestöcken und konischen Zündlöchern. Veränderung der glatten in gezogene Läufe. Neuartige Geschosse nach Thouvenin und Minié.
Von 1840 bis zur Gegenwart: Siegeszug des Hinterladers, Erfindung des rauchlosen Pulvers, der Mehrladewaffen, Entwicklung der automatischen Waffen zu den Schnellfeuergewehren. Die Blankwaffen haben nur noch dekorative Bedeutung.

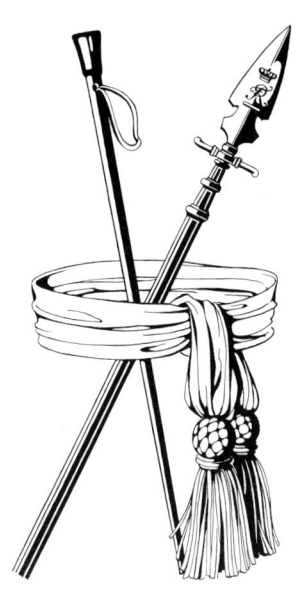

Preußische Offiziersabzeichen.

Links: 18. Jh. Sponton, Schärpe und Stock.

Rechts: Preußen 1787. Unteroffiziers-Kurzgewehr neuer Art. Rangabzeichen der Unteroffiziere.

Die Entwicklung von Uniform und Bewaffnung in Deutschland am Beispiel von Brandenburg-Preußen

Infanterie

Im 17. Jahrhundert herrschte bei den Uniformen dunkelblau vor. Soweit wir Augenzeugenberichte haben, wurde das Blau jedoch nicht durchgehend verwendet. Die Inhaber der Regimenter hatten sozusagen unbegrenzte Freiheit in der Wahl der Uniform ihrer Leute. Der Große Kurfürst (1640–1688) erließ dann 1685 den Befehl, »einem jedweden Regimente eine gewisse Couleur von Fähnleins und Kleidern zu geben«. Sein Nachfolger, Friedrich III. (1688–1713, als König ab 1701 Friedrich I.) verfügte die durchgehende blaue Bekleidung aller Bataillone mit weißen Abzeichen für Garde, mit roten für die Linie. Die Grenadiere erhalten eine besondere Kopfbedeckung, die Grenadiermütze.

Einschneidende Veränderungen erfuhr die Armee in der Regierungszeit Friedrich Wilhelms I., des Soldatenkönigs (1713–1740). Charakteristisch wurden der Zopf und der knappe Schnitt der Uniform. Das Haar war zur Parade gepudert. Bei kaltem Wetter konnten die farbigen Rabatten übergeknöpft werden. Ihre Farbe gab Aufschluß über die Regimentszugehörigkeit, ebenso die Farbe der ausgenähten oder mit Borten besetzten Knopflöcher. Die Schöße waren durchgehend rot und wurden umgeschlagen getragen. Weste und Hose wurden in verschiedener Schattierung rot, gelb oder weiß getragen. 1713 ersetzte man die roten Strümpfe durch weiße, schließlich aber haben die weißen Gamaschen sie verdrängt. Offiziere und Musketiere trugen den dreiseitig aufgeklappten Hut, lediglich die Grenadiere behielten ihre Kopfbedeckung. Der Degen wurde bei den Mannschaften durch den leichten Säbel ersetzt, die Offiziere behielten ihn bei und führten außerdem als Standeszeichen das Sponton. Ein weiteres Charakteristikum des preußischen Offiziers war der Stock mit Silberknauf, mit dem er seine Befehle unterstrich, zuweilen auch die Soldaten züchtigte. Die Engländer führen diese Tradition bis heute fort. Die Unteroffiziere waren ebenfalls mit dem leichteren Säbel bewaffnet und trugen das »Kurzgewehr«, eine Stangenwaffe, die länger als das Sponton, aber kürzer als die Pike war. Die Regimenter ab Nr. 29 erhielten die Füsiliermütze, die der Grenadiermütze ähnlich war. Bei ihr steht das Kopfteil etwas von der Spitze ab, an Stelle des Puschels ist sie mit einer metallenen Flamme verziert. Um den Hals trug der Soldat eine rote Binde.

Friedrich der Große (1740–1786) änderte zunächst wenig. Die Grenadiermützen erhielten durchgehende Schilder statt der durchbrochenen. Die vorhandenen Regimenter behielten die roten Halsbinden bei, die neu errichteten bekamen schwarze. Da Friedrich der Große im Gegensatz zu seinem Vater das Silber dem Gold vorzog, wurden vielfach die

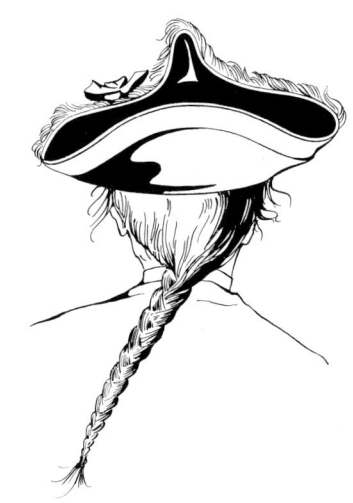

Militärische Haartracht um 1730. Die große preußische Militärreform beseitigte auch diese liebgewonnene Haartracht. Daher das Sprichwort: »Der Zopf ist ab«.

Stickereien geändert; seither stand in der preußischen Armee Silber vor Gold.

Mannschaften und Unteroffiziere durften Schnurrbärte tragen, nicht die Offiziere. Zur feldmarschmäßigen Ausrüstung gehörte neben dem Kartuschenbandelier auf der linken Schulter ein schmäleres Bandelier auf der rechten, an dem Tornister, Brotbeutel, Zeltpflöcke und Schanzzeug befestigt waren.

Unter Friedrich Wilhelm II. (1786–1797) gab es verschiedene Neuerungen. Westen und Hosten wurden durchgängig weiß. Der Hut wurde durch das Kaskett, einen zweiklappigen Hut abgelöst. Die Granaten in den Ecken der Patronentaschen verschwanden. Die Infanterieregimenter nannte man jetzt Musketierregimenter; besondere Füsilierbataillone wurden errichtet und dienten als leichte Infanterie, die Grundfarbe ihrer Uniform war grün. Um 1795 schwärzte man das Lederzeug und trug es gekreuzt.

Unter Friedrich Wilhelm III. (1797–1840) kam es nach der Katastrophe von 1806 im Zusammenhang mit den Reformen im Militärwesen durch Scharnhorst und Gneisenau zur völligen Umgestaltung der Uniformen. Der Zopf, das Symbol der friderizianischen Zeit, fiel weg. Der Rock wurde mit Verzicht auf die Rabatte vereinfacht und hatte jetzt zwei Knopfreihen, die Beinkleider wurden grau. Den Tornister trägt man seither an zwei Riemen. Der Tschako verdrängte den Hut. Am Deckelrand war er bei Offizieren und Unteroffizieren mit Silberborte besetzt, bei den Mannschaften mit weißer Borte. Als Emblem trugen die Grenadiere an seiner Vorderseite den Adler, die Musketiere das Königsmonogramm, die Füsiliere eine Bandkokarde und die Gardetruppen den Stern des Schwarzen Adlerordens. Weiße und schwarze Roßhaarbüsche für Grenadiere und Füsiliere und bei den Offizieren entsprechende Federbüsche vervollständigten das Bild bei Paraden. Im Alltagsdienst schützt den Tschako ein wachsleinerner Überzug. Die Füsiliere verloren ihre Eigenständigkeit und ihre eigene Uniform und wurden den Infanterieregimentern als 3. Bataillon zugeteilt.

Die Offiziere waren am Tressenbesatz der Achselstücke zu erkennen. Die Linienregimenter unterschieden sich durch die Provinzfarbe, in der Kragen und Aufschläge gehalten waren: Ostpreußen ziegelrot, Westpreußen karmesin, Pommern weiß, Brandenburg ponceaurot und Schlesien gelb. Wo eine Provinz mehrere Regimenter stellte, trug das erste weiße, das zweite rote, das dritte gelbe und das vierte blaue Schulterklappen.

Die Wirren der Freiheitskriege brachten manche Unregelmäßigkeit in die Uniformierung, besonders bei den Reserveregimentern, deren Uniformen vielfach aus England geliefert wurden.

1817 bekam die Infanterie durchgängig rote Kragen und Aufschläge, deren Farbe bis zum Ersten Weltkrieg unverändert blieb. Die einzelnen Regimenter waren jetzt durch Nummern auf den Achselklappen unterschieden. Die Ärmelpatten hatten bei den Armeekorps mit ungerader Nummer auf drei Seiten einen weißen Vorstoß. 1824 erhielten die ersten

Entwicklung der Kopfbedeckung. Hut 1630, Dreispitz 1750, Zweispitz 1810. Jede Kopfbedeckung veranschaulicht einen großen Krieg.
Von oben nach unten: Dreißigjähriger Krieg, Siebenjähriger Krieg, Befreiungskriege gegen Napoleon.

beiden Bataillone des 1. Garderegiments zu Fuß zur Parade die Grenadiermütze friderizianischen Musters, das dritte Bataillon folgte 1843. 1894 bekam das ganze Regiment neue Mützen und gab die alten an das Kaiser-Alexander-Garde-Grenadierregiment ab.

Unter Friedrich Wilhelm IV. (1840–1861) änderte sich das Bild des preußischen Soldaten nochmals. Eine neue Kopfbedeckung verdrängte den Tschako und wurde für Jahrzehnte das typische Kennzeichen des preußischen Infanteristen und dann des Militärs im Kaiserreich: die Pikkelhaube. Zu Anfang von beträchtlicher Höhe und entsprechendem Gewicht wurde sie gegen Ende des Jahrhunderts flach und leichter. Als Emblem fand sich an ihrer Vorderseite der Adler in verschiedener Ausführung. Der alte Waffenrock, das Kollet, wich einem praktischen einreihig geknöpften Waffenrock ohne Taschen, die Hosenbeine endeten im Alltagsdienst in den Stiefelschäften und das Marschgepäck wurde 1848 nach dem Virchowschen Muster ausgerichtet.

Jäger, Schützen und Maschinengewehr-Abteilungen

Kurz nach seinem Regierungsantritt errichtete Friedrich der Große Jägerkorps zu Fuß und zu Pferde. Vorgeschrieben waren ein zeisiggrüner Rock ohne Rabatte mit Kragen und Aufschlägen in rot sowie gelbem Achselband und gelbe, lederne Hosen. Später erhielt der Rock wie der der Infanterie Rabatten. Als Kopfbedeckung diente der Dreispitz. Die Fußjäger trugen einen braunledernen Patronenranzen und zu Anfang Gamaschen mit Halbschuhen, die später durch Stiefel ersetzt wurden. Nach 1806 wurden aus dem Feldjägerregiment das Garde-Jäger-Bataillon und das ostpreußische Jäger-Bataillon gebildet. 1843 erhielten die Jäger den Waffenrock neuen Schnitts, ebenso die neue Pickelhaube, die jedoch 1854 wieder gegen den Tschako eingetauscht wurde. 1808 wurde das schlesische Schützenbataillon errichtet. Es trug ein dunkelgrünes Kollett mit gleichfarbigen Schoßumschlägen, Kragen und übrige Aufschläge schwarz, Kragen mit rotem Vorstoß, dunkelgrüne Patten. Kopfbedeckung war der Tschako mit dem – etwas später eingeführten – schwarzen Roßhaarstutz. Hosen und Lederzeug wie bei den Jägern.

1814/1815 entstanden das Garde-Schützen-Bataillon in Neuchâtel und das Rheinische Schützen-Bataillon. Die Uniformen unterschieden sich durch Achselklappen, Aufschläge, Litzen und Patten, allen gemeinsam war die dunkelgrüne Grundfarbe des Kolletts. 1845 wurden die Linienbataillone der Schützen in Jäger-Bataillone umgewandelt. Als selbständige Formation blieb einzig das Garde-Schützenbataillon erhalten. Gegen Ende des Jahrhunderts rief man die Maschinengewehrabteilungen ins Leben. Die Einführung der feldgrauen Uniform wurde damals bereits erwogen, und so erhielten sie eine grau-grüne Uniform mit braunen, in Tuchfarbe bezogenen Tschakos.

Rußland 1840–46. Offizierstschako der Linieninfanterie. Typischer Tschako um die Jahrhundertmitte.

Preußen 1842. Die Pickelhaube – eine revolutionäre Erfindung.

Kürassiere

Die Uniformen der Reiterei sind in der preußischen Armee offenbar erst nach denen der anderen Truppenteile geregelt worden. Allgemeine Bekleidungsstücke unter dem Großen Kurfürsten waren der Lederkoller, der dreispitzige Hut und die großen Schaftstiefel. Etwa ab der Mitte des 18. Jahrhunderts ersetzte man die gelbledernen Koller allmählich durch solche in Tuch oder Kirsey; lediglich das Regiment Nr. 2 behielt die ledernen, die später sogar noch zitronengelb gefärbt wurden. So entstand die Bezeichnung »gelbe Reuter«. Unter dem Koller war das Kamisol, zu Anfang aus weißem Tuch, später in Abzeichenfarbe. Für den Hut, der vor dem Siebenjährigen Kriege mit Tresse geschmückt war, wurde 1762 ein weißer Stutz eingeführt. Der Kürassier schützte sich nicht mehr mit dem vollständigen Harnisch, sondern behielt nur noch den Küraß aus Brust- und Rückenteil, bis man auch auf das Rückenteil verzichtete. Unter dem Küraß waren Schärpe und Pallaschgehänge befestigt, über dem Küraß kreuzweise das Kartuschen- und das Karabinerbandelier. Zum Gala-Wachtdienst wurden an die Gardedukorps rote Suprawesten ausgegeben, die auf Brust und Rücken mit dem Stern des Schwarzen Adlerordens bestickt waren.

Insgesamt führte die preußische Armee bis 1806 13 Kürassierregimenter, die (außer den Gardedukorps mit blankem Küraß) alle geschwärzte Kürasse vorwiesen. Friedrich Wilhelm II. schaffte den Küraß ab, 1814/15 wurde er wieder eingeführt und zwar mit Rückenteil. Nach der Reorganisation 1806 blieben nur vier Regimenter erhalten. Sie erhielten einen ledernen Helm mit Roßhaarkamm und Messingbeschlag, der bei der Linie mit dem Adler, bei der Garde mit dem Stern verziert war. Zum kleinen Dienst auch der Offiziere wurde ein besonderer dunkelblauer Rock mit Kragen, die Litewka, geschaffen. Seit 1812 war der Offiziersrang an den Epauletten erkennbar.

1843 änderte sich die Uniform grundlegend. An die Stelle des Lederhelms trat der Metallhelm, bei den zwei Garderegimentern golden mit weißem Stern und mit zur Parade aufschraubbarem silbernen Adler, bei den übrigen Regimentern silbern mit vergoldetem Adler; lediglich das sechste Regiment trug ebenfalls goldene Helme mit silbernem Adler. Der Koller ähnelte dem neuen Waffenrock, war jedoch an Kragen, Aufschlägen und vorne mit weißer, in der Regimentsfarbe durchzogenen Borte besetzt, nicht mit Knöpfen, sondern mit Haken geschlossen.

Nach den Befreiungskriegen bewaffneten sich die Kürassierregimenter mit den hervorragenden französischen Blankwaffen, später außerdem – wie die gesamte Kavallerie – mit Lanzen. Den beiden ersten Kürassierregimentern und den Gardedukorps gab Kaiser Wilhelm II. Ehrenringkragen und dem Kürassierregiment 3 eine besondere Kollerborte nach friderizianischem Muster.

Die Felduniform 1910 brachte den Kürassieren den allgemeinen Waffenrock; lediglich ein kleiner Teil der Borte blieb an Kragen und Ärmelaufschlägen in feldgrauer Farbe erhalten.

Rußland. Helm und Küraß für Offiziere der Leibgarde 1846–1914. Hier fällt die starke Ähnlichkeit mit der Ausrüstung der preußischen Garde du Corps auf. Beide Länder haben bis zum Kriegsausbruch auf dem Gebiet des Uniformwesens eng zusammengearbeitet.

Dragoner

Die Dragoner als berittene Infanterie schwankten bei ihrer Uniformierung und Bewaffnung zwischen Infanterie und Kavallerie. Unter dem Großen Kurfürsten trugen auch sie den Lederkoller der Kürassiere. Nach dem Zweiten Schlesischen Krieg kleideten sie sich in hellblaue Röcke, und bis zum Ersten Weltkrieg blieb ein zumeist helles Blau die Farbe der Dragoner. Der Schnitt des Waffenrockes entsprach stets dem der Infanterie mit schwedischen Aufschlägen.

Kopfbedeckung und Stiefel entsprachen denen der Kürassiere, zwischen 1809 und 1843 trugen sie jedoch den Tschako. 1809 wechselten sie vom Pallasch zum Säbel, 1889 wurden der Kavalleriedegen Modell 89 und die Lanze Vorschrift. Im Heer des Großen Kurfürsten schossen die Dragoner, die damals noch nicht zur Reiterei zählten und mit geringwertigen Pferden ausgerüstet waren, mit den üblichen Musketen der Infanterie. Friedrich der Große bewaffnete sie mit dem Dragonergewehr, das 14 cm kürzer als das Infanteriegewehr war. Auch führten sie zwei Steinschloßpistolen, von denen 1813 eine an die Landwehr abgegeben werden mußte. Später wurde ein allgemeiner Kavalleriekarabiner eingeführt. Ab 1859 waren die Mannschaften der Dragoner mit dem Zündnadelkarabiner Modell 57 ausgerüstet, daneben hatten die Unteroffiziere und die Trompeter die Pistole Modell 1850.

Ab 1842 erhielten sie den Waffenrock wie das übrige Heer, dazu die Pickelhaube der Fußtruppen, die sie auch nach Einführung des Tellerbeschlages und des runden Augenschirmes 1867 unverändert mit eckigem Augenschirm und Kreuzblatt weitertrugen. 1897 erhielt das 3. Dragonerregiment die Ehrenbezeichnung »Grenadiere zu Pferd« und auf dem Helm den Gardeadler ohne Stern. 1913 erschien auf dem Helmadler der 2. Dragoner ein Medaillon mit Zepter und Kurhut, dem brandenburgischen Wappen. Die Felduniform 1910 folgte dem Infanteriemuster, behielt jedoch die schwedischen Aufschläge und den vorn abgerundeten Stehkragen.

Preußen 1913. Helmbeschlag für Offiziere des 1. Brandenburgischen Dragonerregiments Nr. 2. Auf der Schwanzfeder befindet sich das ehrenhalber blau emaillierte Schild mit dem brandenburgischen Szepter, darüber der Kurhut.

Husaren

In den mitteleuropäischen Heeren heben sich die Husaren mit ihrer eigenartigen, fremdländisch anmutenden Uniform besonders heraus. Neben den traditionellen Kürassieren und Dragonern wurden sie im Laufe des 18. Jahrhunderts fester Bestandteil der europäischen Kavallerie und waren als wendige, leichte Reiterei wertvoll zur Aufklärung, für kleinere Scharmützel und zur Sicherung der Transporte.

Die Husarenuniform zeichnete sich durch ihre Farbigkeit sowie durch die reichhaltige Verschnürung und Verzierung an allen Uniformteilen, sogar an den Stiefeln, aus. Die Jacke, der Dolman, Attila oder Spencer, wurde nicht mit Knöpfen, sondern mit Knebeln und Schlaufen geschlossen. Über dem Attila hing auf der linken Schulter ein Wolfs- oder Luchspelz; das berühmte preußische Regiment der Zierten-Husaren zeigte seine Offiziere zur Parade mit Tigerdecken. Eigenartig wie die Jacke war die Pelzmütze. Sie war im allgemeinen aus Bärenfell; im 19. Jahrhundert verwendete man für die Mannschaften Seehund- und für die Offiziere Opossumfell. An ihrer Stelle trug man vielfach die Flügelmütze, eine Stoffmütze, um deren Bund mehrfach ein gefütterter Stoff gewickelt war. Nach Belieben ließ man die Wicklung fallen und zog einen prächtig im Winde flatternden Wimpel (»Flügel«) hinter sich her. Große Schabracken ungarischen Typs stärkten das bizarre Aussehen der Husaren.

Friedrich der Große verstärkte die Husaren beträchtlich. Insgesamt zehn Regimenter gab es am Ende seiner Regierungszeit. Besonders bekannt waren das 5. Regiment, die Totenkopfhusaren, so benannt nach ihrer schwarzen Uniform mit den gestickten Totenköpfen an der Mütze, und das 8. Regiment, die Blücher-Husaren, ebenfalls schwarz bekleidet mit einem liegenden Skelett mit Sanduhr und der Inschrift »Vincere aut mori«. Als Bewaffnung dienten der Husarensäbel ungarischen Ursprunges und der Karabiner. Als besonderes Ausrüstungsstück der Husarentruppe hing an der linken Seite über dem Säbel eine flache Tasche, die Säbeltasche.

Über die linke Schulter trug der Husar das Karabinerbandelier, in dem der Karabiner eingeklinkt wurde, und über die rechte das braunlederne Kartuschenbandelier.

Das Haar wurde nicht zum Zopf gebunden, sondern an den Seiten und hinten geknotet. Bis 1806 änderte sich nicht viel. Der Dolman wurde etwas kürzer, sein Kragen höher. Bis auf das 2. Regiment legten die Husaren ab 1796 die Pelzmütze ab und erhielten nach und nach den Tschako. Auf dem Husaren-Tschako stand ein weißer hoher Stutz, rechtsseitig hatte er Behang, vorne Rosen und Kokarde in den Farben des Pelzes und der Verschnürung, nicht in der Nationalfarbe. 1808 erhielten die Husaren wie das übrige Heer graue Überknöpfhosen und Behänge nach der Farbe der Verschnürung. Das Leibhusarenregiment teilte sich in die 1. und die 2. Leibhusaren; beide Regimenter führten an der Stelle der Kokarde den Totenkopf. Die Schabracken waren aus schwarzem Lammfell mit rotem Tuchvorstoß, die Säbeltaschen aus schwarzem Leder. Die Säbeltaschen der anderen Regimenter waren mit rotem Tuch bezogen und mit dem gekrönten Königsmonogramm geschmückt.

Nach 1815 bekam der Tschako eine andere Form mit größerem Tschakodeckel. 1832 erhielten die Ärmelaufschläge und der Kragen die Farbe des Grundtuches. Zur Unterscheidung gab man dem 2., 4., 8. und 10. Regiment einen hellblauen, dem Garderegiment einen roten Tuchbund am Tschako. 1843 wurden wieder Mützen eingeführt, und zwar für das Garde- und das 3. Regiment Pelzmützen, für die anderen Regimenter schwarze Flügelmützen. Bis 1850 hatten dann sämtliche Regimenter Pelzmützen. 1853 kam der Attila als neuer Rock, er unterschied sich vom Dolman durch längere Schöße und nur noch fünf Schnurreihen gegenüber der engen Verschnürung des Dolman. 1849/50 gab es bei den

Sachsen 1803. Husar in Parade-Uniform. Bemerkenswert ist die reiche Verschnürung an Attila und Dolman.

Linienregimentern für Unteroffiziere und Mannschaften lederne Säbeltaschen, 1867 dunkelblaue Hosen mit weißem und gelbem Bortenbesatz an Stelle der bisherigen grauen.

Die Husarenschärpe, bis dahin von Regiment zu Regiment verschieden, wurde vereinheitlicht und war jetzt bei den Offizieren aus einem schwarz durchzogenen Silbergespinst.

Ab 1889 änderte sich die Bewaffnung wie bei den Dragonern. Die feldgraue Uniform von 1910 hatte zunächst den alten Schnitt und wurde dann gegen die Feldbluse Modell 1915 getauscht.

Ulanen

Die Leibwache der Tartarenfürsten der Krim bestand aus jungen Adeligen, den »Oghlani«. Durch ihre Tapferkeit erwarben sie sich besondere Achtung; ihr Name wurde zum Begriff für eine mit Lanzen bewaffnete Reitertruppe, und über Polen gelangten sie als selbständige Formationen in die europäischen Heere.

In Preußen wurden das 1. und das 2. Ulanenregiment 1808 errichtet; die Ursprünge reichen jedoch in das frühe 18. Jahrhundert zurück. Bis zum Ende der Befreiungskriege (1815) wuchs die Anzahl der Regimenter auf 15. Die Bekleidung bestand aus dunkelblauem, zweireihig geknöpftem Kollett mit besonderem, rechts an der Vorderseite verlaufendem Vorstoß, grauen Überknöpfhosen, schwarzem Tschako mit gelbem Behang und blauem Paßgürtel mit rotem Vorstoß. Wie die Husaren waren die Ulanen mit schwarzen Schaffell-Schabracken ausgerüstet.

Die für Ulanen typische Tschapka wurde 1809 die Kopfbedeckung der neu gebildeten Leibulanen-Eskadron, ab 1815 auch der übrigen Leibregimenter. Als Bewaffnung diente seit 1808 der schwere Kavalleriesäbel, der 1857 gegen den Kavalleriesäbel Modell 1852 und 1889 gegen den Kavalleriedegen Modell 89 vertauscht wurde. Die Lanzen waren an der Spitze mit zweifarbigen Fähnchen versehen, die bis 1815 unten dunkelblau waren und mit der Oberseite in weiß, rot oder gelb die Regimentszugehörigkeit angaben, seit 1815 aber durchgehend weiß-schwarz waren. An Schußwaffen hatten die Ulanen bis 1813 zwei, danach eine Pistole. 1876 erhielten sie Karabiner.

1853 änderte sich der Uniformschnitt der Ulanen. Die neue Ulanka war ein V-förmig geknöpfter Waffenrock mit stark betonter Taille. 1867 löste eine neue, glanzlederne und dem Zeitgeschmack entsprechende niedrigere Tschapka das alte Modell ab. 1899 wurde das Königsulanen-Regiment Nr. 13 mit einem silbernen Gardeadler mit Stern als Helmzierat, einem besonderen Namenszug auf dem Kartuschkasten und Sternen auf den Schabracken ausgezeichnet. 1913 durfte das 7. Ulanenregiment den Gardeadler ohne Stern auf dem Helm führen. Die feldgraue Uniform von 1910 ließ den Ulanen noch ihren Schnitt; Kragen und Aufschläge wurden feldgrau, die Epauletten entfielen und Achselklappen traten an ihre Stelle. 1915 wurden die Ulanen mit der Bluse Modell 15 ausgestattet.

Preußen um 1900. Major aus dem 1. Garde-Ulanen-Regiment in Paradeuniform. Das Kreuz auf der linken Brustseite ist ein Malteserkreuz und zeigt die Zugehörigkeit des Offiziers zu diesem Ritterorden.

Jäger zu Pferde

Die Jäger zu Pferde sind nicht zu verwechseln mit dem Jägerkorps zu Pferde Friedrichs II. Sie gingen aus den 1895 beim Gardekorps sowie bei dem I. und dem XV. Armeekorps errichteten Meldereiter-Detachements hervor. Bis zu ihrer Umbenennung in »Ekadrons zu Pferde« (1897) trugen sie keine einheitliche Uniform, sondern beim Gardekorps grüne Waffenröcke, beim I. Korps dunkelblaue Koller und beim XV. Korps einen weißen Attila mit ponceauroter Schoitaschierung. Als Kopfbedeckung diente ein eigens eingeführter geschwärzter Stahlhelm, ähnlich dem der Kürassiere, jedoch mit eckigen Augen- und Nackenschirmen, letztere aus einem Stück im Gegensatz zu den Kürassierhelmen. Als Helmzierat bekamen die Jäger der Garde den Gardestern der Kürassiere und die des I. Korps einen neusilbernen Wappenadler. Im XV. Korps trug man zum Attila die Pelzmütze mit rotem Kolpak, Messing-Schuppenketten und Vaterlandsbandeau. Das Kommando führte ein Stabsoffizier oder Rittmeister aus einem Kavallerieregiment des Korps. Interessanterweise trugen die Offiziere ihre bisherige Uniform weiter. 1895 wurden zum kleinen Dienst graue Litewken eingeführt. Ab 1897 gab es dann eine einheitliche Bekleidung. Zu ihr gehörte ein graugrüner Koller mit hellgrünem Kragen und schwedischen Aufschlägen in gleicher Farbe. Die Borte war gelb mit hellgrünem Streifen. Auf den Schulterklappen fand sich die Armeekorpsbezeichnung in Messing. Auch wurde ein graugrüner Waffenrock getragen, dessen Farben denen des Kollers entsprachen. Die Offiziere hatten ebenfalls die Eskadronskleidung zu tragen; sie hatten lediglich anstelle der Borte eine zweimal hellgrün gestreifte goldene Tresse. Die Kopfbedeckung blieb, die Offiziere jedoch durften den Kürassierhelm in geschwärzter Ausführung mit vergoldetem heraldischen Adler (bei der Garde mit silbernem, emailliertem Gardestern) tragen.

Am 10. Oktober 1897 wurden zusätzlich zu den bestehenden Detachements bei der Garde, dem I. und dem XV. Armeekorps auch dem XIV. und VII. Korps Detachements angeschlossen. Im April 1905 wurden schließlich die Jäger-Regimenter Nr. 1 bis 3 formiert. Die Uniform änderte sich nur geringfügig; die Regimenter wurden durch den farbigen Mittelstreifen in der hellgrünen Borte unterschieden. Der Stahlhelm bekam den neusilbernen Dragoneradler und gleichfarbige Beschläge bis auf die Schuppenketten, die gelb blieben.

Bis 1913 stieg die Zahl der Jäger-Regimenter auf insgesamt 13 an. Dabei trugen die Regimenter 8 bis 13 im Unterschied zu den anderen die Knöpfe, Tressen und Einfassungen in Gold statt in Silber. Eine weitere Besonderheit gab es beim Helm: Während die Regimenter 1 bis 7 den geschwärzten Metallhelm behielten, wurde für die Regimenter 8 bis 13 der lederne Dragonerhelm mit goldenen Beschlägen eingeführt. 1910 fiel der Koller weg, der Waffenrock wurde Felduniform.

Artillerie, Pioniere, Verkehrstruppen, Train

Die Entwicklung der *Artillerieuniform* verlief ungefähr in den gleichen Bahnen wie bei der Infanterie. Abweichungen ergaben sich bei der reitenden Artillerie, die von Friedrich dem Großen geschaffen wurde. Sie trug die Beinkleider im Kavallerieschnitt und entsprechende Kopfbedeckungen. Nach der Neueinführung des Helmes im Jahre 1842 wurde er nur kurze Zeit mit der Spitze getragen, dann trat an die Stelle der Spitze eine Kugel. Den Helmzierat bildete bei der Linie der heraldische Adler, bei der Garde der Gardeadler mit Stern. Kragen und Aufschläge des Rockes waren von schwarzer Farbe, ebenso der Bund der Mütze.

Pioniere und Verkehrstruppen folgten dem Uniformschnitt der Artillerie. 1907 wurde bei den neuen Telegraphenbataillonen, schon ab 1895 bei den Luftschiffern, der Tschako Vorschrift.

Der *Train,* in den modernen Armeen ein Truppenteil von immer größerer Bedeutung, wurde in Preußen vor allem aus Sparsamkeitsgründen bis in die Mitte des 19. Jahrhunderts stark vernachlässigt. Friedensstämme wurden erst 1853 geschaffen; zuvor gab es lediglich Depots, die die Fahrzeuge und Gerätschaften beherbergten. Zu ihrer Verwaltung setzte man ein kleines Offizierskorps ein. Die jedem Armeekorps zugeordneten Stämme wurden 1856 in Bataillone formiert; 1914 erhielten sie die Bezeichnung »Abteilung«. Die Uniform der Train-Offiziere hatte Infanterie-Schnitt, weiße statt gelbe Knöpfe, hellblauen schwedischen Aufschlag und Kragen. Als Kopfbedeckung war wie bei allen nicht regimentierten Offizieren seit 1817 der Hut anstelle des Tschakos zu tragen. 1849 wird den Offizieren der neue Waffenrock bewilligt, die Knopf- und Epaulettenfarbe ändert sich in golden. Den 1852 neu eingestellten Mannschaften wurde 1854 der neue Waffenrock vorgeschrieben, der seit 1866 seine endgültigen Farben, dunkelblaues Grundtuch mit hellblauem Kragen und Ärmelaufschlägen, erhielt. Die Offiziere trugen den Helm mit Garde-Adler, bei der Linie mit heraldischem Adler und Monogramm FR. Für die Mannschaften wurde 1863 der Jägertschako mit neusilbernem Stern oder Messingadler eingeführt; 1903 erhielten sie wieder den Helm.
Der berittene Train hatte bis 1877 den schweren Kavalleriesäbel M1808, dann bis 1896 den schmaleren der Feld-Artillerie, schließlich das Modell 1852. Die Fußtruppe war mit dem Seitengewehr der Infanterie bewaffnet, zumeist mit dem jeweils älteren Modell. Offiziere führten den Löwenkopfsäbel, zur Kampagne war das Modell 52 vorgeschrieben. An Schußwaffen waren Pistolen sowie Karabiner der Modelle 71, 88 und 98 jeweils ab Einführung vorhanden.

Preußen 1860. Landwehrtschako. Ganz typisch das Landwehremblem, ein Kreuz, auf ovalem Medaillon.

Landwehr

Die Landwehr rief Friedrich Wilhelm II. zu Beginn der Befreiungskriege 1813 ins Leben. Ihre Aufgabe bestand zunächst in der Unterstützung des regulären Heeres besonders bei Sicherungsaufgaben in den besetzten Gebieten. Vereinzelt kämpfte sie auch Seite an Seite mit dem Heer.
Ihre Ausrüstung und Bewaffnung war anfangs sehr mangelhaft und keineswegs einheitlich. Die Infanterieeinheiten trugen doppelreihige, dunkelblaue Litewken und Landwehrmützen, diese mit einem Besatzstreifen von der Kragenfarbe. Emblem war das weißmetallene Landwehrkreuz mit der Inschrift »Mit Gott für König und Vaterland«. Die Beinkleidung war vielfältig; aus Mangel an Tuchhosen wurden oft auch in der kalten Jahreszeit Leinenhosen getragen. Die Bewaffnung war dürftig; nicht einmal alle Unteroffiziere hatten einen Säbel, und Schußwaffen waren knapp. Aus diesem Grunde bewaffnete sich das erste Glied mit Lanzen.
1817 wurde die Landwehr-Infanterie der Linie angeglichen, auch bei den Abzeichen. Kopfbedeckung auch der Landwehr wurde der Tschako, jedoch mit dem Landwehrkreuz.
Die Uniformen der Landwehr-Infanterie und die der übrigen Landwehreinheiten wie Landwehr-Ulanen, Landwehr-Dragoner, Landwehr-Husaren usw. entwickelten sich wie die des stehenden Heeres. Unterschiede gab es nur in kleinen Details; so fehlte der Landwehr-Infanterie der rote Vorstoß vorne am Waffenrock, und die Landwehrformationen der Litzen- bzw. Namenszüge tragenden Regimenter durften solchen Schmuck nicht anlegen. Deutliches Unterscheidungsmerkmal war aber immer das Reservekreuz an Helm oder Tschako.

Rangabzeichen der Offiziere

In der alten preußischen Armee vor den Reformen von 1806 durch Gneisenau und Scharnhorst war das Offizierskorps durchaus einheitlich in seiner Erscheinung. Standesabzeichen wie das Sponton, die Schärpe und das Portepee sowie eine reichere Ausstattung der Röcke mit Gold- oder Silberstickerei unterschieden den Offizier von der Mannschaft, ebenso der bereits erwähnte Stock.
Die Generale schmückten ab 1741 ihren Hut mit einem weißen Federnbesatz. Gegen Ende des Jahrhunderts erhielten sie eine besondere Felduniform, nachdem sie vorher immer die Uniform ihres Regimentes getragen hatten. Die neue Uniform war von dunkelblauer Farbe, ebenso die Rabatten; Kragen und Ärmelaufschläge hingegen waren rot. An den Schoßumschlägen sah man goldenen Besatz. Über die rechte Schulter trug der General ein goldenes Achselband, auf der linken eine schwarzsilbern gedrehte Schnur. Der zweifach aufgebogene Hut hatte einen Federbusch und wurde anfangs mit der Breitseite, dann mit der Spitze nach vorn getragen. Die Beinkleider waren weiß. Diese Uniform hielt

sich ungeachtet der allgemeinen Veränderungen im Uniformwesen erstaunlich lange; erst 1843 verdrängte der neue Helm den Hut, 1856 wurde der neue Waffenrock (wie erwähnt schon 1843 eingeführt) mit 13 Jahren Verspätung auch für Generale Vorschrift. Zu den üblichen acht Knöpfen bis zur Taille besaß er für sie weitere vier von der Taille abwärts, die jedoch nicht geschlossen wurden. Kragen, Ärmelaufschläge und Schoßtaschenleisten waren mit goldener Eichenlaubstickerei geschmückt, der Schoß war rot gefüttert. Die Hosen hatten neben einem roten Vorstoß zwei Lampassen in gleicher Farbe.

1830 wurden Rangabzeichen eingeführt. Feldmarschälle trugen auf den Epauletten und auf der Kantille der linken Schulter, später auch auf den 1866 eingeführten Feldachselstücken aus gold-silbernen Schnüren zwei kleine gekreuzte, silberne Marschallstäbe, Generalobersten drei goldene Sterne, kommandierende Generale zwei und Generalleutnants einen. 1900 änderte sich die Generalstickerei; das Eichenlaub am Kragen wich der altpreußischen Stickerei des Regimentes Alt-Larisch. Die feldgraue Uniform von 1910 wies als Besonderheit für die Generale ein Paar geschweifte Brusttaschen und rote Vorstöße an den Rollumschlägen auf.

Von allgemeinen Rangabzeichen kann man in der preußischen Armee erst seit 1806 sprechen. Sponton und Ringkragen der Offiziere wurden abgeschafft. Die Ränge unterschieden sich jetzt nach dem Tressenbesatz der Schulterklappen. 1813 erhielten die Kürassier-Offiziere Epauletten, 1814 sämtliche Offiziere mit Ausnahme der Husaren. Kaiser Friedrich III. (1888) schaffte die Epauletten wieder ab, aber nach dessen kurzer Regierungszeit führte sie Wilhelm II. (1888–1918) wieder ein.

Achselstücke der aktiven Offiziere des deutschen Kaiserreiches 1900. Von oben nach unten: Generalmajor, Major, Leutnant

Vor Ausbruch des Ersten Weltkrieges stuften sich die Epauletten und ihnen entsprechend die Feldachselstücke folgendermaßen ab:

- Leutnant: einfache Epauletten ohne Fransen, kein Stern.
- Oberleutnant: wie vor, jedoch ein Stern.
- Hauptmann (bei der Kavallerie Rittmeister): wie vor, zwei Sterne.
- Major: wie vor, kein Stern, lose Kantillen um die Halbmonde herabhängend.
- Oberstleutnant: wie beim Major, jedoch ein Stern.
- Oberst: wie vor, jedoch zwei Sterne.
- Generalmajor: dicke feststehende Bouillons, kein Stern.
- Generalleutnant: wie vor, jedoch ein Stern.
- General der Infanterie, Kavallerie, Artillerie: wie vor, zwei Sterne.
- Generaloberst: wie vor, drei Sterne.
- Generaloberst im Rang eines Generalfeldmarschalls: wie vor, vier Sterne.
- Generalfeldmarschall: wie vor, zwei gekreuzte Kommandostäbe.

Rangabzeichen der Unteroffiziere und Mannschaften

Im 18. Jahrhundert trugen die Unteroffiziere ein für sie typisches Kurzgewehr mit langem Blatt und halbmondförmig nach unten geneigten Spitzen, ähnlich dem Sponton der Offiziere. Im 19. Jahrhundert waren sie an besonderen Gold- und Silbertressen an Kragen, Aufschlägen und Tschako erkennbar. Ihre Büsche hatten je nach Hauptfarbe weiße oder schwarze Spitzen.

1914 war der Stand folgender:

– Gefreite: ein Knopf an jeder Kragenseite.
– Unteroffizier: Tresse an Kragen und Ärmel.
– Sergeant: Tresse und Knopf an den Kragenseiten.
– Vizefeldwebel: wie Sergeant, dazu Offiziersdegen.
– Feldwebel: wie Vizefeldwebel, dazu eine weitere schmalere Tresse am Ärmel.
– Offiziersstellvertreter: wie Vizefeldwebel, dazu Tresse um die Achselklappen in Knopffarbe.

Königreich Preußen, Garde-Infanterie. Aus: Krickel-Lange: »Das Deutsche Reichsheer«, Berlin um 1890.

Das Ende des Bunten Rockes: Der Erste Weltkrieg 1914–18

Mit der Erfindung des rauchschwachen Pulvers war es möglich geworden, aus der Deckung heraus zu schießen ohne dabei durch die Rauchentwicklung des Pulvers sofort erkannt zu werden. Das bedeutete, daß eine dem Gelände angepaßte Bekleidung völlig neue taktische Möglichkeiten bot. Im China-Feldzug, zur Niederschlagung des Boxeraufstandes im Jahre 1900/1, hatten die beteiligten Nationen auch umfangreiche Versuche mit erdfarbener Bekleidung gemacht. Verwendeten die Engländer und Amerikaner vorzugsweise das Khaki, die Franzosen das Horizontblau, eine Mischung aus blauen, schwarzen und roten Fäden, und die Österreicher das Hechtgrau, so experimentierte man in Deutschland mit verschiedenen Grau- und Graugrüntönen, was ab 1907 zur Einführung der sogenannten feldgrauen Bekleidung führte. Bis 1910 hatte man für alle Truppenteile eine neue Uniform verordnet, die nun nicht mehr bunt, sondern grau war. Bis zum Beginn des Weltkrieges wurde jedoch noch die bunte Uniform weitergetragen. So zogen die meisten Armeen im August 1914 nicht mehr im Bunten Rock ins Feld, sondern in ihren neuen schmucklosen Felduniformen.

Feldgrauer Waffenrock Muster 1910 mit farbigen Vorstößen

Am Schnitt und den Abzeichen der Uniformen hatte sich kaum etwas geändert. Neu war allerdings, daß man konsequenter spezifische Abzeichenfarben für die einzelnen Waffengattungen einführte. So wurden die Schulterklappen bzw. die Unterlagen der Offiziersachselstücke der Infanterie durchgehend weiß, mit roten Nummern oder Schriftzügen. Die charakteristische Farbe der Artillerie war rot, der Train hellblau usw. Als unzeitgemäß wurden die bisher nur noch zur Parade oder zum Großen Gesellschaftsanzug getragenen Epauletten ganz abgeschafft. Die mit glänzenden Beschlägen verzierten Helme bekamen einen schilfgrünen Überzug mit aufgenähter farbiger Regimentsnummer. Das bisher geschwärzte oder weiße Lederzeug wurde naturfarben, also braun belassen.

Durch die völlig neuartige Kriegführung des Ersten Weltkrieges erkannte man, daß eine noch wesentlich weitergehende Vereinfachung der Uniformierung notwendig wurde und die letzten verbliebenen bunten Abzeichen für den Feldgebrauch nicht förderlich waren. Ebenso mußte man schnell erkennen, daß die traditionelle Pickelhaube aus Leder keinen Schutz vor Kopfverletzungen bot. Im Gegenteil, oft hatten Teile der Helmzieren, die von Granatsplittern mitgerissen wurden, die Kopfwunden noch verschlimmert. In Deutschland entwickelten Professor Friedrich Schwerd von der TH Hannover und der Marinegeneralarzt Dr. August Bier den Stahlhelm, dessen Form sich im Prinzip bis heute beim deutschen Bundesgrenzschutz erhalten hat.

Anfang 1916 kam dann ein Bekleidungsstück an die Front, das sich durch eine verdeckte Knopfleiste und einen bequemeren Umlegekragen auszeichnete: die Feldbluse. Gleichzeitig wurde für die Zeit nach dem

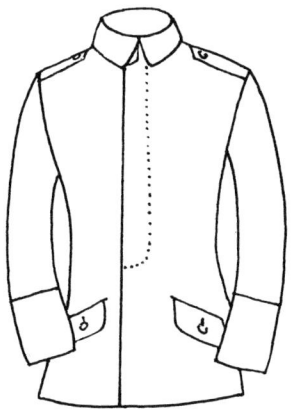

Feldgraue Bluse Muster 1916 ohne farbige Abzeichen

Kriege die sogenannte »Friedensuniform« festgelegt, die wieder mit glänzenden Knöpfen, farbigen Vorstößen und Aufschlägen ausgestattet war. Hier wurde erstmalig zwischen einer absolut zweckmäßigen Felduniform für die Bedürfnisse im Kriegsgebrauch und einer schmückenden Friedensbekleidung unterschieden. Die »Neue Friedensuniform« wurde zwar auf dem Papier eingeführt, aber nur wenige Soldaten beschafften sich eine solche Uniform auf eigene Kosten, da sie ja nur in der Heimat zu tragen war.

Wie häufig in Kriegszeiten, fand man zwischen 1914 und 1918 eine nicht immer vorschriftsmäßige Zusammenstellung verschiedenster Uniformteile und geänderter Modelle. So soll es den Sammler heute nicht wundern, wenn viele der erhaltenen Uniformen nicht immer eindeutig einem bestimmten Modell zuzuordnen sind. Bis 1918 hatte die Uniform die letzten Reste ihres alten Glanzes verloren. Die Fahnen, die früher noch in der vordersten Front getragen wurden, sind gleich zu Beginn des Krieges in die Heimat zurückgeliefert worden und hatten ihre symbolische Aufgabe verloren.

Von den Freikorps zum Hunderttausend-Mann-Heer der Reichswehr

Nach dem Zusammenbruch der Monarchien in Deutschland im November 1918 war auch das Ende eines Deutschen Reichsheeres gekommen. Durch den Versailler Vertrag wurde Deutschland ein Heer von 100 000 Soldaten zugestanden, das weder eine Luftwaffe noch schwere Waffen, etwa Panzerfahrzeuge, besitzen durfte. In der Zeit um 1919/20 bildeten sich sogenannte Freikorps, die teilweise im Baltikum kämpften. Auch die Revolutionswirren in Berlin und München wurden von diesen bewaffneten Gruppen geprägt. Kleine Reste der Armee unter Führung von konservativen Frontoffizieren versuchten, das politische Geschehen zu beeinflussen. Diese etwa 150 Freikorps mit rund 400 000 Mann trugen ihre alten Kriegsuniformen, die sie mit verschiedenen Kragen-, Ärmel- und Mützenabzeichen versahen.

In der vorläufigen Reichswehr, die im März 1919 gebildet wurde, war ein einheitliches deutsches Heer entstanden. Die charakteristischen Abzeichen der Teilstaatenkontingente der Alten Armee wurden weitgehend aufgehoben. Nur farbige Wappen am Stahlhelm erinnerten noch an die landsmannschaftliche Zugehörigkeit der einzelnen Verbände. Das System der Rangabzeichen sollte sich völlig von dem bisherigen unterscheiden. Die bislang gebräuchlichen Achselstücke wurden durch doppelte Schulterschnüre mit feldgrauen, silbernen und goldenen Schiebern abgelöst. Die Dienstgrade wurden durch Tressen in Winkel- und Schleifenform auf den Ärmeln dargestellt. Dazu kamen verschiedenfarbige ovale Tuchscheiben mit Nummern und Buchstaben, die die Zugehörigkeit zu den einzelnen Waffengattungen und Regimentern erkennen ließen. Als

Feldgrauer Waffenrock Muster 1916 mit farbigem Kragen, Vorstößen und Ärmelaufschlägen

gemeinsames Uniformabzeichen hatten alle Waffengattungen und Rangklassen Kragenlitzen, ähnlich den alten Gardelitzen der Garde- und Grenadierregimenter der Kaiserzeit.

Mit der endgültigen Etablierung der Reichswehr 1921 wurde die vorgenannte Uniform wieder abgeschafft und ein feldgrauer Rock mit sechs Knöpfen, zwei schrägen Seitentaschen mit Klappe und zwei aufgesetzten Brusttaschen mit Quetschfalte eingeführt. Auf dem dunkelgrünen Umlegekragen waren die Kragenspiegel in den verschiedenen Waffenfarben aufgenäht. Die Ärmel endeten in einfachen Rollaufschlägen. Vorne herunter und in den Hosennähten verlief ein farbiger Vorstoß. Die Schulterstücke mit den Rangabzeichen in der alten Form wurden ebenfalls wieder angelegt. Der Offiziersrock mit acht Knöpfen wurde auch als Gesellschaftsanzug mit einer geflochtenen Fangschnur getragen.

Neben dem Stahlhelm, der nur zum Felddienst und zur Parade getragen wurde, war eine graue Schirmmütze mit rundem Deckel, Ledersturmriemen und farbigen Vorstößen gebräuchlich. Auf dem Bund befand sich, von einem Eichenlaubkranz umgeben, eine schwarz-rot-goldene Kokarde mit dem Weimarer Adler. Darüber, auf dem Deckel, trug man noch die jeweilige Landeskokarde, also die preußische, bayrische etc. Ab 1927 wurde der Besatzstreifen dunkelblaugrün, und die Offiziere erhielten eine Mützenkordel aus Silbergespinst, die Generale aus Goldgespinst.

Neben der Dienstmütze wurde außerdem eine Feldmütze mit weichem Stoffschirm, ohne Vorstöße, Sturmriemen und Reichskokarde, sondern nur mit der Landeskokarde, getragen.

Nachfolgend eine Aufstellung der Waffenfarben für Kragenlitze, Vorstöße an Schulterklappe, Dienstmütze, Nummern oder Buchstaben auf Schulterklappen, Unterlagen der Offiziersschulterstücke:

Infanterie:	weiß
Jäger:	hellgrün
Kavallerie:	goldgelb
Artillerie:	hochrot
Pioniere:	schwarz
Fahrtruppen:	hellblau
Generale:	hochrot
Kraftfahrttruppen:	rosa
Nachrichtentruppen:	hellbraun
Sanitätsabteilungen und Ärzte:	kornblumenblau
Veterinäre:	karmesinrot
Zeugämter:	hochrot
Generalstab u. Reichswehrministerium:	karmesinrot

Militärbeamte trugen dunkelgrün als Hauptfarbe (also alle Vorstöße) und als Zweitfarbe um Schulterklappen, Schulterstücke und um die Kragenpatten folgende Farben:

Feldgrauer Reichswehrrock Muster 1921

Reichswehrministerium,
Inspektionen,
Waffenschulen,
Wehrkreiskommandos,
Kommandanturen,
Armee-Musikinspizienten: karmesinrot
Indentantur: hochrot
Heeres-Anwaltschaft: hellblau
Zahlmeister: weiß
Techn. Beamte: schwarz
Apotheker: hellgrün
Lazarett-Verwaltung: kornblumenblau
Garnison-Verwaltung: hellbraun

Die Umstellung von der feldgrauen Uniform des Ersten Weltkrieges zur Reichswehr- und zur Wehrmachtsuniform war fließend. Feldgraue Uniformen und Ausrüstung des Weltkrieges wurden umgearbeitet und in der Reichswehr aufgebraucht. Andererseits wurde der Reichswehrrock mit Hoheitsabzeichen auf der Brust noch bis zum Beginn des Zweiten Weltkrieges getragen.

Die Uniform der Marine änderte sich von der Kaiserlichen Marine zur Reichsmarine nur unwesentlich. Einzig die auf das Kaiserreich hindeutenden Symbole der Kaiserkrone und des kaiserlichen Reichsadlers wurden durch den Weimarer Adler bzw. die scharz-rot-goldene Adlerkokarde ersetzt.

Eine Fliegertruppe bestand wegen des Verbotes durch den Versailler Vertrag offiziell nicht.

Die Wehrmacht – Uniformierung des Heeres

Mit der Machtergreifung der NSDAP 1933 hatte sich im Erscheinungsbild des Heeres vorerst keine Änderung ergeben. Erst ab 1935 wurde auf allen Uniformen des Heeres und der Marine auf der rechten Brustseite der sog. Hoheitsadler angebracht. Für Offiziere bestand er aus Silber- oder Aluminiumstickerei auf dunkelblaugrünem Tuch. Für Unteroffiziere und Mannschaften waren maschinengestickte oder gewebte Hoheitsadler üblich. Ebenso brachte man auf der Vorderseite des Mützendeckels den Hoheitsadler an, für Mannschaften aus Aluminium geprägt, für Offiziere handgestickt.

1936 wurde die bisherige Reichswehruniform durch zwei Röcke in neuem Schnitt ersetzt. Zu Parade und Ausgang trug man ab Juni 1935 den neuen *Waffenrock*. Er war im Schnitt und Ausstattung ein Rückgriff auf die Uniform der Kaiserzeit. Der mit acht silberfarbenen, gekörnten Knöpfen geschlossene grünlich-feldgraue Rock besaß einen Kragen und schwedische Ärmelaufschläge aus bläulich-dunkelgrünem Abzeichentuch; darauf Kragenspiegel und Ärmelpatten in der jeweiligen Waffenfarbe sowie vorne herunter und um die Schoßtaschenleisten ein ebensolcher Vorstoß. Bei den Mannschaften waren die dunkelgrünen Schulterklappen ebenfalls farbig vorgestoßen und mit einer Ziffer oder Chiffre der betreffenden Einheit versehen. Die Schulterstücke der Offiziere und Generale blieben in der bisherigen Form. Unteroffiziere und Feldwebel zeichneten sich durch eine um den oberen und vorderen Kragenrand sowie um die Oberkante der Ärmelaufschläge laufende Silbertresse aus. Offiziere legten ein silbernes, geflochtenes Achselband an, Generale eines aus Goldgespinst.

Paradewaffenrock Muster 1935 mit farbigen Kragenspiegeln, Vorstößen und Ärmelpatten

Zum Feld- und Dienstanzug wurde die *Feldbluse* eingeführt. Hauptcharakteristikum waren die vier aufgesetzten Taschen mit Knopf und Quetschfalten, bläulich-dunkelgrüner Kragen und vorneherunter fünf Knöpfe. In der Form für Mannschaften und Unteroffiziere hatten die Ärmel, im Gegensatz zu den Offizieren, keine Rollaufschläge. Der Kragen konnte hochgeschlossen (in der Regel von Offizieren) oder »halsfrei«, also offen, getragen werden. Die Kragenspiegel der Mannschaften hatten anfänglich noch einen waffenfarbigen Spiegel, sie wurden aber durch einheitlich silbergrau gewebte Kragenspiegel abgelöst. Bei den Offizieren waren handgestickte silberfarbene Kragenspiegel auf dunkelgrünem Tuch üblich.

Für Offiziere und Wehrmachtsbeamte in entsprechenden Rängen wurde eine *Feldbluse mit farbigen Vorstößen* eingeführt. Mit herausgetrennten Vorstößen wurde sie auch als normale Feldbluse aufgetragen.

Durch den Anschluß Österreichs an das Deutsche Reich und die Übernahme des Bundesheeres kamen auch österreichische Uniformen in Gebrauch, die sich nur geringfügig von den alten Röcken der Reichswehr unterschieden. Diese Röcke wurden ebenso mit neuen Abzeichen aufgetragen.

Feldbluse für Offiziere

Feldbluse Muster 1943 für Mannschaften

Ein *weißer Rock* aus Leinenstoff war den Offizieren für die Sommermonate freigestellt. Der Rock älterer Art besaß einen kurzen Stehkragen, sechs Knöpfe, zwei aufgesetzte Brusttaschen und eingeschnittene Rocktaschen mit Klappe. Der Rock neuer Art hatte einen Umlegekragen, acht Knöpfe und ebenfalls aufgesetzte Rocktaschen mit Quetschfalte sowie Rollaufschläge an den Ärmeln.

Je nach Art des Anzuges, Felddienst, Dienstanzug, Paradeanzug, Ausgehanzug etc, trug man steingraue *Hosen,* entweder im Breechesschnitt für Offiziere und Berittene, oder lange Hosen mit farbigem Vorstoß. Zum Feldanzug trugen die Mannschaften und Unteroffiziere feldgraue Hosen in den Stiefeln. Gebirgstruppen hatten Skihosen, die in den Ski- oder Bergschuhen steckten. Die Hosen der Generale und Generalstabsoffiziere hatten links und rechts neben dem ponceauroten bzw. karmesinroten Vorstoß zwei breite gleichfarbige Lampassen.

Die Rohstoff- und Arbeitskräfteverknappung während des Zweiten Weltkrieges führte nach 1942 dazu, eine neue Uniform zu schaffen. So besaß die *Feldbluse Modell 1943* keinen dunkelgrünen Kragen mehr. Die Schulterklappen wurden ebenfalls aus feldgrauem Stoff hergestellt und die aufgesetzten Taschen waren glatt, ohne Quetschfalten. Das Uniformtuch bestand aus 65 % Kunstfasern, der Rest aus Reiß- und Abfallwolle.

Die ebenfalls 1943 eingeführte *Rundbundhose* konnte ohne Hosenträger getragen werden, was neben der Materialersparnis an Gummi auch ein Zeitgewinn beim Herunterlassen unter Gefechtsbedingungen brachte.

Die weitere Entwicklung des Krieges brachte im September 1944 die *Feldbluse Modell 1944,* die an den englischen Kampfanzügen orientiert war. Charakteristisch war das Fehlen des Schoßes. Die Feldbluse hatte sechs Knöpfe und schloß unten mit einem umlaufenden Bund ab. Sie hatte zwei glatte, aufgesetzte Brusttaschen, der Rücken war aus einem Teil geschnitten.

Als Kampfanzug für den Sommer diente der *Drillich-Felddienstanzug* für Mannschaften und Unteroffiziere. Im Schnitt der normalen Feldbluse ähnlich, jedoch aus leichterem schilfgrünem Baumwollstoff hergestellt. Die Ärmel konnten am Handgelenk zugeknöpft werden.

Aus schwarzem Tuch war die *Sonderbekleidung der Panzertruppe* gefertigt. Die Feldjacke wurde über die Brust geknöpft und mit verdeckten Hornknöpfen geschlossen. Unter dem normalerweise offen getragenen Kragen wurde ein graues Hemd mit schwarzer Krawatte sichtbar. Auf dem weit ausladenden Kragen mit rosa oder goldgelbem Vorstoß saßen die rosa oder goldgelb eingefaßten Kragenspiegel mit aufgelegtem Totenkopf aus Aluminium. Die Jacke hatte keinen Schoß und keine aufgesetzten Taschen. Dazu eine schwarze Hose sowie das schwarze Panzerbarett oder ein schwarzes Schiffchen.

Im gleichen Schnitt wie die Panzeruniform, jedoch aus feldgrauem Stoff, war die *Sonderbekleidung für Besatzungen von Jagd-Panzern und Selbstfahr-Lafetten.* Der Kragen war allerdings nicht farbig vorgestoßen. Die Kragenspiegel waren für die Panzerartillerie grün mit Totenkopf und

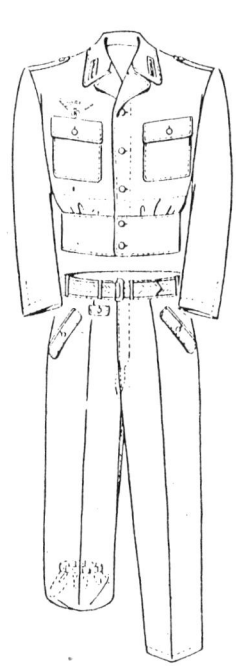

Feldbluse und Rundbundhose Modell 1944

rotem Vorstoß bzw. später statt des Totenkopfes mit grauweißer Einheitslitze. Eine besondere Kopfbedeckung gab es hierzu jedoch nicht.
Der *Mantel* war zweireihig und mit je sechs Knöpfen geschlossen, besaß einen dunkelgrünen Kragen und zwei schräg eingeschnittene Taschen mit abgerundeten Klappen. Die Ärmelaufschläge waren 15 cm breit, bei den Offizieren 23 cm. Später wurde der Kragen feldgrau. Im Jahre 1943 wurde der feldgraue Mantel mit einem wesentlich größeren Kragen ausgestattet. Dazu kam eine weitere Neuerung: man brachte seitlich neben den Knöpfen zwei Taschen an.
Offizieren war es freigestellt, sich einen graugrünen Ledermantel oder Mäntel mit Pelzfutter oder -kragen anzuschaffen.
Über die hier beschriebenen Bekleidungsstücke hinaus gab es noch eine Anzahl von Sonderbekleidungsstücken und Varianten, auf die einzugehen hier verzichtet wird.
Als Kopfbedeckung zur Parade und im Feld diente der *Stahlhelm*. Das Modell 16 und seine Varianten wurde allmählich von dem Modell 35 abgelöst, war jedoch auch 1939 noch bei der Truppe zu finden. Der graugrün gespritzte Helm besaß auf der rechten Seite ein Wappenschild mit den Reichsfarben, links mit dem Wehrmachtsadler. Kriegswirtschaftlich bedingt produzierte man ab 1943 einen Helm in vereinfachter Form und ohne Abzeichen.
Die gebräuchlichste Kopfbedeckung war die *Schirmmütze* mit feldgrauem Deckel, dunkelgrünem Bund und schwarzem Lederschirm. Auf dem Bund saß die schwarz-weiß-rote Kokarde, von einem Eichenlaubkranz umgeben, darüber auf der Vorderseite des Deckels der Wehrmachtsadler. Die Mützeneffekten waren für Mannschaften und Unteroffiziere aus Aluminium geprägt, bei Offizieren silbern handgestickt und bei den Generalsrängen ab 1943 golden. Statt des schwarzen Ledersturmriemens hatten die Mützen der Offiziere ab Oberfähnrich eine gedrehte doppelte Silberkordel, die der Generale eine goldene. Die Biesen im Mützendeckel und um den Bund waren entsprechend den Waffenfarben. Generale trugen stattdessen eine goldene Paspelierung.
Für Offiziere gab es neben der beschriebenen Schirmmütze noch eine weich gearbeitete *Feldmütze alter Art*. Sie glich der normalen Schirmmütze, hatte aber keine Mützenkordel, die Abzeichen waren gewebt. Der Lederschirm war weich, der Deckel wurde nicht von einem Draht versteift. Die *Feldmütze der Mannschaften M 1938* ist unter der Bezeichnung »Schiffchen« bekannt. Die schirmlose Mütze aus feldgrauem Tuch war so geschnitten, daß man den Bund als Ohrenschutz herunterklappen konnte. Auf der Vorderseite war die gewebte Stoffkokarde aufgenäht über die im rechten Winkel eine Soutachschnur in Waffenfarbe lief. Auf dem Kopfteil saß vorn der gewebte Hoheitsadler.
Die *Feldmütze neuer Art* für Offiziere zeichnete sich durch den sogenannten »Heiligenschein« aus, einer Aluminiumgespinstschnur, die um den oberen Mützenrand lief. Im Juli 1942 wurde allgemein eine Feldmütze eingeführt, die der vorbeschriebenen ähnlich war, jedoch vorne statt dem Soutachwinkel mit zwei Metallknöpfen aufknöpfbar war. Die

Schwarzer Rock der Panzertruppe, in Feldgrau auch für die Sturmgeschützbesatzungen

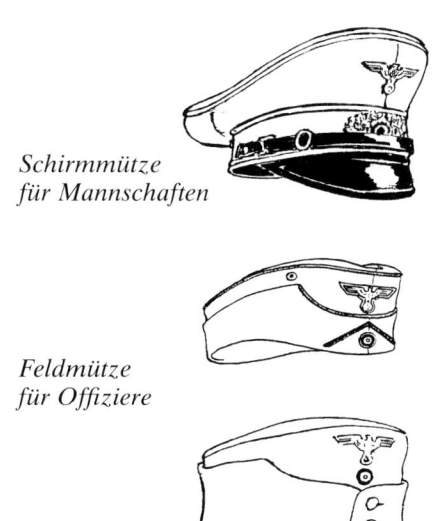

Schirmmütze für Mannschaften

Feldmütze für Offiziere

Einheitsfeldmütze Muster 1943

Kokarde und der Hoheitsadler waren in einem Stück gewebt und auf dem Oberteil aufgenäht.

Ein ähnliches Aussehen, jedoch mit einem gesteiften Stoffschirm, hatte die *Bergmütze*, die von den Gebirgstruppen getragen wurde. Zusätzlich trugen die Gebirgseinheiten an der linken Seite ein metallenes Edelweißabzeichen. Zur meistgetragenen Kopfbedeckung der deutschen Armee wurde die 1943 eingeführte *Einheitsfeldmütze*, die der Bergmütze glich, jedoch einen etwas längeren Schirm hatte. Sie war feldgrau, für die Panzertruppe aus schwarzem Stoff.

Nur bei der Panzertruppe wurde die barettähnliche *Panzerschutzmütze* eingeführt. Sie gehörte zur schwarzen Panzeruniform und bestand aus zwei Teilen: der Schutzkappe aus Filz und Öltuch und dem schwarzen oder feldgrauen Überzug mit gewebter Kokarde mit Eichenlaubkranz und Hoheitsadler.

Folgende Zusammenstellung soll einen Überblick über die Waffenfarben geben, die bei den Kragenspiegeln, Schulterstücken und Mützenvorstößen verwendet wurden:

Karmesin:	OKW, OKH, Veterinäre
Hochrot:	Generale, Artillerie
Weiß:	aInfanterie, Heeres-Fla
Goldgelb:	Kavallerie, Kradeinheiten
Zitronengelb:	Nachrichteneinheiten
Kupferbraun:	Krad-Einheiten
Rosa:	Panzertruppe
Hellgrün:	Schützen- und Gebirgseinheiten
Wiesengrün:	motorisierte Infanterie
Bordeauxrot:	Nebeleinheiten, Militärgerichtsbarkeit
Kornblumenblau:	Sanitätstruppe, Ärzte, Versorgungsoffiziere
Hellblau:	Versorgungseinheiten, Fahrabteilungen
Schwarz:	Pioniertruppe, Techn. Offiziere
Schwarz-weiß:	Panzer-Pionier
Orangerot:	Feldpolizei
Graublau:	Sonderführer

Die Beamten der Heeresverwaltung trugen neben der dunkelgrünen Hauptfarbe je nach Arbeitsbereich verschiedene Nebenfarben.

Luftwaffe – Uniformen für den neuen Wehrmachtteil

Durch die Beschränkung der Luftfahrt durch den Versailler Vertrag gab es in der Reichswehr keine Luftwaffe. Die im Jahre 1935 neuaufgestellte Luftwaffe konnte also an keine Tradition anknüpfen. Im Deutschen Luftsportverein (DLV) bestand jedoch eine Tarnorganisation, aus der heraus die Luftwaffe entwickelt wurde. Die Uniform des DLV ging damit auch fast unmerklich in die neue Luftwaffenuniform über. Charakteristisch war, in Anlehnung an die Fliegertruppen anderer Nationen, die graublaue Farbe des Uniformtuches. Vom Heer wurden die Rangabzeichen auf den Schulterklappen und Schulterstücke übernommen. An die Kriegsmarine erinnerte die weiße Uniform und der Gesellschaftsanzug der Offiziere. Die vollfarbigen Kragenspiegel zeigten mit einem System von Schwingen, Eichenlaubkränzen, Propellern und Rosetten den Dienstgrad des Trägers und die Zugehörigkeit zu einer bestimmten Waffengattung der Luftwaffe an. Anders als bei Heer und Marine war auch der Hoheitsadler auf der rechten Brustseite der Uniform und den Kopfbedeckungen gestaltet. Er hatte nicht die statische Form, sondern war fliegend dargestellt. Der Eichenlaubkranz der Schirmmütze erhielt links und rechts noch stilisierte Schwingen.

Von allen Dienstgraden wurde der graublaue *Tuchrock* getragen, der für Mannschaften einen offenen Kragen mit Einfassung in der Waffenfarbe, für Offiziere eine Aluminiumschnur besaß. Wie bei der Feldbluse des Heeres waren vier Taschen mit Quetschfalten und Klappen aufgesetzt, die Klappen allerdings nicht geschwungen und der Rock nur mit vier Knöpfen. Als Dienstanzug war daneben die *Fliegerbluse* in Gebrauch. Sie hatte eine verdeckte Knopfleiste, konnte entweder offen, mit blaumeliertem Hemd und Krawatte, oder geschlossen, mit Kragenbinde, getragen werden. Die Fliegerbluse für Offiziere besaß zwei eingeschnittene Seitentaschen.

Graublauer Tuchrock in offener Trageweise

Ein sog. *kleiner Rock*, der mit sechs Knöpfen in zwei Reihen geknöpft war und weißes Brustklappenfutter hatte, war den Generalen vorbehalten (für Beamte im Generalsrang dunkelgrünes Brustklappenfutter bzw. für Ingenieure rosa).

Wie beim Heer gab es für Offiziere einen weißen *Sommerrock* aus Leinen. Er war mit vier Knöpfen geschlossen und hatte einen offenen Kragen. Ein für die Luftwaffe charakteristisches Stück war der *Abendgesellschaftsanzug:* Er bestand aus der blaugrauen Jacke mit langem frackartigem Kragenrevers, einer weißen Weste zum großen Gesellschaftsanzug und einer blaugrauen zum kleinen. Die lange Tuchhose zum großen Gesellschaftsanzug hatte noch einen breiten Tressenbesatz.

Neben dem *Mantel,* der abgesehen von der Farbe dem Heeresmantel entsprach und mit Kragenspiegeln ausgestattet war, konnten Offiziere einen graublauen *Umhang* (Spanier) tragen, der mit einer Kette geschlossen wurde, die in zwei Adlerköpfen aus Aluminium eingehakt war.

Für das fliegende Personal war eine Reihe von *Fliegerschutzanzügen* vorgesehen, die je nach Einsatz und Klimaverhältnissen von der leichten Leinenfliegerjacke bis zu schweren pelzgefütterten oder gar beheizten Fliegerkombinationen reichten.

Die Fallschirmjäger, die auch zur Luftwaffe gehörten, waren selbstverständlich ebenfalls mit speziellen Bekleidungsstücken für den Kampfeinsatz ausgerüstet. Bekannt ist der sog. »Knochensack«, eine tarnfarbene lange Kampfjacke, die während des Krieges für die Luftlandeeinheiten typisch war.

Fliegerbluse für Offiziere

Die *Schirmmütze* aus graublauem Tuch, mit schwarzem Mohairbesatzstreifen, hatte für Mannschaften Aluminiumabzeichen, für Offiziere in Aluminiumfaden gestickte, für Generale Goldstickerei. Zur weißen Sommeruniform hatte die Mütze einen weißen Deckel. Das Schiffchen, *Fliegermütze* genannt, war der Feldmütze des Heeres ähnlich. Sie hatte die sog. »Bootsform« und farbige Vorstöße bzw. für Offiziere eine Aluminiumschnur, für Generale eine Goldschnur eingenäht. Die *Einheitsfeldmütze 43* wurde auch bei der Luftwaffe eingeführt, allerdings in blaugrau mit entsprechenden Luftwaffenabzeichen.

Der *Stahlhelm* entsprach dem des Heeres, trug jedoch statt des Heeresadlers den Luftwaffenadler. Die Fallschirmjäger hatten einen besonderen Helm, ohne Nackenschutz und Augenschirm und mit einer speziellen Innenausstattung.

Zusammenstellung der bei der Luftwaffe gebräuchlichen Waffenfarben:

Weiß:	Generale, Regiment Hermann Göring
Goldgelb:	Fliegertruppe
Hochrot:	Flakartillerie
Karmesin:	Generalstabsoffiziere
Rosa:	Ingenieure
Bordeauxrot:	Justizbeamte, Richter
Orangerot:	Offiziere z. D. im Frieden
Goldbraun:	Luftnachrichtentruppe
Hellgrün:	Reichsluftaufsicht
Dunkelgrün:	Beamte
Dunkelblau:	Sanitätssoldaten, Ärzte
Schwarz:	Reichsluftfahrtministerium, Bauverbände

Die Kriegsmarine – Traditionelle Uniform

Wie schon im Kapitel über die Reichswehr erwähnt, hatte sich bei der Marine seit dem 1. Weltkrieg kaum etwas an der Uniform geändert. Die Reichsmarine wurde nach 1935 mit dem Hoheitsadler auf der rechten Brustseite und am Mützendeckel zur Kriegsmarine.

Wie schon bei der Kaiserlichen Marine trugen die Mannschaften und Unteroffiziere bis zum Obermaat die traditionelle Matrosenuniform mit dem großen blauen Kragen. Im Sommer war die weiße Uniform, ansonsten die dunkelblaue üblich. Die kurze dunkelblaue *Jacke* der Mannschaften hatte vorne herunter zwei Reihen mit je 9 goldenen Ankerknöpfen und Ärmelpatten mit fünf Knöpfen. Bei kalter Witterung zog man den *Überzieher* an, der als lange doppelreihige Jacke mit je 5 Knöpfen und Umlegekragen aus dunkelblauem Wolltuch bestand.

Das klassische dunkelblaue *Jackett* der Marineoffiziere war mit je fünf Knöpfen zweireihig geknöpft und zeigte durch goldene Tressenringe an

Dunkelblaue Jacke für Marinemannschaften

den Ärmeln den Dienstgrad. Die Unteroffiziere mit Portepee trugen das gleiche Jackett, jedoch mit Schulterklappen, auf denen mit Tresseneinfassungen, Rangsternen und Metallabzeichen Rang und Dienststellung abzulesen war. Ebenso wie beim Heer war auch das *weiße Jackett* mit den Offiziersdienstgradabzeichen auf den Schulterstücken üblich. Auch hier gab es ein Jackett älterer und neuerer Vorschrift. Der Rock alter Art entsprach dem des Heeres, der Neue hatte einen offenen Kragen, vier Knöpfe und keine Ärmelaufschläge. Zum Gesellschaftsanzug war seit der Kaiserlichen Marine die dunkelblaue *Messejacke* üblich. Die Rangabzeichen wurden hier als Ärmeltressen getragen, im Gegensatz zur *weißen Messejacke*, die mit Schulterstücken ausgestattet war. Ebenfalls ein traditionelles Marinebekleidungsstück war der *Rock* für Offiziere. Er war aus dunkelblauem Tuch und reichte bis über die Knie. Zur Großen Uniform wurden dazu noch Epauletten angelegt. Als Kleiner Gesellschaftsanzug wurde er mit Schulterstücken getragen. Der Rock hatte einen offenen Kragen und war doppelreihig mit je fünf Knöpfen geknöpft.

Die Matrosen der Kriegsmarine trugen die bis heute gebräuchliche *Tellermütze* mit schwarzem Seidenband, auf dem die Einheit in goldener Frakturschrift eingewebt war. Während des Krieges wurde allerdings nur ein Mützenband mit der Aufschrift »Kriegsmarine« getragen. Je nach Jahreszeit war der Deckel der Mütze weiß oder dunkelblau. Die Portepeeunteroffiziere trugen eine *Schirmmütze* in weiß oder dunkelblau mit schwarzem Mohairband, auf dem vorne ein goldener Eichenlaubkranz mit Kokarde aufgestickt war, darüber der goldene Hoheitsadler wie beim Heer. Sturmriemen und Schirm waren aus schwarzem Leder. Die Offiziere unterschieden sich durch goldene Stickerei auf dem dunkelblau bezogenen Mützenschirm. Bis zum Kapitänleutnant war der Rand mit einer Zackenstickerei versehen. Stabsoffiziere besaßen einen einfachen umlaufenden Eichenlaubkranz und Admirale einen doppelten Eichenlaubkranz auf dem Schirm aufgestickt. Im Gegensatz dazu hatten die Beamten der Marine einen schwarzen Lederschirm, eine gedrehte Silberschnur anstelle des Ledersturmriemens und den silbernen Hoheitsadler und Mützenkranz um die Kokarde.

Eine traditionelle Kopfbedeckung war der *Hut* für Offiziere zur Großen Uniform. Dieser Zweispitz aus schwarzem Filz war für Admirale mit einer breiten Goldtresse, für Offiziere mit schwarzem Mohairband eingefaßt. Über die schwarz-weiß-rote Kokarde aus Seide lief eine goldene Agraffe aus Goldbouillons.

Von bestimmten Marineeinheiten (Marineartillerie, Schiffsstammabteilungen usw.) wurde auch neben der blauen eine *feldgraue Uniform* getragen. Sie entsprach im großen und ganzen der Uniform des Heeres, jedoch waren die Knöpfe gelblich mattgrau mit aufgeprägtem Anker.

Für verschiedene Marineangehörige wurden je nach Aufgabenstellung Sonderbekleidungsstücke ausgegeben. So für das Personal auf den U-Booten, Schnellbooten, Kleinkampfmitteln und Brückenpersonal, bzw. für das fliegende Personal der Marineflieger.

Jackett der Marineoffiziere

Rock mit Epauletten zur Großen Uniform der Marineoffiziere

Militärische Orden und Ehrenzeichen im 3. Reich

Infanterie-Sturmabzeichen

Eine Uniform ohne Orden und Ehrenzeichen ist wie eine Suppe ohne Salz. Da im 3. Reich vom Jungvolk-Pimpf bis zum Veteranen jeder eine Uniform tragen durfte, war der Bedarf an tragbaren Auszeichnungen groß. In der Weimarer Republik waren keine tragbaren staatlichen Auszeichnungen verliehen worden.

Im klassischen Sinne war nur der 1937 gestiftete Verdienstorden vom Deutschen Adler wirklich als Orden zu bezeichnen. Allerdings konnte dieser nur von Ausländern erworben werden. Den internationalen Regeln entsprechend war der Orden fünfklassig mit einer Verdienstmedaille. Ab 1943 konnten auch Schwerter in allen Klassen verliehen werden.

Für das Militär mußte ein komplexes System von Auszeichnungen geschaffen werden. Durch die Teilnahme von Wehrmachtseinheiten am Spanischen Bürgerkrieg wurde für die Legion Condor das *Spanien-Kreuz* geschaffen, das mit Brillanten 27mal zur Verleihung kam.

Mit Ausbruch des 2. Weltkrieges wurde das *Eiserne Kreuz,* eine Stiftung des einstigen Preußenkönigs Friedrich-Wilhelm III., 1939 erneuert und durch eine neue Klasse, das »Ritterkreuz«, ergänzt. Dabei wurde aus dem ursprünglichen Ehrenzeichen ein Orden, dessen Komturklasse man fälschlicherweise als Ritterkreuz bezeichnete. Als höchste Stufe bestand das »Großkreuz«. Dem »Ritterkreuz« fügte man noch weitere Klassen an: »Eichenlaub«, »Eichenlaub und Schwerter«, »Eichenlaub mit Schwertern und Brillanten« und schließlich das »Goldene Eichenlaub mit Schwertern und Brillanten«. Diese Einteilung entsprach keiner Tradition in der Ordensgeschichte. Da das »Eiserne Kreuz« eine reine Tapferkeitsauszeichnung war, schuf man mit dem »Kriegsverdienstkreuz« in drei Klassen und einer Medaille, mit und ohne Schwerter, eine Auszeichnung für Militärs und Zivilisten während des Krieges. Als Vorstufe jeweils zum Ritterkreuz des Eisernen Kreuzes und des Kriegsverdienstkreuzes wurde ab 1941 das »*Deutsche Kreuz*« in Gold bzw. in Silber geschaffen. Seltsamerweise handelte es sich dabei nicht um ein Kreuz, sondern um einen achtstrahligen Stern, der im Landesjargon »Spiegelei« genannt wurde. Eine ungewöhnliche Auszeichnung war auch die »*Ehrenblattspange*«, bei der Marine »Ehrentafelspange« genannt. Die Namen der für besondere Taten im Wehrmachtbericht genannten Soldaten wurden im sog. Ehrenblatt des Heeres oder der Luftwaffe bzw. der Ehrentafel der Marine veröffentlicht. Zum äußeren Zeichen trugen die Genannten ein EK-Band mit einem goldenen Abzeichen im Knopfloch der Uniform.

Panzerkampfabzeichen

Eine eigene große Gruppe unter den Auszeichnungen des 2. Weltkriegs stellen die Kampfabzeichen von Heer, Marine und Luftwaffe dar. Für alle drei Wehrmachtteile wurden die am linken Ärmel aufgenähten *Ärmelschilde* verliehen. Für die verschiedenen Kampfeinsätze gab es den Narvikschild, Cholmschild, Krimschild, Demjanskschild, Kubanschild, Warschauschild und Lapplandschild.

Im Folgenden sind die *Kampf- und Tätigkeitsabzeichen des Heeres* aufgeführt: Nahkampfspange in drei Stufen, Allgemeines Sturmabzeichen mit verschiedenen Einsatzzahlen, Infanteriesturmabzeichen, Panzerkampfabzeichen in Silber und Bronze, jeweils mit Einsatzzahlen, Heeres-Flakabzeichen, Fallschirmschützenabzeichen, Ballonbeobachterabzeichen. Als Ärmelstreifen erhielten Einzelkämpfer das Panzervernichtungsabzeichen oder Tieffliegervernichtungsabzeichen.

Die verschiedenen *Kriegsabzeichen der Marine* wurden an die Besatzungen folgender Kampfmittel verliehen: U-Boote, Zerstörer, Minensucher- und U-Boot-Jagd- und Sicherungsverbände, Hilfskreuzer, Schnellboote, Marineartillerie, Blockadebrecher, Kleinkampfmittel und für die Dickschiffe das Flottenkriegsabzeichen.

U-Boot-Kriegsabzeichen

Eine noch größere Anzahl spezieller Abzeichen verlieh die *Luftwaffe:* Die »Frontflugspangen« wurden in jeweils verschiedener Form für Tagjäger, Nachtjäger, Fern-Nachtjäger, Zerstörer, Kampf- und Sturzkampfflieger, Aufklärer, Transport- und Luftlandeflieger sowie für Schlachtflieger verliehen. Je nach Anzahl der Einsätze waren die »Frontflugspangen« in Bronze, Silber oder Gold, bzw. hatten Anhänger mit Zahlen. Daneben existierten noch das Kampfabzeichen der Flakartillerie, Erdkampfabzeichen, Panzerkampf- und das Seekampfabzeichen. Für das fliegende Personal bestanden noch eine Reihe von Tätigkeits- und Leistungsabzeichen für Flugzeugführer, Beobachter, Schützen, Fallschirmschützen usw., teilweise in verschiedenen Kombinationsformen.

Das Sammeln von Auszeichnungen des 3. Reiches eröffnet ein weites Feld mit etwa 600 verschiedenen Auszeichnungen. Manche Auszeichnungen sind nur in einzelnen Verleihungen bekannt und dadurch fast unerschwinglich teuer. Andererseits sind häufige Auszeichnungen für relativ wenig Geld zu haben. Es sollte aber an dieser Stelle darauf hingewiesen werden, daß es kaum ein Sammelgebiet gibt, in dem man es mit so vielen Fälschungen zu tun hat wie in diesem. Man kann wohl ohne Übertreibung sagen, daß es keinen Sammler von Auszeichnungen des 3. Reiches gibt, der nicht schon auf »Fakes« hereingefallen ist. Wer das Gegenteil behauptet, weiß es vielleicht nur noch nicht.

Der Bürger in Uniform: Die deutsche Bundeswehr

Nach den Schrecken des 2. Weltkrieges war man sich in Deutschland ziemlich sicher, daß es keine deutsche Armee mehr geben wird. Doch die politischen Entwicklungen in Europa im Spannungsfeld zwischen den kapitalistischen und kommunistischen Machtblöcken ließen es nicht zu, in Mitteleuropa ein militärisches Vakuum bestehen zu lassen. Mit der Idee der EVG, der Europäischen Verteidigungsgemeinschaft befaßte man sich 1953 seitens der Westalliierten mit dem Gedanken, die Bundesrepublik wieder aufzurüsten. 1955 trat die Bundesrepublik der NATO bei und die Bundeswehr wurde gegründet. In der fast vierzigjährigen Geschichte der Bundeswehr hat sich das äußere Erscheinungsbild der Truppe teilweise entscheidend verändert. Bisher wurde jedoch die Bundeswehr von den Militariasammlern noch nicht richtig als Sammelgebiet entdeckt. Die Vielzahl von Abzeichen, die seit 1955 die Uniformen von Heer, Marine und Luftwaffe schmückten, lohnt sich jedoch schon zum Sammeln.

Mit der Gründung der Bundeswehr versuchte man, alles zu vermeiden, was an die Wehrmacht erinnern konnte oder mit militärischen Traditionen zu tun hatte, die Assoziationen mit dem 3. Reich erzeugen konnte. Die erste Uniform des Heeres und der Luftwaffe erhielten einen bewußt zivilen Schnitt, um damit den Begriff des »Bürgers in Uniform« zu unterstreichen. Der schiefergraue kurze Rock der Mannschaften wurde, nach seinem Vorbild bei der amerikanischen Armee, »Eisenhower-Jacket« genannt. Der zweireihige Rock der Offiziere hatte große Ähnlichkeit mit einem Ziviljackett, da man auf die aufgesetzten Brust- und Schoßtaschen und den geschlossenen Kragen verzichtete und Krawatten trug.

Selbst auf die schon traditionellen Kragenspiegel verzichtete man zugunsten von Metallabzeichen, für die einzelnen Waffengattungen. Bei den Soldaten jener Zeit wurden sie »Sanellas« genannt, in Anlehnung an die kleinen Plastiktierchen, die Kinder im Milchladen als Werbegeschenk der Sanella-Margarine bekamen. Doch bereits nach einem knappen Jahr verschwanden die Metallabzeichen, um durch die farbigen Kragenspiegel ersetzt zu werden. Schulterstücke wie in der Wehrmacht kannte man nicht, die Schulterklappen mit anfänglich bronzefarbenen Sternchen und Eichenlaubzweigen waren sehr schlicht und unauffällig. Nachdem man sich daran gewöhnt hatte, daß es in Deutschland wieder Soldaten gab, näherte man sich vorsichtig wieder traditionellen Formen. 1957 kehrte man zu einer Uniform zurück, die ein militärischeres Erscheinungsbild hatte: Der neu eingeführte sog. Viertaschenrock war mit dem Uniformrock der Luftwaffe der Wehrmacht im Schnitt fast identisch. Auch bekam die Bundesluftwaffe wieder graublaue Uniformen, wie vor 1945. 1962 wurden die Schulterklappen mit einem farbigen Vorstoß versehen und die Offiziere bekamen wieder Schulterstücke mit einer farbigen Unterlage. Allerdings die Soutachschnurgeflechte der Wehrmacht erfuh-

Gesellschaftsanzug für Offiziere 1962

ren keine Wiederbelebung. Man entdeckte jedoch wieder den Reiz des »zweierlei Tuchs« und trug anthrazitfarbene Hosen im Gegensatz zu den immer heller werdenden grauen Röcken. Bei den befreundeten Armeen der NATO machte man eine Reihe von Anleihen bezüglich Uniformabzeichen. Die Divisions- und Brigadeabzeichen, die ab 1962 am linken Oberarm angebracht wurden, hatten ihr Vorbild bei der US-Army. Die kleinen Emailleanhänger an der rechten Brusttasche, die internen Verbandsabzeichen, hatte man von der französischen Armee abgeschaut. Die Laufbahnabzeichen, die, wie in der Wehrmacht, auf dem Unterarm getragen worden waren, ersetzte man durch ein komplexes System von Tätigkeitsabzeichen in Form von Spangen über der rechten Brusttasche. Diese Abzeichen führen ihren Ursprung auf die amerikanischen Pilotenabzeichen von 1917 zurück. Doch auch eine Reihe von alten traditionellen Abzeichen der Wehrmacht fanden sich wieder ein: Ärmelbänder, das Bergführerabzeichen, Mützenedelweiß und die Schützenschnüre.

Viertaschenrock für Offiziere der Luftwaffe 1962

In der Anfangszeit der Bundeswehr trug man zum Kampfanzug Jacken und Hosen in Flecktarnmuster. Anfang der 60er-Jahre verschwand diese Tarnbekleidung und machte dem jagdmelierten Kampfanzug, der sog. Filzlaus Platz. Der kratzige Wollstoff erfreute sich keiner großen Beliebtheit und wich dem olivfarbenen Moleskinanzug. Ende der 80er-Jahre begann man nach Truppenversuchen wieder für die Fronteinheiten Flecktarnbekleidung aus Gore-Tex zu beschaffen.

Mit dem zweiteiligen Stahlhelm M1A1 aus amerikanischen Beständen wurde die Truppe zunächst ausgerüstet. Schon 1958 kam dann das Modell FJ60 in ähnlicher Form, jedoch ohne Innenhelm. 1960 folgte der »Helm Bodentruppe«, der mit leicht verändertem Futter bis heute in Gebrauch ist und zukünftig von einem Carbonfaserhelm abgelöst werden wird.

Die im 2. Weltkrieg weitverbreitete Einheitsfeldmütze fand sich 1955 auch bei der Bundeswehr wieder. Allerdings wurde sie schon bald vom Schiffchen verdrängt und beim Heer letztlich durch das Barett ersetzt. Nur die 1. Gebirgsdivision trägt noch die Bergmütze mit dem Edelweißabzeichen. Die Schirmmütze für Offiziere bekam 1962 nach dem Vorbild der Marine und anderer ausländischer Armeen einen bestickten Schirm. Nachdem die Schirmmütze in den 80er-Jahren beim Heer vom Barett verdrängt wurde, gehört sie bei der Luftwaffe noch immer zum Bekleidungssoll.

Die Bundesmarine hatte weniger Schwierigkeiten in der formalen Gestaltung ihrer Uniform, hielt man an sich doch an traditionelle Formen, wie sie von der kaiserlichen Marine über die Reichsmarine und Kriegsmarine überliefert waren. An der dunkelblauen Uniform der Bundesmarine mit goldenen Rangabzeichen änderte sich im Laufe der letzten 40 Jahre kaum etwas.

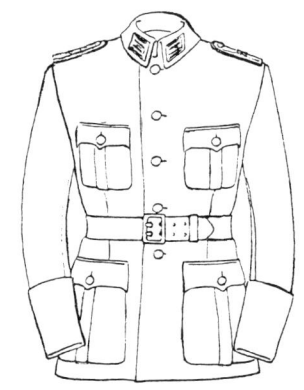

Dienstrock für Offizier 1956

Die NVA – Die bewaffnete Macht des Arbeiter- und Bauernstaates DDR

Mit der Unterzeichnung des Warschauer Vertrages 1955 waren die Weichen gestellt für die Aufstellung einer Armee im zweiten Teilstaat, der

Sommer-Ausgehanzug für Mannschaften 1975

aus dem Deutschen Reich hervorgegangen war. Die DDR gründete die Nationale Volksarmee. Eigentlich bestand schon eine bewaffnete Macht, die Kasernierte Volkspolizei, kurz KVP, die in ihrer Gesamtheit zum 1. 12. 1956 aufgelöst wurde und den Grundstock der NVA bildete. Anders als in der Bundesrepublik bekundete man den Sinn für das militärische Erbe der Vergangenheit deutlich in der Gestaltung der neuen NVA-Uniform. Der Bruch mit dem militärischen Erbe der preußisch-deutschen Militärgeschichte sollte nur in den Köpfen vollzogen werden.

Anfänglich mußten noch die khakifarbenen Uniformen der KVP mit veränderten Abzeichen aufgetragen werden. Gegen Ende der 50er-Jahre präsentierte sich die NVA dann vollständig in einer steingrauen Uniform, die mit der Wehrmacht verblüffende Ähnlichkeiten besaß. Die Uniform, im Schnitt und in der Art ihrer Abzeichen, entsprach einer bruchlosen Fortsetzung der Wehrmacht. Einzig die Luftstreitkräfte waren ebenfalls steingrau gekleidet und nicht graublau. Der Uniformrock des Heeres war hochgeschlossen, während die Luftstreitkräfte, wie früher die Luftwaffe, einen offenen Uniformkragen mit Krawatte trug. Der Ausgehanzug war, der Mode der 50er-Jahre folgend, ein offenes zweireihiges Jackett, ähnlich dem der Bundeswehr dieser Zeit.

Als Stahlhelm erhielt die KVP und dann die NVA eine Weiterentwicklung aus dem Jahre 1943. Dieses Modell sollte noch in der Wehrmacht eingeführt werden, kam aber nicht mehr zum Truppenversuch. Der fertig entwickelte Stahlhelm, der in Thale produziert wurde, kam dann ab 1957 zur Truppe. Er erhielt ab 1966 eine neue Innenausstattung. An der Uniform wurden ab 1957 Abzeichen für Sonderausbildung getragen, ähnlich denen der Wehrmacht. Der Kampfanzug hatte, wie bei der Bundeswehr einen Vierfarb-Flächen-Tarndruck, der bis 1959 auch mit Schulterklappen und Schulterstücken getragen wurde. Die Ausgangsuniform erhielt ab 1958 einen zweireihigen offenen Schnitt. Hatte man bis April 1960 an den Mützen usw. noch die schwarz-rot-goldene Kokarde getragen, wurde ab diesem Zeitpunkt eine Kokarde mit dem Nationalemblem Hammer und Zirkel eingeführt. Das NVA-Wachregiment Berlin erhielt ein Ärmelband, wie es schon bei verschiedenen Eliteregimentern der Wehrmacht üblich war. Auch der Offiziersdolch der Wehrmacht hielt ab 1961 in allen drei Waffengattungen wieder Einzug. Zu speziellen Anlässen führte man sogar wieder einen Säbel.

Anders als in der Bundeswehr, gehörten in der NVA die Fallschirmjäger zu den Luftstreitkräften und erhielten ab 1964 die Waffenfarbe Orange und eine steingraue Baskenmütze sowie Spezialbekleidung. Um den Charakter der Elitetruppe noch mehr zu betonen, erhielten die Fallschirmjäger ab 1971 eine orangefarbene Baskenmütze und ebensolche Kragenspiegel mit dem maschinengestickten Fallschirmemblem.

Zwischen 1965 und 1970 löste der neue Kampfanzug 64, der wegen seines Musters »Ein-Strich-kein-Strich-Anzug« genannt wurde, den bisherigen Felddienstanzug ab. Die bisher gestickten Effekten an Mützen, Kragenspiegeln und Ärmelpatten der Offiziersuniformen wurden durch in Metall geprägte Abzeichen ersetzt.

Eine Vielzahl von Detailveränderungen und verschiedene Materialqualitäten kennzeichnen die Geschichte der NVA-Uniform. Im Vergleich zur Bundeswehr kannte man in der NVA wesentlich mehr verschiedene Anzugsarten und entsprechend verschiedene Bekleidungstücke. Gerade die Uniformteile wie Offiziersfeldbinde, Dolch, Säbel usw., die sich aus der Wehrmachtstradition herleiteten und ein umfangreiches System von Dienstlaufbahnabzeichen und Sonderausbildungsabzeichen, ließen die Soldaten der DDR wesentlich selbstbewußter und soldatischer erscheinen als die Bundeswehr. Erstaunlich erscheint, daß im äußeren Erscheinungsbild der NVA keine Einflüsse der verbündeten Staaten aus dem Warschauer Pakt festzustellen sind. Die nationale Eigenständigkeit in der Uniform blieb selbst gegenüber der dominanten Sowjetunion unangetastet. Als wohl einmaliger Vorgang in der Geschichte dürfte das Ende der NVA zu sehen sein. Mit der Vereinigung der beiden deutschen Staaten hörte die Armee der DDR über Nacht auf zu existieren und wurde von der Bundeswehr übernommen. Die Umuniformierung der übernommenen Verbände erfolgte unmittelbar und so wurden große Mengen an Uniformen, Ausrüstungsgegenständen und Effekten der NVA überflüssig. Eine Gelegenheit für Sammler, sich mit allem einzudecken, was das Herz begehrt, war gekommen.

Bundeswehr und NVA – ein noch unerschlossenes Sammelgebiet

Bisher waren es nur sehr wenige, die sich die Bundeswehr zum Sammelgebiet erwählt haben, wobei es heute schon weit schwieriger sein dürfte, eine Uniform aus der Anfangszeit der Bundeswehr zu finden als einen bunten Rock aus Kaisers Zeiten. Deshalb ist es auch relativ schwer, Preise für Militaria der Bundeswehr festzumachen, da der Handel solche Objekte nur als Randerscheinung wahrnimmt. Es ist jedoch abzusehen, wann auch das jüngste Kapitel unserer Heeresgeschichte bei den Sammlern salonfähig wird. Wie schon erwähnt, ereilte die NVA ein jähes Schicksal und der Markt wurde schlagartig mit allem überschwemmt, was ein Sammlerherz höherschlagen läßt, noch dazu zu lächerlichen Preisen, wenn nicht gar umsonst. Hatte man in den siebziger Jahren in der Bundesrepublik noch zwischen 40–700 DM für einen NVA-Stahlhelm bezahlen müssen, so sind die Preise nach der Wiedervereinigung bis auf 10 DM herabgesunken. Ein schönes Beispiel für das Gesetz von Angebot und Nachfrage, das ja bekanntlich auf dem Sammlermarkt den Preis bestimmt. Wenn sich jedoch eine ernsthafte Sammlerschaft gebildet hat und die großen Bestände in einigen Jahren auch vom Markt verschwunden sind, wird sich ein realistisches Preisgefüge einstellen. Die bisherigen Preise für Militaria der NVA waren deshalb nur spekulativ oder eben nur Preise, die gerade die Kosten des Händlers deckten. Mit Sicherheit kann man sagen, daß Bundeswehr und NVA in nicht allzu ferner Zukunft ein anerkanntes Sammelgebiet mit Raritäten sein wird.

Fälschungen

Da sich der Militariamarkt zu einem Zweig des Antiquitätenhandels mit beträchtlichen Umsätzen entwickelt hat, ist damit auch die Versuchung zum Fälschen und Verfälschen gestiegen. Gefälscht wird jedoch schon seit langem und aus verschiedensten Gründen. Nicht immer sind Stücke aus Gewinnsucht verändert oder neu hergestellt worden. Für Regiments- und Staatsjubiläen hatte man Ende des 19. Jahrhunderts historische Uniformen und Ausrüstungsgegenstände gefertigt. Dazu wurden auch alte Originalteile verwendet. Diese Zentenaranfertigungen sind handwerklich oft sehr gut und aufwendig gefertigt worden und stellen deshalb für den unerfahrenen Sammler häufig ein Problem dar. Eine Fälschung ist schwer zu definieren. Eine Restaurierung, wenn sie gut durchgeführt wurde, ist auch schon eine Veränderung, die den Gegenstand wertvoller erscheinen läßt. Inwieweit man Ergänzungen mit alten Ersatzteilen akzeptieren kann bleibt dem Einzelnen überlassen. Ein Helm, dessen rissige Oberfläche neu lackiert und das verlorengegangene Emblem durch ein anderes ersetzt wurde, wobei man die alten Löcher kunstvoll verschlossen hat, ist kein Original mehr. Metallabzeichen, Orden und Ehrenzeichen, die mit alten Prägewerkzeugen in neuerer Zeit hergestellt wurden, sind auch keine zeitgenössischen Originale. Es ist kaum möglich, hier die verschiedensten Techniken und Methoden der Fälscher zu erklären und Ratschläge zu geben, wie man sie entlarvt. Als Neuling auf einem Sammelgebiet ist man gegen unliebsame Überraschungen kaum gefeit. Jeder Sammler wird schon einmal Lehrgeld bezahlt und das eine oder andere Stück auf das Konto Unerfahrenheit gebucht haben. Hier nun einige Ratschläge für den Sammler, das Risiko Fälschungen aufzusitzen zu minimieren.
Literatur gehört zum Handwerkszeug eines ernsthaften Sammlers. Jede Mark, die man in ein Fachbuch investiert, ist eine gesparte Mark, wenn man dadurch einen Fehlkauf vermeiden kann.
Versuchen Sie, mit Sammlerkollegen Erfahrungen auszutauschen und aus den Fehlern Anderer zu lernen. Nur durch den Umgang mit den Objekten erhält man allmählich ein Gefühl für Gut und Schlecht. Schauen Sie sich Sammlungen von Bekannten und in Museen genau an. Versuchen Sie, Entstehung und Gebrauch der Dinge zu verstehen. Befassen Sie sich mit Herstellungstechniken und Materialien.
Kaufen Sie nur bei seriösen Händlern oder Sammlerkollegen, die Ihnen ein Rückgaberecht gewähren. Doch bedenken Sie: »nobody is perfect«; oft ist der Verkäufer auch nicht sicher, was er Ihnen verkauft. Der Verkäufer kann Ihnen nur Zusicherungen nach bestem Wissen und Gewissen machen. Fälschungen können heute so gut sein, daß nur aufwendige wissenschaftliche Untersuchungsmethoden Sicherheit bringen. Es auf eine rechtliche Auseinandersetzung ankommen zu lassen ist in den wenigsten Fällen ratsam. Sie sind in der Beweispflicht, wenn Sie einen Kauf rückgängig machen wollen.

Lassen Sie sich nicht zu einem Spontankauf hinreißen, sei es unter Zeitdruck oder wegen der »supergünstigen« Gelegenheit. Denken Sie immer daran: Es zwingt Sie niemand etwas zu kaufen.

Der Militariasammler und das Gesetz

Militaria kann jedermann sammeln. Doch gerade für Uniformen und Uniformteile gelten bestimmte gesetzliche Bestimmungen, die man beachten sollte. Sowohl in- und ausländische Uniformen und Abzeichen sind durch den Paragraphen 132 a/4 StGB vor Mißbrauch geschützt. Denn »wer unbefugt inländische oder ausländische Uniformen, Amtskleidungen oder Amtsabzeichen trägt, wird mit Freiheitsstrafe bis zu einem Jahr oder Geldstrafe bestraft«. Aber in der Regel wird der seriöse Militariasammler kaum in der Öffentlichkeit in Stücken seiner Sammlung auftreten.

Eine ernst zu nehmende Strafandrohung beinhaltet der Paragraph 86 und 86 a StGB. Mit bis zu drei Jahren Freiheitsstrafe oder Geldstrafe wird hier derjenige bedroht, »der Kennzeichen, das sind Fahnen, Abzeichen, Uniformstücke und Parolen von für verfassungswidrig erklärten Parteien oder Vereinigungen öffentlich verwendet oder verbreitet«. Nun sind seit den Kontrollratsgesetzen von 1946 in Deutschland das Hakenkreuz und die Zeichen und Symbole der nationalsozialistischen Organisationen unter dieses Verbot gefallen. Im Grunde wäre damit der Handel, und somit auch der Tausch mit Militaria des 3. Reiches unter Strafe gestellt, wenn nicht der Nachsatz (3) zu § 86 StGB unter gewissen Umständen eine Ausnahme ermöglichen würde: »... dies gilt nicht, wenn das Propagandamittel oder die Handlung der staatsbürgerlichen Aufklärung, der Abwehr verfassungswidriger Bestrebungen, der Kunst und der Wissenschaft, der Forschung und der Lehre, der Berichterstattung über Vorgänge des Zeitgeschehens oder der Geschichte oder ähnlichen Zwecken dient«.

Wenn ein Sammler also glaubt, seine Sammlung unter einem dieser Aspekte rechtfertigen zu können, so wird wohl kaum Gefahr drohen. Die Auslegung dieser Bestimmungen ist aber, wie die Erfahrungen gezeigt haben, sehr von der Auffassung der jeweiligen Behörde abhängig.

Die genannten Bestimmungen gelten natürlich besonders für Orden und Ehrenzeichen des 3. Reiches. Auszeichnungen der Bundesrepublik wiederum unterliegen dem Ordensgesetz, das für den Handel und Erwerb von staatlichen Auszeichnungen eine besondere Sammlererlaubnis vorschreibt (OG § 14). Diese ist bei den kommunalen Ordnungsbehörden zu beantragen und wird in der Regel auch anstandslos erteilt. Daß das unbefugte Tragen aller Orden und Ehrenzeichen, – egal ob in- oder ausländischer, alter oder neuer – unter Strafe steht, versteht sich von selbst (OG § 15).

Wer Waffen sammeln will, sollte wissen, welche Waffen durch das Waffengesetz bzw. Kriegswaffengesetz waffenbesitzkartenpflichtig sind oder unter welchen Umständen ein Erwerb oder Besitz möglich ist. Dies gilt besonders für Schußwaffen. In der Regel sind alle Schußwaffen, die mit Patronen geladen werden, bzw. mehrschüssig sind, waffenerwerbscheinpflichtig. Vorderladerwaffen (Luntenschloß-, Radschloß-, Steinschloß- und Perkussionssysteme), die einläufig bzw. ohne Mehrladevorrichtung sind, kann man ohne weiteres erwerben.

Hieb- und Stichwaffen können in der Regel von Erwachsenen über 18 Jahren gekauft werden. Ausgenommen sind sogenannte »verbotene Gegenstände«, wie verdeckte Waffen, also Stockdegen oder Spring-, Fall- und Klappmesser (z. B. Fallschirmjägermesser), mit einer Klingenlänge über 10 cm (WaffG § 37/4 und 5).

Durch das Washingtoner Artenschutzabkommen sind bestimmte Materialien, die häufig bei Waffen oder zeitgeschichtlichen Gegenständen verarbeitet wurden, einem Handelsverbot unterworfen. Davon betroffen sind Gegenstände aus Elfenbein und Schildpatt. Unter gewissen Umständen werden von den Kreisverwaltungsbehörden Ausnahmebescheinigungen ausgestellt.

Hinweise für Sammler

Das Gebiet der Militaria ist als Sammelgebiet für den Einzelnen ein fast unüberschaubares Feld. Es empfiehlt sich deshalb von vornherein, ein relativ enges Sammelgebiet auszusuchen. Wenn man glaubt, mit einem Thema fertig zu sein, so kann man jederzeit ein neues Sammelgebiet wählen. Hat man jedoch sein Sammelgebiet zu weit abgesteckt, kann es doch entmutigend werden, wenn die Finanzmittel zu knapp werden oder der Platz für die Sammlung nicht mehr reicht.

In den letzten Jahren hat sich ein fester Markt für Militaria etabliert. Marktführend sind die Spezialauktionshäuser, die einen schier nicht versiegenden Strom militärhistorischer Objekte anbieten. Es empfiehlt sich, die Kataloge dieser Auktionshäuser zu abonnieren, da sie als Nachschlagewerke sehr gute Dienste tun und über die Preisentwicklung informieren.

Desweiteren gibt eine Reihe von Militariahändlern Lagerlisten heraus, in denen zwar meist keine großen Raritäten zu finden sind, oft aber gesuchte Kleinigkeiten zum Komplettieren der Sammlung.

Beliebt sind auch die Militariamessen, die mehrmals jährlich an verschiedenen Orten in Deutschland und in Frankreich stattfinden. Die Termine dieser Messen sind meist schon lange im voraus bekannt oder sind aus den einschlägigen Fachzeitschriften zu erfahren.

44   Einführung in das Sammelgebiet

Militariamessen

ISA, Stuttgart, Messegelände Killesberg
Frühjahr (April/Mai)

Deutsche Waffenbörse, Westfalenhallen Dortmund
Herbst (Oktober/November)

Weitere regionale Messen sind in den Sammlerzeitschriften angekündigt.

Fachzeitschriften

Zeitschrift für Heereskunde
Vereinszeitschrift der Deutschen Gesellschaft
für Heereskunde e.V.
G. Ortenburg, August-Wibbelt-Str. 8, 4720 Beckum

Orden-Militaria-Magazin
Vereinszeitschrift des Bundes Deutscher Ordenssammler e.V.
W. Sauer, Eisenbergstr. 10, Postf. 1250, 6497 Steinau

Bote aus dem Wehrgeschichtlichen Museum,
Vereinszeitschrift der Freunde des WGM Rastatt e.V.

DWJ-Deutsches Waffenjournal
Journal-Verlag Schwend GmbH
Postfach 10 03 40, 7170 Schwäbisch Hall
(Kleinanzeigenteil, waffenbezogene Artikel)

Sammler-Journal
Journal-Verlag Schwend GmbH
Postfach 10 03 40, 7170 Schwäbisch Hall
(Kleinanzeigenteil, Veranstaltungskalender, gelegentlich einschlägige
Artikel)

Gazette des Armes & Uniformes
Éditions Élysees
122, av. des Camps Élysées, F-75008 Paris
(Militaria und Waffen, Veranstaltungskalender)

Tradition Magazine
Histoire & Collections, 19 avenue de la République
F-75011 Paris
(Militaria bis 1914)

Armes Militaria Magazine
Histoire & Collections, 19, avenue de la République
F-75011 Paris
(Speziell 1. und 2. Weltkrieg, großer Anzeigenteil und Veranstaltungskalender)

Uniformes, les Armées de l'Histoire
IM3, 71, rue Desnouettes, F-75015 Paris
(Uniformkunde und Modellsoldaten)

Tradition
The Journal of the International Society
of Militaria Collectors
London Scottish, 59 Buckingham gate, London S.W.1

Museen

Folgende Zusammenstellung der wichtigsten Museen, die zum Themenkreis Militärgeschichte interessante Sammlungen ausstellen, soll zu einem Besuch anregen.

Bundesrepublik Deutschland

Als hilfreicher Leitfaden für den deutschsprachigen Raum zu empfehlen: *Führer zu Militaria- und Waffensammlungen* (Hans Zopf, Journal-Verlag Schwend, Schwäbisch Hall).

Heeresgeschichtliches Museum Dresden
Wehrgeschichtliches Museum, Schloß, 7750 Rastatt/Baden
Wehrtechnische Studiensammlung, Mayener Str. 85–87, 5400 Koblenz
Bayerisches Armeemuseum, Paradeplatz 4, Neues Schloß, 8070 Ingolstadt
Luftwaffenmuseum Uetersen, Hauptstraße 140, 2081 Appen
Kavallerie-Museum Vornholz, Schloß, 4743 Ostenfelde/Westf.
Kultur- u. Militärmuseum Grafenwöhr, Martin-Posser-Str. 14, 8484 Grafenwöhr
Hessisches Militärmuseum, Schloß Friedrichstein, 3590 Bad Wildungen

Belgien

Musée Royale de l'Armée et d'Histoire militaire, Parc du Cinquantenaire 3, 1040 Brüssel
Musée Wellington, Chaussée de Bruxelles 147, 1410 Waterloo

Dänemark

Tøjhusmuseet, Fredriksholms Kanal 29, Kopenhagen

England

Sehr sehenswert sind die Regimentsmuseen (ca. 200) in England. Wegen ihrer Vielzahl sollte man sich die jeweils neueste Auflage des Führers *A Guide to Military Museums*, (Terence Wise, Athena Books, 20 St Mary's Road, Doncaster, S. Yorks, DN1 2NP, England) besorgen.

Heer allgemein:
The National Army Museum, Royal Hospital Road, London, Chelsea
Imperial War Museum, Lambeth Road, London SE1
D-Day Museum, Clarence Esplanade, Portsmouth
The Muckleburgh Collection, Weybourne, East Anglia
The Tank Museum, Bovington Camp, Wareham, Dorset
Warnham War Museum, Horshamton, Dorking Rd, Sussex
Aldershot Military Museum, Queens Av., Aldershot, Hampshire

Luftwaffe:
Imperial War Museum, Duxford Airfield, Cambridge
Fleet Air Arm Museum, Royal Naval Air Station, Yeovilton, Somerset
The Shuttleworth Collection, Old Warden Aerodrome, Biggleswade, Beds SG18 9ER
Southampton Hall of Aviation, Albert Rd. South, Southampton
Royal Air Force Museums, Grahame Park Way, Hendon London NW9 5LL
Museum of Army Flying, Middle Wallop, Stockbridge, Hampshire SO20 8DY
Newark Air Museum, Winthorpe, Newark, Notts. NG24 2NY

Midland Air Museum, Coventry Airport, Baginton, Warwickshire, CV8 3AZ
Battle of Britain Museum, Hawkinge, Kent

Marine:
HMS Belfast, Morgans Lane, Tooley Street, London SE1 2JH
Royal Navy Submarine Museum, Gosport, Hampshire
Royal Naval Museum, Naval Base, Portsmouth
Chatham Historic Dockyard, Chatham, Kent ME4 4TE
The Royal Marines Museum, Royal Marines Eastney, Southsea, Hants PO4 9PX (Portsmouth)

Finnland

Militärmuseum, Maurinkatu 3, 00170 Helsinki

Frankreich

Über die ca. 450 Museen mit militärhistorischen Ausstellungsstücken gibt der Führer *Guide des Musées d'Histoire Militaire,* (Humbert & Dumarche, Éditions Lavauzelle, B.P.n° 8, 87350 Panazol Paris Cedex 75008, 20 rue de Leningrad) ausführlich Auskunft.

Musée de l'Armée, Hôtel National des Invalides, Paris
Musée de l'Air et l'Espace, Aéroport du Bourget, 9330 Le Bourget
Musée de la Marine, Palais de Chaillot, Place du Trocadéro, Paris
Musée national de la Légion d'Honneur, 2, rue de Bellechasse, Paris

Griechenland

Hellenic War Museum, Athen

Italien

Museo Nazionale della Montagna »Duca degli Abbruzzi«, Turin, Via E. Giordino
Museo Nazionale Storico d'Artiglieria, Turin, Corso Galileo Ferraris
Museo Storico dei Bersaglieri, Rom, Piazza Porta Pia
Museo Nazionale di Castel Sant'Angelo, Rom, Lungotevere Castello
Museo Storico dell'Arma dei Carabinieri, Rom, Piazza del Risorgimento

Niederlande

Kgl. Nederlands Leger- en Wapenmuseum, Korte Geer 1, Delft
Airborne-Museum Hartenstein, Utrechtsweg 232, 6862 AZ Oosterbeek
Oorlogs & Verzets Museum, Overloon, zwischen Venlo u. Eindhoven
Huis Doorn, 3941 Doorn, Langbroukerweg 10

Norwegen

Haermuseet, Oslo 1, Ahershus
Forsvarsmuseet, Oslo

Österreich

Heeresgeschichtliches Museum Wien, 1030 Wien, Arsenal, Objekt 18
Kunsthistorisches Museum, Waffensammlung, Wien 1, Neue Burg, Heldenplatz
Landeszeughaus Graz/Steiermark
Berg-Isel-Museum der Kaiserjäger, Innsbruck
Schloßsammlung Forchtenstein, Forchtenau

Portugal

Museu de Artilharia, Lissabon

Schweden

Kungl. Armemuseum, Stockholm, Riddargatan 13
Marinemuseum, Karlskrona

Schweiz

Schweizerisches Landesmuseum, 8000 Zürich, Museumstr. 2
Musée militaire vaudois, le Château, Morges
Musée militaire du Valais, St. Moritz, le Château
Musée militaire du Château de Valère, 1951 Sion
Musée des Suisses à l'étranger, Château de penthes, Genf
Historisches Museum Luzern, 6000 Luzern, Rathaus am Kornmarkt
Altes Zeughaus Solothurn, 4500 Solothurn, Zeughausplatz 1
Waffen- und Trophäensammlung des Uffz.vereins, 4500 Solothurn, Hauptgasse 68
Waffensammlung Château de Grandson, 1422 Grandson

Spanien

Museo Militar del Castillo de Montjuich, Barcelona 4
Museo del Ejercito, Madrid
Museo de Aeronautica y Astronautica, Madrid

Türkei

Türkiye Askeri Müzesi, Istanbul

Ungarn

Hadtörténelmi Muzeum, Tóth Arpád sétány No. 40, Budapest

Über den Fortbestand der bisherigen Militärmuseen in Belgrad, Bukarest, Moskau, Prag, Sofia, St. Petersburg und Warschau liegen derzeit keine gesicherten Erkenntnisse vor. Es empfiehlt sich eine Anfrage beim jeweiligen Fremdenverkehrsamt oder der Botschaft.

Glossarium militärischer Begriffe

Abteilung
siehe Regiment

Achselband
Von Offizieren im allgemeinen zur Parade oder zu feierlichem Anlaß über der rechten Schulter getragen. Zwei oder drei ineinander verflochtene goldene oder silberne Schnüre.

Achselklappen
siehe Schulterklappen

Adjutant
»Helfer«, dem Truppenkommandeur beigegebener Offizier zur Unterstützung im ausübenden und im Bürodienst. Adjutant des Kriegsherrn: General- oder Flügeladjutant.

Adler
Seit alter Zeit (römische Legionsadler) verbreitetes Symbol- und Wappentier. Der doppelköpfige Adler als Wappentier Österreichs und Rußlands geht auf Byzanz zurück; der einköpfige Adler ist das Wappentier des heiligen Römischen Reiches Deutscher Nation seit dem hohen Mittelalter und geht in die Wappen zahlreicher Reichsstände ein, auch in Brandenburg-Preußen. Verwendung auch bei militärischen Emblemen.

Der Deutsche Reichsadler um 1600. Im Brustschild links das Wappen Österreichs, rechts das von Burgund.

Admiral
Von arabisch *amir* = Oberbefehlshaber, Oberbefehlshaber der Marine. Der oberste Rang der Seeoffiziere kam über die Mauren in Spanien nach Europa. Großadmiral, Admiral, Vizeadmiral und Konteradmiral entsprechen dem Generalfeldmarschall, General, Generalleutnant und Generalmajor und heißen »Flaggoffiziere«, weil sie als Zeichen ihres Kommandos besondere Admiralsflaggen führen; daher »Flaggschiff«: Schiff, auf dem ein Admiral das Kommando führt.

Arcieren-Leibgarde
Von italienisch *arciere* = Bogenschütze. Die Leibgarde des Kaisers von Österreich, in die nur adelige Offiziere aufgenommen wurden: »k.k. erste Arcieren-Leibgarde«, »Adelige deutsche Leibgarde zu Pferd«.

Armee
Von mittellateinisch *armata* = bewaffnete Macht. Früher allgemein die Landstreitkräfte im Gegensatz zur Marine (heute: »Heer«), aber auch größter Heeresverband, etwa für einen Kriegsschauplatz; so bestand die deutsche Armee 1914 aus acht Armeen. Der größte Friedensverband war

50 Einführung in das Sammelgebiet

das Armeekorps, kommandiert von einem sogenannten »Kommandierenden General«. Das Deutsche Heer setzte sich 1914 aus 23 Armeekorps zusammen, jedes von ihnen war unterteilt in zwei Divisionen zu je 13000 Mann. Jede Division bestand weiterhin aus zwei Infanteriebrigaden (die Brigade aus zwei Infanterieregimentern zu etwa 2200 Mann), einer Kavalleriebrigade aus zwei oder drei Regimentern, Dragonern, Husaren, Ulanen, oder Kürassiere etc., einer Feldartilleriebrigade (aus zwei Regimentern), meist einem Fußartillerieregiment, einem oder zwei Jägerbataillonen und je einem Pionier- und Trainbataillon. Vereinzelt fanden sich in den Armeekorps auch Telegrafenbataillone, Eisenbahnbataillone und Luftschifferabteilungen. – *Siehe auch Regiment.*

Armeekorps
siehe Armee

Ärmelaufschlag
Die Mode seit Anfang des 17. Jahrhunderts mit ihren weiten Ärmeln behinderte die Hände und führte zu den festgeknöpften Ärmelaufschlägen bei den Uniformen. Je nach Schnitt unterschied man den brandenburgischen, schwedischen, polnischen, französischen und deutschen Aufschlag. Die Farbe des Aufschlages ist allgemein mit der des Kragens gleich und unterscheidet sich meist vom Uniformgrundtuch. Die Farbe der Aufschläge, des Kragens und der Vorstöße ist entweder typisch für das Regiment (im 18./19. Jh.) oder für die Waffengattung (20. Jh.).

Artillerie
Die mit Geschützen ausgerüsteten Truppenteile. Im Kaiserreich unterschied man bei der Armee die berittene Feldartillerie mit leichteren Geschützen, die der Infanterie und Kavallerie folgen konnte, von der Fußartillerie mit den schwereren Geschützen etwa für Belagerungszwecke.

Askari
Eingeborener Soldat der kaiserlichen Schutztruppen in Deutsch-Ostafrika und in Kamerun. Die ersten Askaris für Deutsch-Ostafrika wurden im Sudan angeworben.

Attila
Mit Schnüren verzierter Uniformrock der Husaren, nach der ähnlichen Jacke der ungarischen Nationaltracht. Der Attila ersetzte als kennzeichnenden Uniformteil der Husaren den Dolman (das Wort aus dem Türkischen), eine kurzschößige, mit Schnüren besetzte Jacke, oft mit Pelz besetzt und später gelegentlich noch traditionshalber getragen. – *Siehe Schoitasch, Schoitaschierung.*

Aufschläge
siehe Ärmelaufschlag

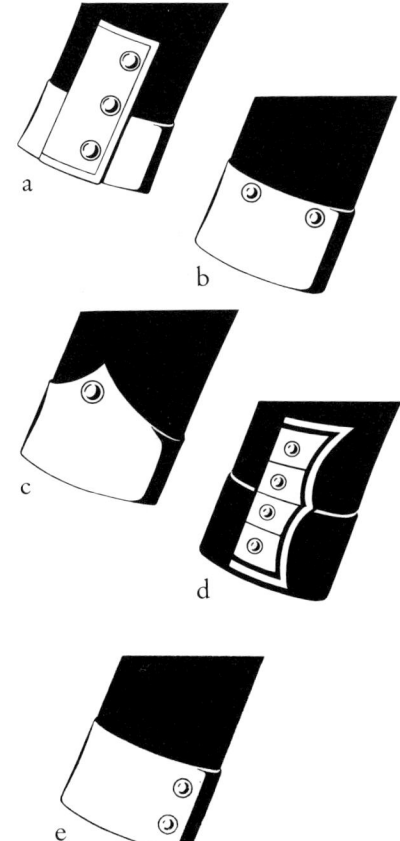

Deutsche Ärmelaufschläge um 1900.

a) brandenburgisch
b) schwedisch
c) polnisch
d) französisch
e) deutsch

Einführung in das Sammelgebiet 51

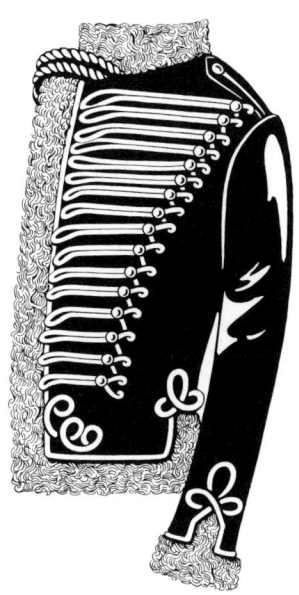

Pelzattila der Husaren um 1800.

Bajonett
Die am Gewehr an der Mündung aufpflanzbare Stoßklinge für den Nahkampf, zuerst von den Holländern zur Abwehr der Kavallerie gebraucht und 1640 in der französischen Infanterie allgemein eingeführt. Das Bajonett wurde zuerst in den Lauf gesteckt, später daneben befestigt. Mit der Verbesserung der Schießtechnik verlor der Bajonettkampf an Bedeutung; das Bajonett wurde zum »Seitengewehr«.

Bandelier
Breiter, über die linke Schulter getragener Lederriemen zum Tragen der Patronentasche und des Karabiners bei den berittenen Truppen. Bei den Grenadieren ist die Granatentasche am Bandelier befestigt. Das mit Silber- oder Goldtresse belegte Bandelier mit Kartuschkasten ist bei den Berittenen Abzeichen der Offiziere. Im 17. Jahrhundert trug man daran eine Reihe kleiner Pulverbüchsen für je einen Schuß sowie Kugelbeutel und Zündkrautflasche. Der Säbel hing lange an einem zweiten, über die rechte Schulter getragenen Bandelier.

Bataillon
siehe Regiment

Batterie
siehe Regiment

Brigade
siehe Armee

Büchse
Gewehr mit gezogenem Lauf und spiralig eingeschnittenen Zügen, die dem Geschoß eine drehende Eigenbewegung, den Drall, und damit eine ruhigere Flugbahn geben.

Chevaulegers
Französisch für »Leichte Reiter« ähnlich den Dragonern im Gegensatz zu den Kürassieren; in Bayern mit acht Regimentern.

Degen
Zum Stoß bestimmte Blankwaffe mit gerader, zweischneidiger Klinge.

Division
siehe Armee

Dolch
Kurze zweischneidige Stichwaffe der Offiziere. Ursprünglich bei der Kaiserlichen Marine als Ersatz des Säbels eingeführt. Bei der Wehrmacht, dann auch beim Heer und der Luftwaffe und bei den meisten der uniformierten Organisationen des 3. Reiches getragen.

Zwei Beispiele für gezogene Läufe: Oben gewöhnlicher, spiralig gezogener Lauf, unten sternförmig gezogener Lauf.

Dolman
siehe Attila

Dragoner
Leichte Reiterei, die auch abgesessen kämpft. In der preußischen Armee des 18. Jahrhunderts als berittene Infanterie betrachtet. Der Name »Dragoner« leitet sich von einem pistolenartigen Karabiner, dem *Dragon* (= Drachen) des 16. Jahrhunderts ab.

Epauletten
Von französisch *épaule* = Schulter, Achsel: zuletzt nur noch zu Gala und Parade getragene Dienstgradabzeichen der Offiziere, entwicklungsmäßig Rest des Harnisch zum Schutz gegen Schulterhiebe. Die Gemeinen trugen Schulterklappen.

Eskadron
siehe Regiment

Fahne
Meist mit der Stange fest verbundenes Stoffstück als Symbol und Zeichen der Erkennung einer bestimmten Gruppe, beim Militär gewöhnlich des Bataillons. Dazu gehören Fahnenstange und Spitze. Kavallerie und vollmotorisierte Einheiten führten (gleichartige, aber kleinere) »Standarten« (siehe dort). Fahne und Standarte haben individuellen Charakter und sind nicht auswechselbar; im Gegensatz dazu ist die Flagge das Symbol und Erkennungszeichen einer größeren Organisation, etwa des Staates, einer Gemeinde, eines Verwaltungszweiges. Sie ist daher auswechselbar und typischerweise mit der Stange nur lose verbunden (z. B. zum Aufziehen eingerichtet).

Preußen um 1900. Fahnenträger aus dem Garde-Fußartillerie-Regiment in Paradeuniform.

Fahnenjunker
Bei der Infanterie so genannt, bei der Kavallerie Standartenjunker, bei der Artillerie Stückjunker. Meist adelige Offiziersanwärter, die als besondere Auszeichnung die Fahne, bzw. Standarte tragen.

Fähnrich
Fahnenträger bei den Landsknechten. Im altpreußischen Heer dem Offiziersstand angehörend, bei den Husaren und Kürassieren Kornett genannt.

Fanfarentrompete
Blasinstrument für Kommandosignale (»Fanfaren«) der Kavallerie, zu festlichen Anlässen mit Behängen und kleinen Fahnen geschmückt.

Fangschnur
Bei den Husaren und Ulanen zur Sicherung der Kopfbedeckung gegen Verlust zwischen dieser und der Uniform oder um den Hals getragen, aus Wolle, Seide, Silberschnur.

Preußen um 1900. Fangschnur für Mannschaften der Ulanen.

Faschinenmesser
Seitengewehr der Pioniere und der fahrenden Artillerie, kräftiger als das der Infanterie, in der Funktion der Machete vergleichbar. Auf dem Klingenrücken befindet sich oftmals eine Sägevorrichtung.

Faustriemen
Säbeltroddel mit Lederriemen am Bügel der Hiebwaffen bei den Berittenen, bei Gebrauch um das Handgelenk geschlungen zur Sicherung gegen den Verlust der Waffe. Später Rangabzeichen der Unteroffiziere und Mannschaften sowie durch die Farbe Unterscheidungszeichen der Kompanien, Schwadronen und Batterien innerhalb eines Truppenteils. *Siehe Portepée.*

Feldbinde
Silbern gewebter, in Farbe durchwirkter Gürtel der Offiziere, mit Metallschließe in Farbe der Knöpfe geschlossen. 1896 in den Armeen der deutschen Staaten anstelle der Schärpe zum Dienstanzug eingeführt. In der Wehrmacht nur noch zum Paradeanzug getragen. Die Feldbinde ist das Dienstabzeichen des Offiziers.

Feldjäger
In der deutschen Armee bis 1918 Angehörige des von Friedrich dem Großen gegründeten »reitenden Feldjägerkorps« aus 80 Feldjägern, Leutnants und Oberleutnants mit abgeschlossenen Forststudien für – auch diplomatische – Kurierdienste. Heute in der Bundeswehr Bezeichnung der Militärpolizei, die früher »Feldgendarmerie« hieß.

Deutsches Kaiserreich vor 1897. Krätzchen, die Kopfbedeckung für Mannschaften.

Feldmütze
Leichte Mütze, die im Feldlager anstelle des Helmes getragen wurde, deshalb auch *Lagermütze* oder *Holzmütze* genannt. Ursprünglich in der Form einer Zipfelmütze, dann als runde, schirmlose Mütze *(Krätzchen)*. In der Wehrmacht weich gearbeitete Schirmmütze oder Baschlikmütze zum kleinen Dienst.

Feldzeichen
Einerseits in der Bedeutung »Fahne«, andrerseits am Tschako und Tschapka getragenes ovales Abzeichen, das die Funktion der Landeskokarde hat. Aus Stoff oder Silber-/Goldgespinst gefertigt.

Flagge
siehe Fahne

Flinte
Das nach dem Feuerstein (Flint) zu Ende des 17. Jahrhunderts eingeführte Steinschloßgewehr im Gegensatz zu den vorherigen Luntenschloßgewehren; später Schrotgewehr im Gegensatz zur Büchse, dem Kugelgewehr.

54   Einführung in das Sammelgebiet

Flügeladjutant
siehe Adjutant

»Furchtlos und treu«
Ordensdevise württembergischer Militärverdienstorden; zugleich Devise auf dem Koppelschloß der württembergischen Truppen.

Füsiliere
Von französisch *fusil* = Gewehr. Ursprünglich die mit dem Steinschloßgewehr bewaffnete leichte Infanterie im Gegensatz zu den mit der Muskete ausgestatteten Musketieren; seit der gleichmäßigen Bewaffnung der Infanterie ist dieser Begriff nur noch Traditionsbezeichnung.

Garde
Französisch für Wache, Truppe zum Schutz des Landesherrn, schon bei Alexander dem Großen (die Unsterblichen), den Römern (Prätorianer) und den deutschen Kaisern (Trabanten, Hartschiere), beim Papst und bei den französischen Königen (Schweizergarden), schon bei diesen allgemein auch Elitetruppen, so auch bei Napoleon *(Garde Imperiale)*. – Siehe Gardedukorps.

Gardedukorps
Von französisch *garde du corps* = Leibgarde. In Preußen im 19. Jahrhundert kürassiermäßig ausgerüstetes Garderegiment. Von 1814–1825 auch in Bayern sowie in anderen deutschen Staaten, wie Hannover, Sachsen, Württemberg etc. zeitweise existierend.

Gefreiter
Ursprünglich zuverlässige Soldaten, die vom Schildwachestehen »gefreit« waren, später oberer Rang der Mannschaften.

Gemeiner
Der einfache Soldat des Mannschaftsstandes im Heer.

General
Höchste militärische Rangklasse der Offiziere mit den Abstufungen (von unten, im Kaiserreich und bis 1945) Generalmajor, Generalleutnant, General (»der Infanterie«, »der Kavallerie« usw.), Generaloberst, zu Zeiten Generalfeldmarschall; im Zweiten Weltkrieg gab es einen »Reichsmarschall«. Andere Staaten kennen oder kannten den Brigadegeneral, den Divisionsgeneral, den Feldmarschalleutnant (Österreich), den Generalkapitän (Spanien); Frankreich hat als obersten Rang den Marschall von Frankreich. Die Bedeutung der Abstufungen ist im einzelnen verschieden; so ist in den USA der höchste Rang der des Generals mit fünf Sternen. In der Schweiz wird ein »General« nur in Kriegs- oder Krisenzeiten von der Bundesversammlung als Oberkommandierender gewählt (so zur Zeit der

Württemberg um 1900. Koppelschloß für Mannschaften.

Grenzbesetzung im Krieg von 1870/1871, im Ersten und im Zweiten Weltkrieg); in Friedenszeiten hat man nur Oberstkorpskommandanten, Oberstdivisionär, Oberstbrigadier. In Deutschland befehligte der »kommandierende General« ein Armeekorps unter einem »Generalkommando«. Generalsrang haben auch höchste Offiziere in Sonderlaufbahnen wie der Generalarzt und der Generalfeldzeugmeister (von Zeug, d. h. Geschütz; Leiter des militärischen Materialwesens).

Generalfeldmarschall
siehe General

Granate
Mit Sprengstoff gefüllter Behälter, zum Werfen oder Verschießen mit Geschütz oder Gewehr; als Handgranaten zuerst zwei bis drei Pfund schwere Hohlkugeln.

Grenadiere
Von französisch *grenade* = Granate. Seit dem Dreißigjährigen Krieg Soldaten, die Handgranaten schleuderten, seit 1672 (Frankreich) in besonderen Einheiten, in Preußen seit dem Großen Kurfürsten. Sie erhielten wegen der Gefährlichkeit ihrer Kampfweise höheren Sold und trugen, da der breitkrempige Hut beim Werfen hinderlich war, die Grenadiermütze, aus der Zipfelmütze hervorgegangen, später mit aufgerichtetem Zipfel und Mützenblech vorne. Später war »Grenadiere« nur noch Traditionsbezeichnung. In Österreich und Sachsen sowie zum Teil bei den Franzosen trugen die Grenadiere Bärenfellmützen.

Kugelgranate aus dem 18. Jh. Der gekörnte Innenteil besteht aus Sprengstoff, die Wandung aus Glas oder Metall. In die Mündung wird die brennende Zündschnur eingeführt.

Grenadiermütze
siehe Grenadiere

Grenadiere zu Pferd
Ehrenbezeichnung für das preußische Dragonerregiment Nr. 3 in Bromberg, seit 1897.

»Gott mit uns«
Devise des preußischen Kronenordens, Spruch auf dem Koppelschloß bei den preußischen Truppen seit 1847 und der Reichswehr und Wehrmacht.

Hahn der Schußwaffe
Schlagstück zum Zünden der Treibladung.

Halsberge
Bei der mittelalterlichen Rüstung das Verbindungsstück zwischen Helm und Harnisch, im 16. Jahrhundert als Rest der ganzen Rüstung noch unter der Kleidung getragen. Daraus entwickelte sich im 17. Jahrhundert der Ringkragen *(siehe dort)*.

Harnisch
Schutzwaffe, die der Krieger auf dem Leib trug, bestehend aus Helm, Brust- und Rückenpanzer sowie Arm- und Beinschutz.

Hartschiere
Von italienisch *arciere* oder französisch *archer*, Bogenschütze. Bezeichnung für die bayerische Leibgarde bis 1918; 1913 bestand sie aus 107 verdienten Offizieren und Unteroffizieren.

Husaren
Aus dem mittellateinischen *cursarius* = unternehmen von Streifzügen. Seit 1600 in der Form Husar bekannt, in der Bedeutung Räuber, Freibeuter. Ab dem 18. Jahrhundert in vielen Staaten errichtete leichte Kavallerieverbände, die zu Aufklärungs- und Sicherungsaufgaben gebraucht wurden. Typisch ist die aus dem Ungarischen stammende, verschnürte Uniform, der Dolman.

Husarenmütze
Zylindrische Pelzmütze aus Rohrgestell und Seehundsfell, bei Offizieren aus Otterfell oder Oppossumfell, mit dem Kolpak *(siehe dort)* versehen, mit Schuppenketten befestigt, vorne mit Emblemen, zur Parade auch mit Roßhaarbusch oder Federbusch versehen.

Infanterie
Von spanisch und italienisch *infante,* Knabe, Knecht, Fußsoldat: die Fußtruppen, nach Zahl und Bedeutung im Gefecht die wichtigste Waffengattung der europäischen Heere; die Bezeichnung besteht seit dem 17. Jahrhundert.

Interimsrock
Überrock, langschößiger Rock der Offiziere mit zwei Knopfreihen. Sollte in Preußen 1848 nach Einführung des Waffenrocks neuen Schnitts abgeschafft werden, war aber so beliebt, daß man ihn einstweilen (»interimsweise«) bis 1918 beließ.

»In Treue fest«
Devise des bayerischen Hubertusordens, seit 1887 Devise auf den Koppelschlössern der Fußtruppen der bayerischen Armee.

Jägertruppe
Spezialtruppe der Infanterie aus guten Schützen und noch im Kaiserreich vornehmlich aus Förstern rekrutiert, in der Zeit begründet, in der die Schießkunst der Infanterie noch im Argen lag, in Preußen unter Friedrich dem Großen. Die Jäger sollten früher besonders auf die feindlichen Offiziere schießen; später wurden sie zur Aufklärung, zur Sicherung und für das zerstreute Gefecht verwendet, galten aber um 1900 angesichts des Ausbildungsstandes der Infanterie als entbehrlich. Die Uniform war vor-

herrschend grün und durch den Tschako *(siehe dort)* gekennzeichnet. Im Kaiserreich gab es um 1900 18 Jägerbataillone, die den Armeekorps zugeteilt waren.

Janitscharen
Türkische Elitetruppe von 1329 bis 1826, aus gewaltsam ausgehobenen Christenkindern; aus ihrer Militärmusik ging im 18. Jahrhundert die deutsche Militärmusik hervor.

Kadett
In Frankreich *(cadet)* jüngerer Sohn aus adeliger Familie, dann jugendlicher Zögling einer militärischen Erziehungsanstalt für die Heranbildung von Offiziersanwärtern (Fähnrichen) mit Reifeprüfung (Kadettenhaus).

Kamisol
Von lateinisch *camisia* = Hemd. Im 18. Jahrhundert unter dem Waffenrock getragene Weste.

Karabiner
Französisch *carabine*, auch Stutzen. Für den Gebrauch der Kavallerie, später auch der Artillerie, Verkehrstruppen usw. verkürzt hergestelltes Gewehr nach dem System des Infanteriegewehrs mit notgedrungen schlechterer Treffsicherheit.

Kartätsche
Mit Bleistücken, Kugeln oder Eisenteilen gefüllte Blechbüchse als Artilleriegeschoß, bis in das 19. Jahrhundert verwendet und dann durch das Schrapnell *(siehe dort)* ersetzt.

Kartusche
Französisch *cartouche* = Rolle. Die Pulvertreibladung für das Geschützgeschoß. In der modernen Gewehr- und Pistolenpatrone sind Kartusche (Hülse) und Geschoß vereinigt.

Kartuschkasten
Lederbehälter für Munition, früher am Bandelier *(siehe dort)* über die Schulter getragen, meist mit Emblemen geschmückt.

Kavallerie
Von italienisch *cavallo* = Pferd. Die berittene Truppe (Reiterei) im Gegensatz zur Infanterie und zur Artillerie *(siehe dort)*.

Kesselpauke
Paarweise verwendetes Schlaginstrument der Militärmusik bei der Kavallerie. Kessel aus Kupfer (bei einigen Regimentern wie z. B. Gardedukorps aus Silber), zu festlichem Anlaß mit reich bestickten Behängen. Paukenschläger war häufig ein Mohr, was auf Friedrich den Großen zurückgeführt wird.

Preußen um 1900. Kesselpauke mit Paradepaukenbehang aus dem Husaren-Regiment Nr. 3. Die Kesselpauken wurden immer paarweise rechts und links vom Hals des Pferdes verwendet.

Kimme
siehe Korn

Knobelbecher
Volkstümliche Bezeichnung für die Marschstiefel der Infanterie.

Kokarde
Französisch *cocarde*. In Frankreich seit der Revolution aufgekommene rosettenartige Bandschleife zur Darstellung von Farben zunächst als politisches Abzeichen, dann als Staatssymbol. In Metall, Leder, Wolle oder Seide gefertigtes, ring- oder scheibenartiges Abzeichen, Bestandteil der militärischen Kopfbedeckungen und der der uniformierten Beamten bis heute. Seit 1897 trug man im deutschen Heer neben der Landeskokarde (in den Farben des Bundesstaates des Kontingentsherrn) die schwarzweißrote Nationalkokarde über der Landeskokarde an der Mütze oder an der rechten Seite des Helmes, wo jene links getragen wurde. Schwarzweißrot führte die Marine seit ihrer Gründung.

Kolbenringe
Volkstümliche Bezeichnung der Tresse an den Ärmeln des Kompaniefeldwebels *(siehe Feldwebel)* und der Seeoffiziere.

Kolpak
Nach links hängender farbiger Tuchbeutel der Husarenmütze *(siehe dort)*. Überbleibsel aus ihren Ursprüngen als einer Zipfelmütze.

Kompanie
siehe Regiment

Koppel
Ledergürtel der Unteroffiziere und Gemeinen *(siehe Feldbinde)*, mit rechteckigem Koppelschloß *(siehe dort)*.

Koppelschloß
Gürtelschloß des Koppels, aus Metall, in den Länderkontingenten bis 1918 mit unterschiedlichen Devisen (»In Treue fest«, »Gott mit uns«, bei Reichswehr und Wehrmacht »Gott mit uns«).

Korn
Teil der zweiteiligen Visiereinrichtung am Gewehr, die aus der V-förmigen Kimme etwa über der Patronenkammer und aus der aufragenden Spitze des Korns über der Mündung besteht.

Kornett
Von französisch *cornette* = Standarte. *Siehe Fahnenträger.*

Kosak
Russisch *kasak* = russischer Reiter aus den türkisch-tatarischen Völkerschaften im Verband des Russischen Reiches. Die Kosaken bildeten im 19. Jahrhundert eigene Reiterarmeen; um 1900 gab es mehr als 50 Kosakenregimenter.

Krätzchen
siehe Feldmütze

Kragenstickerei
Kragenschmuck als Auszeichnung bestimmter Truppenteile oder als Rangabzeichen ursprünglich besonders für Offiziere. Die bekannte Kragenstickerei der Generale des deutschen Heeres wurde 1900 eingeführt und beruht auf der Kragenstickerei des Regiments Alt-Larisch.

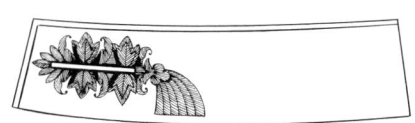

Kragen- und Ärmelstickerei der preußischen Generalität. Um 1900 wieder eingeführt nach dem sogenannten Muster »Alt Larisch«, eine Stickerei die bereits unter Friedrich dem Großen existierte.

Kriegsflagge
In den meisten Staaten neben der National- oder Handelsflagge besonders gestaltet und als Kennzeichen der Streitkräfte von Kriegsschiffen, an militärischen Gebäuden usw. geführt.

Kürass
Von französisch *cuirasse* = ursprünglich »Lederpanzer«. Brustharnisch, meist aus zwei Teilen (Bruststück, Rückenstück), Schutzwaffe der Kürassiere *(siehe dort)*, Nachfolger des Harnisch.

Kürassiere
Die schweren, mit dem Küraß bekleideten Reiter, ursprünglich mit Schwert und zwei Faustfeuerwaffen ausgestattet. Name zuerst 1484 in Österreich; der damals getragene Visierhelm und Hüft- wie Knieschutz entfiel später. Im deutschen Kaiserreich waren die Kürassiere außer mit Karabiner und Lanze wie die andere Kavallerie auch mit dem Pallasch (Kürassierdegen) ausgerüstet. Um 1900 gab es nur noch in Deutschland 10 und in Frankreich 13 Kürassierregimenter.

Kuhfuß
Volkstümliche Bezeichnung für das preußische Infanterie-Steinschloßgewehr, wegen der geraden Schäftung mit dem kleinen Kolben.

Litewka
Uniformrock im Deutschen Reich seit 1892, erst blau, später grau, für den kleinen Dienst innerhalb der Kaserne, mit niedrigem, oft umlegbarem Kragen und denselben Rang- usw. Abzeichen wie der Waffenrock. Das Wort ist polnischen Ursprungs; die Litewka ersetzte die ähnliche Drillichjacke.

Deutsches Kaiserreich, 1. Weltkrieg. Litewka, sehr bequemes Kleidungsstück der Offiziere.

Luntentzündung
Frühestes Zündsystem bei Handfeuerwaffen, bei dem die Pulverladung über eine brennende Lunte gezündet wurde, welche zuerst von Hand, später über den Luntenhahn an das Zündkraut herangeführt wurde. Gegen Ende des 15. Jahrhunderts war die Luntenzündung allgemein gebräuchlich, in Japan und Indien bis in das 19. Jahrhundert.

Offizier
Von lateinisch *offizium* = Amt. Bezeichnung der militärischen Vorgesetzten vom Leutnant aufwärts; Angehöriger des Offizierskorps, das sich überall mit dem Aufkommen der stehenden Heere herausbildete. Nach den Generalen *(siehe dort)* kommen die »Stabsoffiziere« (Oberst, Oberstleutnant und Major), dann die »Oberoffiziere« (Hauptmann, bei den berittenen Truppen Rittmeister, sowie Oberleutnant und Leutnant, letztere beide auch »Subalternoffiziere«). Der Hauptmannsrang ist in Frankreich, Italien, England, USA usw. der des Kapitäns *(Capitaine, Capitano, Captain)*. Bei der Marine folgen auf die Admirale *(siehe dort)* bei den Seeoffizieren der Kapitän zur See, der Fregattenkapitän, der Korvettenkapitän, der Kapitänleutnant, der Oberleutnant zur See und der Leutnant zur See.

Perkussionszündung
Sie folgte bei den Handfeuerwaffen auf die Steinschloßzündung. Nach Erfindung des schottischen Geistlichen Alexander Forsyth (1807) wird dabei eine Mischung von Kaliumchlorat und Knallquecksilber durch Hammerschlag zur Explosion gebracht und zündet die Treibladung in der Pulverkammer. Das System war von der Witterung unabhängig und setzte sich rasch durch.

Portepée
Rangabzeichen der Offiziere und höherer Unteroffiziere; ursprünglich Faustriemen um den Griff der Hiebwaffe zum Schutz gegen Verlust im Gefecht, dann goldene oder silberne Degenquaste, die als Rangabzeichen auch den Feldwebeln und Fähnrichen zustand (von französisch *porte-épée* = Degenhalter). Die wollene Säbelquaste der Unteroffiziere und Mannschaften hieß Säbeltroddel, bei den Reitern Faustriemen.

»Providentiae memor«
(= Der Vorsehung eingedenk). Devise des sächsischen Ordens der Rautenkrone, Devise auf dem Koppelschloß der Fußtruppen der sächsischen Armee.

Radschloß
Von Leonardo da Vinci erfundenes, Anfang des 16. Jahrhunderts entwickeltes Zündsystem bei Handfeuerwaffen, verdrängte die Luntenzündung. Eigentlich ein Feuerzeug: ein Stahlrädchen macht durch Federdruck eine schnelle Dreivierteldrehung und erzeugt durch Reibung am

Feuerstein Funken, die die Pulverladung zünden. Jetzt erst konnte die feuerbereite Waffe verdeckt geführt werden, wogegen bei der Luntenzündung erst die Lunte angezündet werden mußte.

Regiment
Lateinisch *regimentum* = Herrschaft. Seit dem 17. Jahrhundert die höchste administrative Einheit im Truppenverband *(siehe Armee)* mit eigenen Uniformbestandteilen und eigenständiger Traditionspflege sowie traditionellem Namen. Im Kaiserreich bestand das Infanterieregiment in der Regel aus drei, aber auch aus zwei oder vier Bataillonen, bei der Kavallerie aus drei bis sechs Eskadrons oder Schwadronen, meist aus fünf. Das Feldartillerieregiment enthielt zwei Abteilungen zu je drei Batterien, das Festungs- oder Fußartillerieregiment zwei oder drei Bataillone zu vier bis sechs Kompanien. Kommandeur war in der Regel ein Oberst, sein Stellvertreter ein Oberstleutnant. Die Regimenter führten anfangs den Namen ihres Obersten, der sie vor Entstehen des Offizierskorps auf eigenes finanzielles Risiko anwarb und unterhielt, in Frankreich und Spanien den Namen einer Stadt oder Provinz, von wo sie sich rekrutierten, in Deutschland dann auch hochgestellter Personen, ihrer »Chefs« oder »Inhaber«, selbst ausländischer Herrscher. Deutschland benannte 1889 eine große Zahl von Regimentern seiner Armee nach geschichtlichen Persönlichkeiten oder Familien; dazu führten die Regimenter Nummern sowohl nach der Zählung nach Waffengattungen innerhalb des Bundesstaates als auch der ganzen Armee, letzteres mit Ausnahme von Bayern.

Ringkragen
Ursprünglich über dem Küraß als Halsschutz getragener Blechkragen *(siehe Halsberge),* später halbmondförmiger, mit Staatssymbolen verzierter, an Kette um den Hals auf der Brust getragener Metallschild. Unter Friedrich dem Großen und in Bayern bis 1872 Dienstabzeichen der Offiziere, dann Dienstabzeichen der Fahnen- und Standartenträger sowie der Feldgendarmerie bis in den Zweiten Weltkrieg.

Säbeltasche
Mit drei Lederschlaufen am Säbelkoppel des Husaren hängende Ledertasche, deren Deckel meist mit dem Monogramm des Fürsten verziert war.

Schabracke
Aus dem Türkischen; verzierte Sattel-Überdecke aus Tuch, Fell oder Samt zum Schutz gegen Nässe und Staub, auch als Paradestück unter den Sattel gelegte Decke.

Schellenbaum
Militärisches Musikinstrument, ursprünglich aus der Janitscharenmusik, aus einer Siegestrophäe entwickelt. Die herabhängenden Roßschweife

Preußen um 1900. Paradesattelzeug der Generalität.

verweisen auf den türkischen Ursprung, wo sie Würdezeichen der Heerführer waren.

Schoitasch, Schoitaschierung
Aus dem Ungarischen, französisch *soutache:* die Plattschnur bzw. der Uniformbesatz aus dieser, besonders als Zierverschnürung auf Ärmeln und Hosen der Husarenuniform.

Schrapnell
Nach dem Erfinder, dem englischen Artillerieoffizier Henry Shrapnell (1802), benanntes Geschoß: in einem Behälter Kugeln und Pulver gemischt, der über dem Feind detonieren sollte.

Schulterklappen
Dienten ursprünglich zu Befestigung der Bandeliere *(siehe dort)* und des Gewehres. Dann benützte man sie zur Anbringung von Unterscheidungszeichen und Rangabzeichen. Die der Offiziere nennt man Achsel- oder Schulterstücke.

Schwadron
Soviel wie Eskadron *(siehe Regiment)*

Schwalbennest
Volkstümliche Bezeichnung des Abzeichens der Spielleute, einer geschmückten Umhüllung des obersten Ärmelbereichs unter der Schulter, aus goldenen oder silbernen Tressen auf farbigem Grund, hergeleitet aus Achselwülsten.

Standarte
Fahnenform *(siehe Fahne)* der Kavallerie und der vollmotorisierten Truppen, kleiner als die Fahne. Normalerweise rechteckig und außen spitzwinkelig eingeschnitten, auch dreieckig, ferner quadratisch und an Querbügel getragen. Als Standarte bezeichnet man auch die persönliche Anwesenheitsfahne eines Fürsten.

Steinschloß
Zündsystem für Feuerwaffen, wahrscheinlich um 1600 von dem Büchsenmacher Marin le Bourgeoys aus Lisieux erfunden: ein Flintstein schlägt auf den Feuerstahl, der Funke zündet die Treibladung. Das Steinschloß ersetzte Luntenschloß und Radschloß.

Tambour
Aus dem Persischen; Trommelschläger der Infanterie, gekennzeichnet durch Schwalbennester *(siehe dort)*.

Totenkopfabzeichen
Zunächst Mützenzeichen eines von Friedrich dem Großen errichteten

Husarenregiments in schwarzer Uniform (1741), zum Sinnbild, daß der Träger Pardon weder gebe noch nehme. Später übernahmen das Abzeichen auch andere Einheiten, wie die Panzertruppe und Waffen-SS.

Train
Französisch für »Zug, Troß, Fuhrwesen«, das Transportwesen der Armee.

Tschako
Aus dem Ungarischen, Kopfbedeckung in Form einer hohen zylindrischen Mütze mit Augenschirm, auch unten schmäler als oben. Entstand um 1800 unter dem Einfluß der Zylindermode und wurde 1806 in Frankreich, dann bei anderen Armeen üblich, in Preußen aber unter Friedrich Wilhelm IV. durch den Helm (»Pickelhaube«), in Österreich durch einen niedrigen runden Hut und in Frankreich durch das Käppi ersetzt. In der niedrigen, durch abgesetzten Deckel und Verengung hinten oben gekennzeichneten Form, wie ihn die deutsche Polizei bis in die Gegenwart getragen hat, hielt sich der Tschako beim Militär in Deutschland bis zum Ersten Weltkrieg bei den Jägern, Schützen, Telegrafentruppen, Marineinfanteristen und Luftschiffern.

Tschapka
Aus dem Ungarischen (»Mütze«), Kopfbedeckung der polnischen Ulanen in eigentümlicher Form mit viereckigem Deckel, dann für diese Reitertruppe allgemein angenommen.

Ulanen
Leichte, ursprünglich mit Lanzen kämpfende Reitertruppe tatarischen und polnischen Ursprungs, im 18. Jahrhundert in die europäischen Heere übernommen. Der Name Ulan ist tatarischen Ursprungs (»der Tapfere, Wackere«). Von den Polen übernahmen die anderen Heere auch die Uniform: Tschapka *(siehe dort)* und Ulanka *(siehe dort)*.

Ulanka
Waffenrock der Ulanen: kurzschößig mit zwei Knopfreihen und den typisch polnischen Ärmelaufschlägen *(siehe dort)*, starker Taille und bei Paraden aufgeknöpfter Rabatte.

Uniform
Aus dem Lateinischen *(gleichförmig)*. Die nach bestimmten Vorschriften gefertigte gleichförmige Kleidung der Militärpersonen und bestimmter Beamtengattungen (Polizei, Bahn, Post, Forstdienst), die im 17. Jahrhundert aufkam und in Farbe, Schnitt, Stoff und Applikationen wie Schulterklappen, Aufschlägen, Vorstößen, Schnüren und Abzeichen die verschiedenen Heere, innerhalb dieser die Truppengattungen und darin die Einheiten, letztlich die Dienstränge und besonderen Aufgabenträger unterschied. Früher waren für bestimmte Heere oder Truppen charakte-

ristische Grundfarben üblich, so für die preußische Infanterie dunkelblau, für englisches Militär rote Röcke, für die französische Infanterie rote (mit Krapp gefärbte) Hosen, in Rußland grün. Erst etwa ab 1900 kamen versuchsweise die im Felde unauffälligen Grundfarben auf, die sich zu Beginn des Ersten Weltkrieges rasch durchsetzten und dem »bunten Rock« ein Ende bereiteten: feldgrau in Deutschland, hechtgrau in Österreich, horizontblau in Frankreich, graugrün in Rußland, blaugrau in Italien, zunächst olivgrün in den USA, khaki in England und Japan. Die Uniformen wandelten sich in Schnitt, Farben, Funktion der Teile, Ausführung und Abzeichen, überhaupt in der ganzen Gestaltung mit der Entwicklung der Mode, der Entwicklung des Militärwesens in Taktik und Technik sowie in seiner politischen und gesellschaftlichen Funktion bis auf den heutigen Tag immer wieder.

Unteroffiziere
Militärische Vorgesetzte unterer Rangstufen, im weiteren Sinn die Rangstufen der Feldwebel, Sergeanten bis hinab zum eigentlichen Unteroffizier, jedoch mit Ausschluß der Gefreiten.

Waffenfarben
Für die Kennzeichnung durch die Uniform eingeführte Farben für die einzelnen Waffengattungen oder Dienstzweige. Sie gehen auf die alten Uniformfarben bestimmter Formationen zurück (Jäger: grün, Sanitätstruppen: blau) und bildeten sich zu bloßen Vorstoß- und Mützenbandfarben, zu Grundfarben der Kragenspiegel und der Fahnen.

Zündnadelgewehr
Verbesserte Art des Perkussionsgewehrs *(siehe dort)*. Eine vom Abzug freigegebene Nadel dringt in eine empfindliche Zündmasse ein, deren Explosion die Treibladung zündet. Dieses Zündsystem machte die Entwicklung der Patrone möglich, die Geschoß, Treibladung und Zündhütchen zu einem Gegenstand machte und es erlaubte, das Laden und damit die Schußfolge erheblich zu beschleunigen, ja Mehrladewaffen zu entwickeln.

Katalog-Bildteil

Zum Katalog und zu den Preisangaben

Die im Katalogteil angegebenen Preise sind Erfahrungswerte, entstanden aus jahrelanger Marktbeobachtung. Im allgemeinen richtet sich der Markt nach erzielten Auktionspreisen. Wo diese nicht bekannt sind, kann man unter Umständen weit unter den üblichen Taxierungen kaufen.

Die Preise verstehen sich für Stücke in originalem Zustand und guter Erhaltung.

Wolfgang Hermann

Kopfbedeckungen

BADEN

1 Dragoner-Offiziershelm, Modell 1849. Hohe Lederglocke, entsprechend dem preußischen Muster 1843. Vergoldete Helmbeschläge, badischer Greif. Sechsfach gekehlte Spitze auf Kreuzblatt mit Sternschrauben. Gewölbte Schuppenkette an Befestigung mit hervorstehenden Schrauben. In exzellentem Zustand. Stammt laut eingeklebtem Zettel aus dem Besitz des Markgrafen Max von Baden. Auf dem Zettel außerdem Herstellername. **6000,–/8000,–**

2 Helm des 6. Banners der Karlsruher Bürgerwehr von 1848/49. Hohe schwarzlederne Pickelhaube, ähnlich dem preuß. Modell von 1843, jedoch eher birnenförmige Spitze. Gelbe Beschläge. Als Stirnbeschlag ein 9 cm hoher gelber Eichenkranz, in dessen Mitte eine »6« auf schwarzer Lederscheibe. Breiter Lederkinnriemen an Löwenkopfhalterung. Im Helminneren Name des damaligen Trägers. Die Bürgergarde blieb 1849 im Gegensatz zur Volkswehr und zum Militär fürstentreu, wurde deshalb nicht entwaffnet und empfing (auch seitens der einmarschierten preußischen Truppen) militärische Ehren. Sehr guter Zustand.
2500,–/3000,–

Kopfbedeckungen 67

2

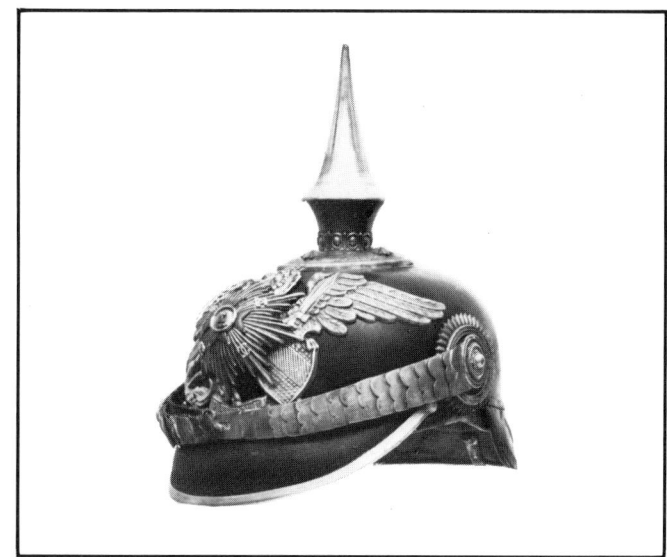

3

4

5

3 Offiziershelm des badischen Leibgrenadierregiments Nr. 109, in der Form ab 1897. Silberne, glatte Spitze, auf rundem Tellerbeschlag mit Sternschrauben. Silberner Stirnbeschlag in Form des badischen Greifen, mit dem emaillierten Stern des Hausordens der Treue. Flache goldene Schuppenketten. Feines seidenes Innenfutter. Schwarzlederne, gut erhaltene, flach gewölbte Glocke. Schöner und sehr seltener Helm. Gute Erhaltung.
6 000,–/7 000,–

4 Linieninfanterie-Offiziershelm, in der Form ab 1897. Komplett mit weißem Parade-Büffelhaarbusch. Glatter, gelber Trichter auf Tellerbeschlag mit Sternschrauben. Gelbes Stirnemblem mit dem Bandeau »Mit Gott für Fürst und Vaterland«. Flache, gelbe Schuppenketten, rechtsseitig Reichskokarde, linksseitig die Landeskokarde von Baden. Runder Augenschirm. Seidenes Helminnenfutter. So getragen in den Infanterie-Regimentern 111–114, 142, 169 und 170. Gute Erhaltung.
1 800,–/2 500,–

5 Mannschaftshelm der Artillerie-Regimenter 14, 30, 50, 66 und 76 (Feldartillerie). Gelber Tellerbeschlag mit Splinten und aufgesetzter Kugel. Stirnemblem bestehend aus dem badischen Greif und der Devise »Mit Gott für Fürst und Vaterland«. Schwarzer Lederkinnriemen an der Halterung M 1891. Beide Kokarden in der Form ab 1897. Runder Augenschirm. Ledernes Innenfutter. Im Helminneren Namensetikett aus dem 5. badischen Feldartillerie-Regiment Nr. 76. Ansonsten gute Erhaltung.
1 000,–/1 200,–

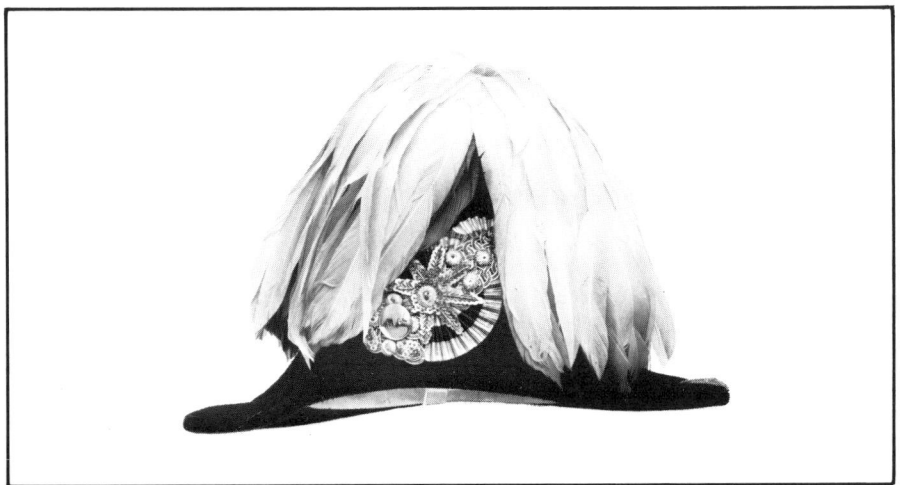

BAYERN

6 Helm der Leibgarde der Hartschiere, in der Ausführung zum Galadienst mit stehendem Löwen. Vernickelte, hohe Helmglocke. Auf der Spitze aufgeschraubt der stehende bayerische Löwe. Vorderseitig aufgelegt das gekrönte bayerische Königswappen in Zierumrandung aus Eichenlaub und Lorbeer. Schuppenketten in flacher, feiner Sonderanfertigung an Rosettenhalterung mit Krone und Rautenmuster. Gelbe Helmschiene. Feines, originales Innenfutter. Im Nackenschirm eingeschlagene Nummer »61«. Beigelegt der weiße Roßhaarbusch für den Dienstanzug. Einer der schönsten und seltensten Helme der alten Armee.   **20 000,–/22 000,–**

7 Zweispitz eines bayerischen Generals à la suite, in der Trageweise ab 1897. Mit weiß-blauem Busch aus Hahnenfedern. Korpus aus schwarzem Filz, mit silbernen Bouillons in den Spitzen. An der rechten Seite eine Agraffe in reicher Silberpaillettenstickerei auf weiß-blauer Kokarde. Im Hutinnern Herstelleretikett des Hoflieferanten C. Deibl. Feine Ausfütterung mit cremefarbener Seide. Sehr seltene Kopfbedeckung, in guter Erhaltung.   **3 000,–/3 500,–**

8 Helm Modell 1886 für Offiziere der Infanterie und Fußartillerie. Vergoldete Beschläge, Kreuzblattbeschlag mit Sternchen und offiziersmäßigem Perlstab um den Spitzenhals, kannelierte Spitze. Emblem in der kleineren Form nach 1914. Bayerische und Reichskokarde, flache Schuppenkette. Seidenripsfutter. Gute Erhaltung.   **1 400,–/1 600,–**

9 Helm Modell 1886 für Reserveoffizier des Infanterie-Leibregiments und der Pioniere. Versilberte Beschläge, Kreuzblattbeschlag mit Sternchen und offiziersmäßigem Perlstab um den Spitzenhals, kannelierte Spitze. Emblem in der Form von 1886 mit aufgelegtem vergoldetem Landwehrkreuz. Bayerische und Reichskokarde, flache, silberne Schuppenkette. Seidenripsfutter. Gute Erhaltung.   **2 500,–/2 700,–**

Kopfbedeckungen 69

8

9

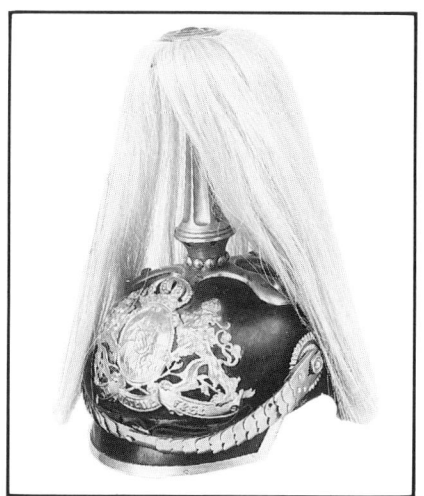
10

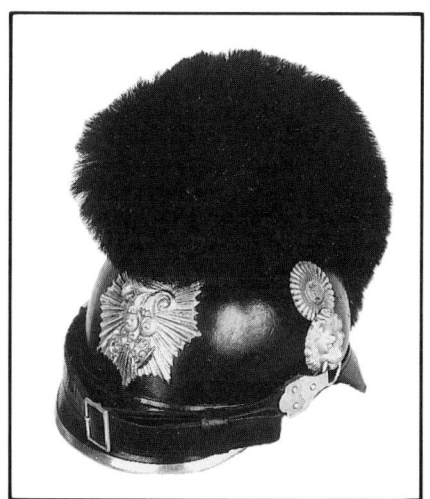
11

12

13

10 Helm Modell 1886 für Mannschaften der Chevauleger-Regimenter 1, 3, 5, 7 und des 2. Schweren-Reiter-Regiments. Messingbeschläge, Kreuzblattbeschlag mit Rundsplinten, mannschaftsmäßigem Perlstab, kanneliertem Buschtrichter mit weißem Roßhaarbusch. Gewölbte Schuppenkette an Halteknopf 91. Gute Erhaltung.
1 800,–/2 000,–

11 Helm Modell 1868/81 für Offiziere der Landwehr-Infanterie. Schwarze Bärenfellraupe, versilberte Offizierskokarde, Kinnriemenendglieder gekörnt. Vergoldetes Strahlenemblem mit Chiffre »L«. Gute Erhaltung mit originaler Raupe.
2 200,–/2 400,–

12 Helm Modell 1868 für Offiziere der Feldartillerie. Schwarze Bärenfellraupe, versilberte Offizierskokarde, seitliche Messinghiebspangen. Roter hängender Roßhaarbusch. Kinnriemenendglieder gekörnt. Sehr gute Erhaltung.
3 000,–/3 400,–

13 Helm Modell 1845/48 für Offiziere der Chevauleger-Regimenter. Schwarze Bärenfellraube, versilberte Offizierskokarde mit Chiffe »M«, seitliche Messinghiebspangen, weißer stehender Federbusch (ergänzt) Strahlenemblem mit Chiffre »M«, Schuppenketten in Offiziersausführung. Gute Erhaltung.
4 500,–/5 000,–

14 Helm und Kürass für Mannschaften der Kürassiere. Helm Modell 1842, Stahlglocke mit Messingkamm und Einfassungen, Messingschuppenkette. Schwarze Roßhaarraupe. An der rechten Helmseite Kammerstempel von 1872. Gußstahlkürass mit Messingschuppenketten, originalem Bauchriemen. Futter und Paradmanschetten fehlen. Gute Erhaltung.

3 500,–/4 200,–

15 Bayerischer Landwehrhelm, in der Trageweise des 1856 eingeführten Modells. Schwarzer Lederkorpus. Auf der Spitze über dem silbernen Kreuzbeschlag schwarzer, herabhängender Roßhaarbusch. Silbernes Helmemblem mit dem bayerischen Wappen, eingerahmt von Eichenlaub und Lorbeer sowie der Königskrone. Auf der linken Seite Kokarde mit gekröntem »M« für Maximilian II. Breite, silberne Schuppenketten an plastischen Löwenkopfhalterungen. Gute Erhaltung.

1 500,–/1 700,–

16 Tschako für Offiziere der bayerischen Landwehrartillerie, um 1840. Hoher Filzkorpus. Deckel, Augenschirm und Nacken aus schwarzem Leder. Vorderseitig goldener Helmbeschlag mit gekreuztem Schwert und Zepter in Silber, darüber die Königskrone, darunter ein halbrunder Kranz aus Eichenlaub und Lorbeer. Knapp unter dem Deckelrand silber-blaue Kokarde, darüber hoch hinausstoßend ein roter Federstoß. Vorderseitig doppelt verlaufend ein roter Behang. Silberne Schuppenketten. Gute Erhaltung.

1 500,–/2 000,–

Kopfbedeckungen 71

17 Tschako für Offiziere der Jäger-Bataillone. Tuchbezogener Lederkorpus, vergoldetes Wappenemblem, flache Schuppenketten, Reichskokarde, Offiziersfeldzeichen. Sehr gute Erhaltung.
1 800,–/2 200,–

18 Tschapka Modell 1886 für Reserve-Offiziere des 1. Ulanen-Regiments. Versilberte Beschläge, gewölbte Schuppenketten, Reichskokarde, Offiziersfeldzeichen. Auf dem Wappenemblem vergoldetes Landwehrkreuz aufgelegt. Paraderabatte aus karmesinrotem Tuch mit Silberschnureinfassung. Gute Erhaltung.
2 500,–/3 200,–

17

18

BRAUNSCHWEIG

19 Mannschaftshelm des braunschweigischen Infanterie-Regiments Nr. 92, in der Ausführung für das 3. Bataillon (Leibbataillon), mit aufgelegtem silbernem Totenkopf. Schwarzer Lederkorpus, gelber Tellerbeschlag mit glattem Trichter und schwarzem Roßhaarbusch. Gelber Linienadler, mit neusilbernem Totenkopf und »Peninsula«-Bandeau. Flache, gelbe Schuppenketten, an beiden Seiten Kokarden, so wie üblich in der Trageweise ab 1897. Runder Augenschirm. Gute Erhaltung.
4 000,–/4 500,–

20 Tschako für Mannschaften aus dem braunschweigischen Infanterie-Regiment Nr. 92, in der Ausführung für das 3. Bataillon (Leibbataillon). Ledertschako nach preußischem Muster M 1860. Mit neusilbernem Totenkopf über »Peninsula«-Bandeau. Schwarzer Lederkinnriemen, originales Feldzeichen. Im Innendeckel fragmentarisches Namensetikett. Gute Erhaltung.
2 500,–/3 000,–

19

20

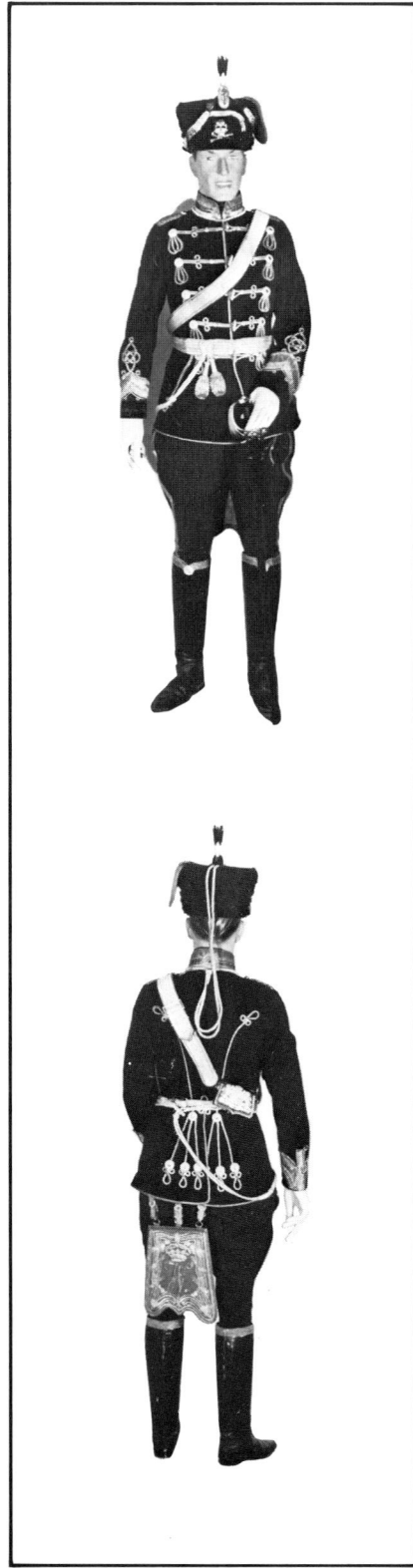

21

22

23

24

21 Uniform eines Stabsoffiziers (Major) im braunschweigischen Husarenregiment Nr. 17. Bestehend aus: Bärenpelzmütze in der Form ab 1883/97, komplett mit rotem Kolpak, blau-goldenem Feldzeichen, Paradebusch (Reiherfedern) und Fangschnur, Attila mit Majorsabzeichen (Parade), Ganzmetallkartuschkasten mit Bandelier, Schärpe, Säbelgehänge, Reithose, Lackreitstiefeln, Offizierssäbeltasche (diese für Subaltern-Offiziere) mit drei Trageriemen, weiße Handschuhe. Gute Erhaltung.
25 000,–/30 000,–

22 Tschako für braunschweigische Husarenoffiziere, in der Form des 1809 eingeführten Modells. Schwarzer Lederkorpus mit schwarzem Kuvert. Offiziersmäßige Ausführung, mit flacher, breiter, reliefierter Messingschuppenkette und breiten Rosetten, mit aufgelegtem silbernem, springendem Welfenpferd. Komplett mit Kokarde und großem versilbertem Totenkopf (dieser aus der Periode 1840–72) und prächtigem schwarzem Roßhaarbusch. Originales Lederfutter. Auf der Inneneinlage Firmenetikett eines Braunschweiger Hutmachermeisters. Seltenes, ungewöhnliches Stück. Gute Erhaltung. **12 000,–/15 000,–**

23 Pelzmütze für Offiziere aus dem herzoglich-braunschweigischen Husarenregiment Nr. 17. Der Korpus mit schwarzem Bärenfell bezogen. Weißer Reiherfederstoß mit abschließender blauer Manschette. Auf der rechten Seite, noch wie üblich bis 1883, der rote Kolpak oder Kalpak (Tuchzipfel); unter dem blau-goldenen Feldzeichen das vergoldete Devisenband mit den Feldzug- und Schlachtennamen »Peninsula Sizilien Waterloo«. Goldene, gekörnte Schuppenketten. Blau durchzogene silberne Fangschnur. Nach 1883 wurde der Kolpak an der linken Seite getragen, das Bandeau erhielt zusätzlich den Schlachtennamen »Mars la Tour«, und darunter erscheint dann der silberne Totenkopf. Gute Erhaltung.
6 000,–/8 000,–

24 Schirmmütze eines Reserveoffiziers aus dem herzoglich-braunschweigischen Husaren-Regiment Nr. 17. Schwarzes Tuch, roter Bund, gelbe Vorstöße. Zwischen der Landes- und Reichskokarde neusilbernes Totenkopfemblem. Auf der Landeskokarde Landwehrkreuz. Gute Erhaltung. **600,–/700,–**

Kopfbedeckungen

HANNOVER

25 Tschako eines Feldwebels des hannoverschen Garderegiments, um 1860. Ledertschako mit schwarzer Filzbespannung. Gelb-weiße Abzeichenborte. Vorderseitig das Emblem des Georgssterns aus weißem Metall, darunter ein Auszeichnungsbandeau mit der Inschrift »Peninsula Waterloo«. Oberhalb der Abzeichenborte metallenes Feldzeichen. Im Inneren des Tschakos Kammerstempel mit »G. R. H 3«. Gute Erhaltung.   2 000,–/2 500,–

26 Tschako eines Subalternoffiziers der hannoverschen Linienregimenter, Modell 1860; entsprechend der österreichischen Form. Lederkorpus mit schwarzer Tuchbespannung. Am Deckel breite, silberne Abzeichenborte. Silberbestickter Augenschirm, mit Kettenschnur am Ansatz. Helmbeschlag bestehend aus einem vergoldeten Kranz aus Lorbeerblättern, mit springendem, versilbertem Welfenroß. Silber-goldene Steckkokarde mit Monogramm »GR V« für Georg V. Lilaseidenes, originales Innenfutter mit hannoverscher Herstellerbezeichnung. Sehr gute Erhaltung.   2 000,–/2 500,–

27 Pelzmütze für Mannschaften und Unteroffiziere aus dem hannoverschen Gardehusaren-Regiment, um 1860. Korpus mit schwarzem Seehundfell bespannt, roter Kolpak. An der Stirnseite gelbmetallenes, gekröntes Emblem, mit der Inschrift »Peninsula-Waterloo-El Bodon«. Breite, gelbe Schuppenketten an Löwenkopfhalterung. Weißwollene Fangschnur mit Geflecht und Quasten. Komplett mit Stutz aus weißen und gelben Pferdehaaren. Mit Original-Innenfutter. Hochseltenes, vorzüglich erhaltenes Stück aus einem berühmten Regiment.   6 000,–/8 000,–

28 Helm für Offiziere des hannoverschen Cambridge- oder Kronprinz-Dragonerregiments, in der Form um 1850. Schwarz lackierter Helm aus Eisenblech. Hohe, glatte Spitze auf gelbem Kreuzblattbeschlag. Springendes, vergoldetes Welfenroß unter der Königskrone als Emblem. Gewölbte, gelbe Schuppenketten. An der rechten Seite gelb-weiße Metallkokarde. Innenfutter fehlt. Sehr gute Erhaltung.   3 500,–/4 000,–

25

26

27

28

HESSEN (GROSSHERZOGTUM)

29 Helm für Offiziere der hessischen Dragoner, Modell 1849. Hoher Lederkörper, vorderseitig aufgelegt der schreitende hessische Löwe in einem halbrunden Kranz aus Lorbeerblättern. Hohe, kannelierte Spitze auf Kreuzblattbeschlag. Rechtsseitig hessische Landeskokarde. Gewölbte, gelbe Schuppenketten. Runder Augenschirm. Originales Innenfutter. An der rechten Kokardenseite ist die Befestigungsschraube durch einen Splintknopf ersetzt, links noch original, sonst komplett. Gute Erhaltung. **3 500,–/4 000,–**

30 Eigentumshelm eines Einjährigfreiwilligen aus dem hessischen Feldartillerie-Regiment 25 oder 61. Gelber Kreuzblattbeschlag mit Kugel. Vorderseitig Helmemblem: schreitender Löwe in halbrundem Lorbeer- und Eichenlaubkranz. Gelbe, gewölbte Schuppenketten. Runder Augenschirm. Reichs- und Landeskokarde wie üblich in der Trageweise ab 1897. Offiziersmäßiges Innenfutter. Sehr gute Erhaltung. **1 800,–/2 200,–**

HAMBURG

31 Tschako der Hamburger Infanterie, um 1825. Schwarzer Filzkorpus mit rundem Lederdeckel und ledernem Vorderschirm. Seitlich V-förmige Lederverstärkungen. Im Nacken geschwärzte Schnalle. Gelbes Emblem: Zwei Löwen halten das Tor mit zwei Türmen aus dem Stadtwappen. Gelbmetallene, sehr breite und kurze Schuppenketten an geprägten Splinten. Weißwollener, nicht ganz vollständiger Behang. Innenfutter fehlt, nur ein Teil des Schweißbandes vorhanden, etliche Mottenschäden im Filz. Leder- und Metallteile fast vorzüglich. Links oberhalb des Emblems größerer Mottenschaden. Mäßige Erhaltung. **2 500,–/3 000,–**

32 Tschako der Hamburger Bürgergarde, in der Form um 1860. Schwarzer Lederkorpus mit schwarzem Kuvert. Vorderseitig vielstrahliger, gelber Stern, mit eingeprägtem, rot unterfüttertem Hanseatenkreuz auf neusilbernem Schild. Durchgehende geprägte, gelbe Schuppenketten mit Befestigung an Messingrosetten mit Hanseatenkreuz. Über dem Sternbeschlag Hamburger Kokarde. Feldzeichen fehlt. Originales Innenfutter, mit Etikett der Lieferfirma Müller in Hamburg. Gute Erhaltung. **1 500,–/1 800,–**

HANSEATISCHE LEGION

33 Dragoner-Offiziershelm, in der Form von 1815 bis 1844. Hohes Lederkaskett mit vergoldetem und versilbertem Kamm, darauf schwarze Webpelzraupe. Stirnseitig versilbertes, mit Lorbeerlaub verziertes Blech, darauf vergoldet der achtstrahlige Stern mit Lübecker und Bremer Wappenzeichen. Versilberte Schuppenketten an Rosettenaufhängung mit den beiden Städtewappen. Beidseitig jeweils zwei weißmetallene Hiebspangen. Runder Augenschirm. Gute Erhaltung.
12 000,–/14 000,–

MECKLENBURG

34 Tschako für Mannschaften aus dem großherzoglich-mecklenburgischen Jägerbataillon Nr. 14 (Kolmar). Schwarzer Ledertschako. Vorderseitig als Helmemblem der gelbe vielstrahlige Stern, mit aufgelegtem neusilbernem mecklenburgischen Wappen. Sturmriemen an Halterung 91, Feldzeichen fehlt, preußische Mannschaftskokarde. Gute Erhaltung. **1 800,–/2 200,–**

MECKLENBURG–SCHWERIN

35 Helm für Mannschaften aus dem mecklenburgisch-schwerinschen Grenadier-Gardebataillon, in der Form von 1848 bis 1857. Hohe geschwärzte Lederglocke. Gelber Kreuzblattbeschlag. Anstelle der üblichen Spitze eine durchbrochene Krone. Helmemblem bestehend aus vielstrahligem, gelbem Stern mit neusilberner Wappenauflage und Schriftband »Grenadier-Garde«. Rechtsseitig originale mecklenburg-schwerinsche Kokarde. Schuppenketten-Rosette mit platzender Granate. Mittlere Erhaltung. **8 000,–/10 000,–**

OLDENBURG

36 Helm für Mannschaften aus dem großherzoglich-oldenburgischen Infanterie-Regiment Nr. 91. Gelbe, glatte Spitze auf Tellerbeschlag. Vorderseitig Helmemblem bestehend aus gelbem, preußischem Linienadler und aufgelegtem, neusilbernem großherzoglich-oldenburgischem Wappenschild. In der Form ab 1897 mit Reichs- und Landeskokarde. Schwarzlederner, verstellbarer Sturmriemen an Halterung M 91. Runder Augenschirm mit gelber Schiene. Gute Erhaltung. **1 800,–/2 200,–**

33

34

35

36

PREUSSEN

37 Helm für Portepeeunteroffiziere der Regimenter Garde du Corps und Gardekürassiere mit dem Adler zum Paradeanzug. Tombakhelmglocke mit Neusilbereinfassungen, neusilbernem Adler und Gardestern. Gelbe Schuppenketten in der Trageweise ab 1897. Offizierskokarden. Gute Erhaltung. **8 000,–/9 000,–**

38 Mütze für Offiziere aus dem Kaiser-Alexander-Garde-Grenadier-Regiment Nr. 1, so getragen von den Füsilieren zur Parade. Eigentumsstück. Vergoldetes Messingschild mit vorderseitig aufgelegtem, neusilbernem Gardestern, darin emailliert der schwarze Adler mit der umlaufenden Inschrift »Suum cuique«. Darüber die neusilberne Krone. Vergoldete Schuppenketten. Roter Beutel mit Silberbortenbesatz und drei Füsilieradlern auf weißem Grund. Schwarz-silber gestickter Puschel. Innenfutter aus blauem Leder. Feine Erhaltung. **25 000,–/30 000,–**

39 Mütze für Mannschaften aus dem Kaiser-Alexander-Garde-Grenadier-Regiment Nr. 1, so getragen zur Parade von den Grenadieren. Gelbes Messingschild mit eingeprägtem Gardestern und Krone. Konvexe, gelbe Schuppenketten, an Halterung mit platzender Granate. Roter Beutel mit weißem Besatz. An der Rückseite eine weitere platzende Granate auf weißem Grund. Schwarz-weißer Wollpuschel. Ledernes Innenfutter. Gute Erhaltung. **3 500,–/4 000,–**

Kopfbedeckungen

40 Mützenschild mit Rücken- und Seitenteilen für die beiden ersten Bataillone des 1. Garde-Regiments zu Fuß, Preußen, um 1900. Neusilbernes, geprägtes Schild, mit aufliegendem Adler und Bandeau »Semper talis«. An den Seiten platzende Granaten und Halterung für die Schuppenkette in der Form ab 1891. Wurde in gleicher Form von Offizieren und Mannschaften getragen; lediglich die Schuppenketten, die Borten auf dem Beutel und das Feldzeichen waren unterschiedlich. Sehr gute Erhaltung.   2 000,–/2 200,–

41 Helm der preußischen Generale, mit aufgesetztem, schwarz-weißem Hahnenfederbusch zur Parade. Gelber, kannelierter Trichter auf Kreuzblattbeschlag mit Sternschrauben. Weit ausgebreiteter gelber Gardeadler, mit Vaterlandsbandeau und aufgelegtem, neusilbernem, emailliertem Gardestern. Gelbe, konvexe Schuppenketten. Eckiger Augenschirm. Originales, offiziersmäßiges Innenfutter aus Seidenrips. Beide Kokarden wie üblich in der Trageweise ab 1897. Sehr gute Erhaltung.   4 000,–/5 000,–

42 Eigentumshelm eines Fähnrichs der preußischen Garde-Infanterie. Hohe schlanke, gelbe Spitze auf Tellerbeschlag. Ausgebreiteter gelber Adler mit hochgewölbtem neusilbernen Gardestern. Flache, gelbe Schuppenketten. Runder Augenschirm. Offiziersmäßiges Innenfutter aus Seidenrips. Im Futter golddruckter Trägername. Nahezu neuwertiges Prachtstück.   2 200,–/2 400,–

43 Helm für Offiziere der preußischen Garde-Fußartillerie-Regimenter, in der Trageweise ab 1897, mit beiden Kokarden. Gelber Tellerbeschlag mit Sternschrauben und aufgesetzter Kugel. Ausgebreiteter gelber Gardeadler mit neusilbernem emaillierten Gardestern und aufgelegtem neusilbernen Reserveoffizierskreuz. Flache, gelbe Schuppenketten. Runder Augenschirm. Offiziersmäßige Ausstattung mit Innenfutter aus Seidenrips. Gute Erhaltung.   2 200,–/2 400,–

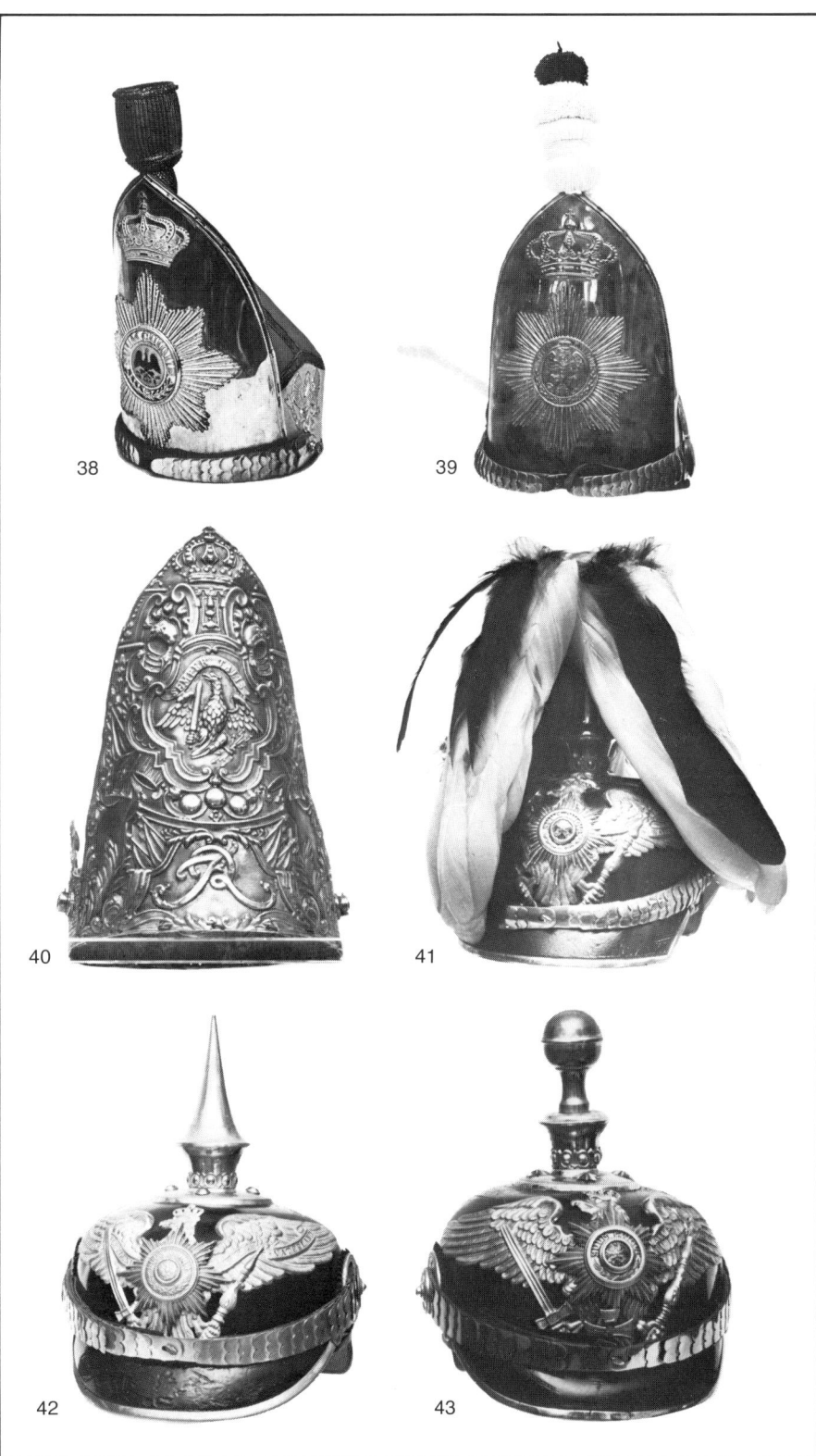

44 Tschako für Offiziere aus dem preußischen Garde-Jägerbataillon, in der Form 1888. Lederkorpus mit schwarzem Kuvert. Vorderseitig neusilberner Gardestern, mit emailliertem Medaillon. Flache, gelbe Schuppenketten. Beide Kokarden in der Trageweise ab 1897. Unkorrektes Feldzeichen. Originales, offiziersmäßiges Innenfutter aus Seidenrips. Gute Erhaltung.
2 500,–/3 000,–

45 Tschapka für Offiziere des 2. Garde-Ulanen-Regiments. Schwarzer Lederkorpus, mit roter Paraderabatte. Silbergesticktes Offiziersfeldzeichen mit schwarzem Innenfeld. Weiß-schwarzer Parade-Büffelhaarbusch. Gelber, aufgelegter Gardeadler, mit neusilbernem emaillierten Gardestern. Gelbe, konvexe Schuppenketten. Lediglich preußische Landeskokarde wie üblich vor 1897. Offiziersmäßiges Innenfutter aus Seidenrips. Gute Erhaltung.
6 000,–/8 000,–

46 Tschapka für Mannschaften aus dem 13. preußischen Ulanen-Regiment (sogenanntes Königs-Ulanenregiment, Hannover). Schwarzlederner Helmkorpus. Weiß-schwarzes Feldzeichen. Roter Roßhaarbusch für Musiker. Helmemblem bestehend aus einem weißen, ausgebreiteten Gardeadler mit Auszeichnungsbandeau »Peninsula, Waterloo, Garzia, Hernandez«. Aufgelegter neusilberner Gardestern. Konvexe gelbe Schuppenketten an Halterung M 91. Ledernes Innenfutter. Gute Erhaltung.
3 500,–/4 000,–

47 Füsiliermütze aus dem Infanterieregiment von Kleist (Altpreußisches Nr. 4). 1740–56. Durchbrochenes Stirnschild und Granatbeschläge aus geprägtem Messingblech. Im Mittelpunkt des Bleches aufsteigender preußischer Adler, am unteren Rand des Bleches eingeprägt: »FR« für Fridericus Rex. Beutel aus grauem Leinenstoff mit gelben Borten. Der Spitze des Beutels aufgesetzt eine platzende Granate aus Messing, das Kennzeichen der Füsiliere. Die Erhaltung des Stückes, das noch das originale lederne Innenfutter besitzt, darf als sehr gut bezeichnet werden, abgesehen von natürlichen Verschleißerscheinungen an den gelben Borten.
15 000,–/20 000,–

Kopfbedeckungen 79

48 Helm für Mannschaften der preußischen Infanterie, Modell 1843 (die erste Pickelhaube der Welt). Hoher Lederkorpus, mit gelbem Kreuzblattbeschlag und glatter Spitze. Gelber Linienadler mit eingeprägtem Monogramm »FR«. Konvexe gelbe Schuppenketten. Eckiger Augenschirm. Rechtsseitig preußische Kokarde. Originales, aber schadhaftes ledernes Innenfutter. Nach Einführung des Modells in Preußen übernahmen fast alle Staaten in Europa diese Form der Kopfbedeckung, teilweise in abgewandelter Ausführung. Gute Erhaltung. **5 000,–/6 000,–**

49 Helm eines Offiziers aus dem 7. preußischen Grenadier-Regiment (Grenadier-Regiment König Wilhelm I.). Gelber Tellerbeschlag, mit glatter Spitze. Großer, aufgelegter Grenadieradler mit silbernem Reservekreuz und Bandeau »22. März 1797«. Glatte gelbe Schuppenketten an Rosetten mit Monogramm »WR I.«. Beide Kokarden in der Trageweise ab 1897. Leder etwas rissig und Glocke etwas eingesunken. Mittlere Erhaltung. **6 000,–/7 000,–**

50 Helm für Mannschaften aus dem Colbergschen Grenadier-Regiment Graf Gneisenau Nr. 9. Korpus aus schwarzem Leder in der hohen, 1857 eingeführten Form. Gelber Kreuzblattbeschlag mit glatter Spitze. Alter gelber Grenadieradler, mit Monogramm im Mittelschild und geschwärztem Bandeau »Colberg 1807«. Eckiger Augenschirm. Kleine Reparaturstelle am Hals. Rechtsseitig preußische Kokarde. Gelbe konvexe Schuppenketten. Ledernes Innenfutter. Sehr seltener Helm, in ordentlicher Erhaltung. **6 000,–/8 000,–**

51 Helm für Mannschaften aus dem Füsilier-Regiment Königin Victoria von Schweden (Pommersches) Nr. 34. Der Helm in dieser Form nur getragen vom 1. und 2. Bataillon. Schwarze Lederglocke. Gelber Tellerbeschlag mit glatter Spitze. Linienadler mit Vaterlands-Bandeau und Auszeichnungs-Bandeau, das lediglich an das 1. und 2. Bataillon verliehen wurde. Schwarzer Ledersturmriemen an Halterung M 91. Beidseitig Landes- und Reichskokarde in der Trageweise ab 1897. Runder Augenschirm. Gute Erhaltung. **2 500,–/3 000,–**

48

49

50

51

52 Eigentumshelm eines Musikmeisters der Infanterie, in der Form ab 1897, mit beiden Kokarden und mit aufgesetztem rotem Büffelhaarbusch zur Parade. Gelber Tellerbeschlag, glatter Helmbuschtrichter. Gelber Linienadler, flache Schuppenketten. Runder Augenschirm mit gelber Helmschiene. Offiziersmäßige Innenausstattung mit Trägermonogramm. Sehr gute Erhaltung. **2 000,–/2 200,–**

53 Helm für Offiziere aus dem 1. hannoverschen Infanterie-Regiment Nr. 74. Schwarzer Helmkörper. Gelber, runder Tellerbeschlag mit glatter Spitze. Gelber Linienadler mit Auszeichnungs-Bandeau »Waterloo«. Flache, gelbe Schuppenketten an offiziersmäßiger Halterung. Form ab 1897 mit Landes- und Reichskokarde. Runder Augenschirm, mit gelber Helmschiene. Offiziersmäßiges Innenfutter aus Seidenrips. **2 000,–/2 200,–**

54 Helm für Mannschaften aus den Feldartillerie-Regimentern von Scharnhorst, 1. hannoversches Nr. 10, reitende Abteilung, und Artillerie-Regiment Nr. 46, 2. fahrende Batterie. Schwarzer Lederkorpus mit gelbem Tellerbeschlag und aufgesetzter Kugel. Gelber Linienadler mit Auszeichnungsbandeau »Peninsula, Waterloo, Göhrde, Colberg 1807«. Gelbe konvexe Schuppenketten an Halterung M 91. Beidseitig Landes- und Reichskokarde in der Trageweise ab 1897. Runder Augenschirm. **2 200,–/2 500,–**

55 Tschako für Mannschaften aus dem hannoverschen Jägerbataillon Nr. 10, in der Form ab 1897 mit Reichskokarde und Mannschafts-Feldzeichen. Gelber Helmbeschlag mit Auszeichnungsbandeau »Waterloo, Peninsula, Venta del Pozo«. Schwarzlederner verstellbarer Sturmriemen an Halterung M 91. Nackenschirm narbig. Ledernes Innenfutter. Gute Erhaltung. **1 800,–/2 000,–**

56 Tschako für Mannschaften der Fliegerbataillone. Schwarzlederner Tschakokorpus, mannschaftsmäßiges Feldzeichen, neusilberner Linienadler. Schwarzlederner verstellbarer Sturmriemen an Halterung M 91. Im Nackenschirm Kammerstempel »Fl. E. I.« Gute Erhaltung. **1 800,–/2 000,–**

57 Helm für Offiziere der preußischen Kürassiere, in der Form des 1843 eingeführten Modells. Hohe Stahlglocke. Gelber Kreuzblattbeschlag, mit weißer, kannelierter Spitze. Gelber Linienadler mit zwei gefüllten kleinen Löchern, die von einem ehedem aufgelegten Reservekreuz stammen. Kleeblatthalterung und konvexe Schuppenketten. Gegrateter Augenschirm. Innenfutter und Lederauskleidung des Vorder- und Nackenschirms fehlen. Ansonsten gute Erhaltung. 5 000,–/6 000,–

58 Helm für Mannschaften der preußischen Kürassiere, in der Form des 1867 eingeführten Modells. Weiße Glocke mit gegratetem Augenschirm und tiefem Nakkenschirm. Weiße Helmspitze auf gelbem Hals und ovalem Teller sitzend. Stirnemblem bestehend aus gelbem Linienadler. Gelbe, konvexe Schuppenketten an Rosetten und Schlitzschraubenbefestigung. Rechtsseitig schwarz-weiße Kokarde. Vorderschirm mit grünem Innenanstrich. Komplett mit ledernem Innenfutter. Gute Erhaltung. 3 000,–/3 500,–

59 Helm für Mannschaften der preußischen Dragoner, in der Form des 1867 eingeführten Modells. Glatte, gelbe Spitze auf Kreuzblatt. Gelber Dragoneradler. Glatte, gelbe Schuppenketten. Rechtsseitig preußische Kokarde. Eckiger Augenschirm mit gelber Helmschiene. Ledernes Innenfutter. Bis auf kleinere Beschädigung an der Schuppenkette in guter Erhaltung. 2 000,–/2 500,–

60 Helm eines Reserveoffiziers aus dem 1. brandenburgischen Dragoner-Regiment Nr. 2. Glatte, gelbe Spitze auf Kreuzblattbeschlag mit Sternschrauben ruhend. Gelber Dragoneradler mit aufgelegtem neusilbernem Reservekreuz und blau-rot lackiertem Extrabeschlag. Konvexe Schuppenketten an offiziersmäßiger Halterung. Beide Kokarden in der Form ab 1897. Eckiger Augenschirm. Offiziersmäßiges Innenfutter aus Seidenrips. Gute Erhaltung. 8 000,–/10 000,–

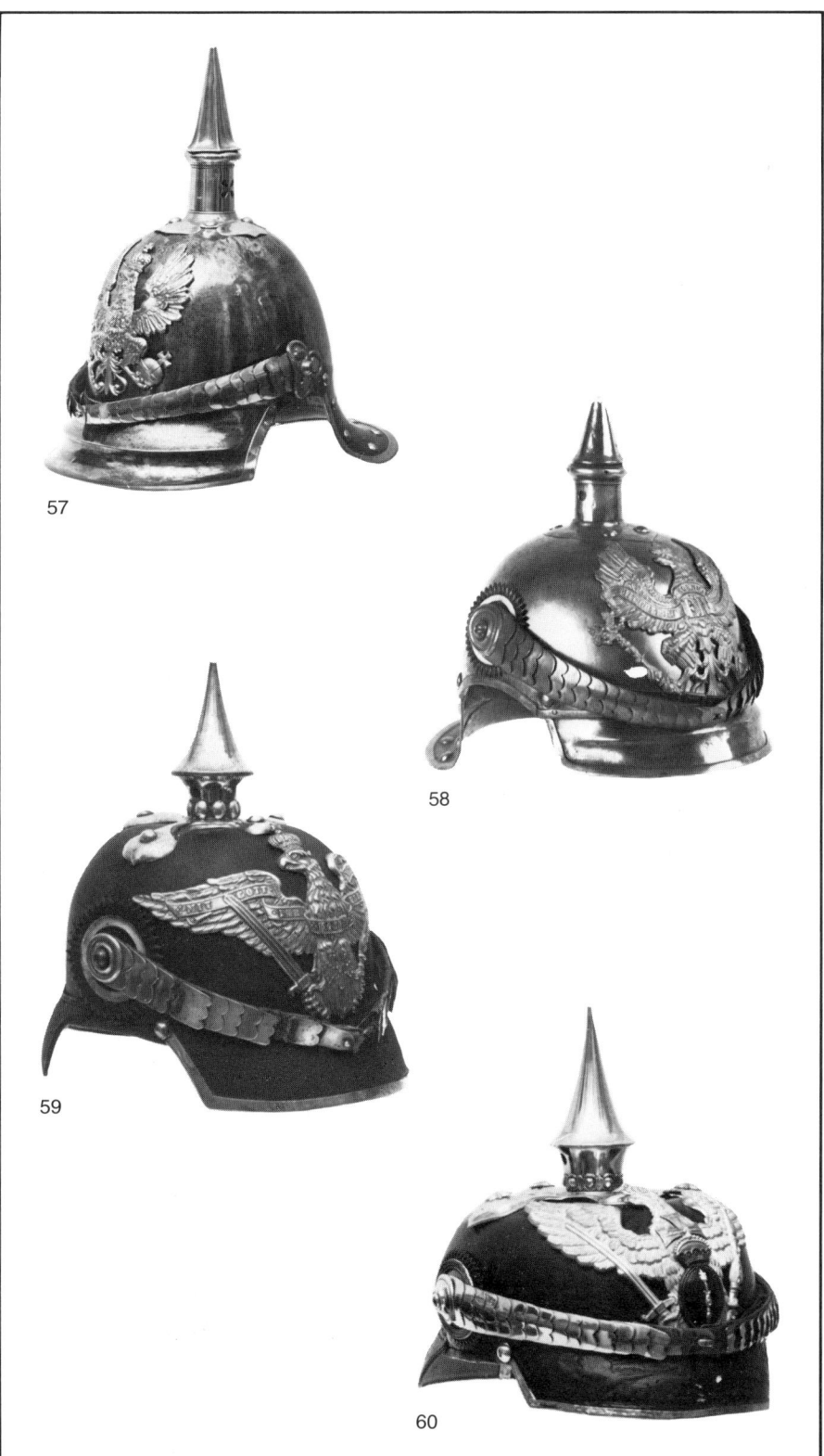

57

58

59

60

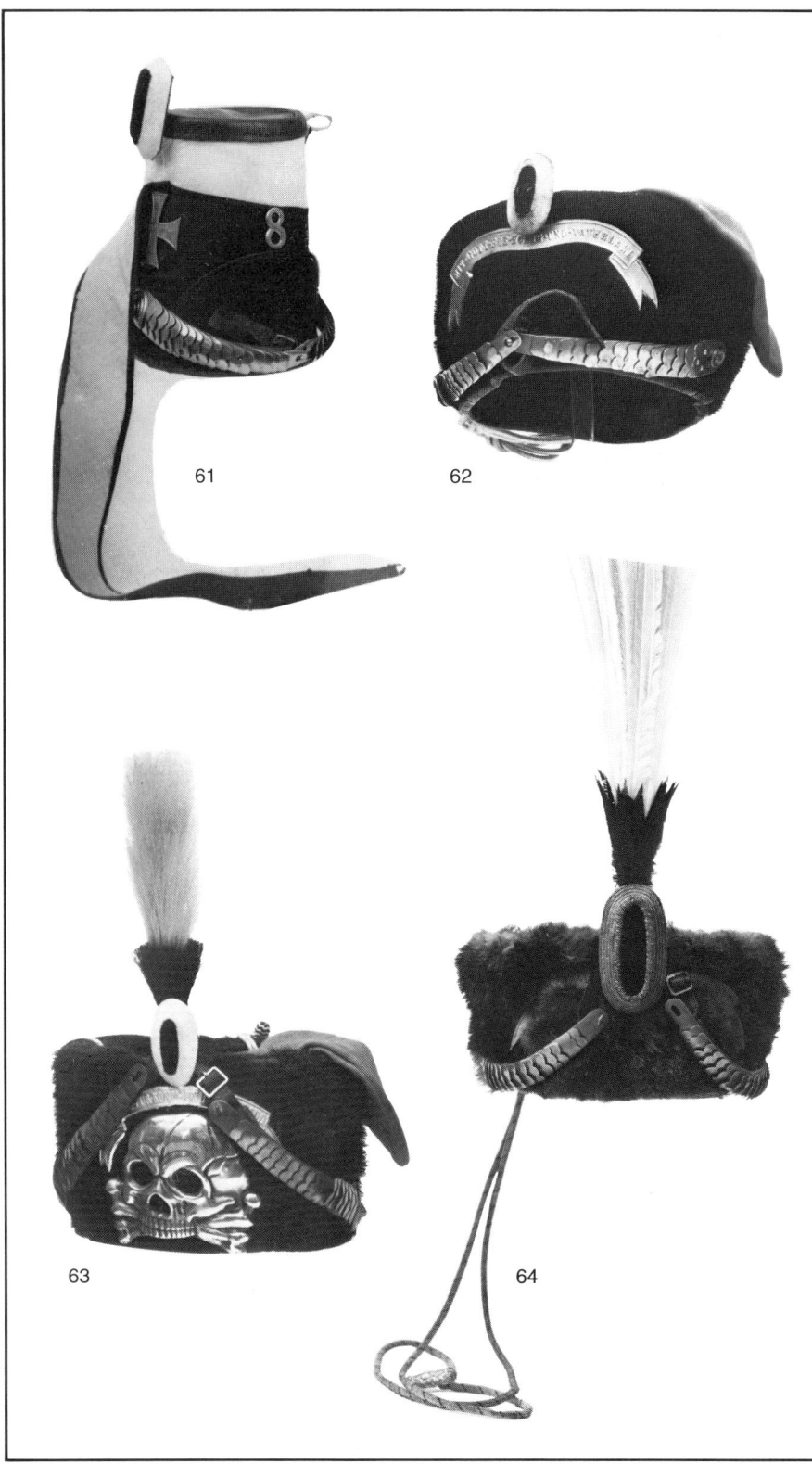

61 Flügelmütze für Mannschaften aus dem 5. preußischen Landwehr-Husarenregiment. Form in der Ausführung des 1843 eingeführten Modells. Ledertschako mit schwarzem Stoff bezogen, dieser innen weiß gefüttert und nach Bedarf flügelähnlich abknöpfbar. Schwarz-weiße Mannschaftskokarde in der älteren Form. Rechtsseitig großes silbernes Landwehrkreuz. Vorderseitig aufliegende, neusilberne »8«. Der Futterstoff des Flügels ergänzt. Die Fangschnur fehlt. Hochinteressantes, seltenes Stück in guter Erhaltung. **6000,–/8000,–**

62 Pelzmütze für Mannschaften aus dem preußischen Husarenregiment von Zieten Nr. 3. Schwarzes Seehundfell mit linksseitig herabhängendem rotem Kolpak und rechtsseitiger Fangschnur. Unterhalb des schwarz-weißen Feldzeichens das silberne Bandeau mit der Devise »Mit Gott für König und Vaterland«. Gelbe, konvexe Schuppenketten. Im Mützeninnern Kammerstempel des Bekleidungsamtes 3, 1910. Komplett mit Innenfutter. Im Pelz ein paar kahle Stellen. Ansonsten gute Erhaltung. **2500,–/3000,–**

63 Pelzmütze eines Unteroffiziers im preußischen 1. Leibhusarenregiment Nr. 1. Schwarzes Seehundfell, schwarz-weißes, mannschaftsmäßiges Feldzeichen, schwarz-weißer Parade-Roßhaarbusch. Links herabhängender roter Kolpak, rechtsseitig weiße wollene Fangschnur mit schwarzem Durchzug. Unter dem Feldzeichen neusilbernes Vaterlands-Bandeau (mit der Devise »Mit Gott für König und Vaterland«). Unter dem Bandeau großer neusilberner Totenkopf. Gelbe Schuppenketten. Im Pelzinnern Herstellerstempel aus dem Jahre 1913. Gute Erhaltung. **4000,–/4500,–**

64 Pelzmütze für Offiziere aus dem 2. rheinischen Husarenregiment Nr. 9. Pelz aus braunem Otterfell. Linksseitig heraushängender, ergänzter blauer Kolpak, rechtsseitig schwarz durchzogene silberne Fangschnur. Über dem schwarz-silbernen Feldzeichen herausragender schwarz-weißer aufrechtstehender Reiherfederbusch. Unter dem Feldzeichen goldenes Vaterlands-Bandeau mit der Devise »Mit Gott für König und Vaterland«. Gelbe, konvexe Schuppenketten. Sehr gute Erhaltung. **4500,–/5000,–**

Kopfbedeckungen

65 Tschapka für Ulanenoffiziere aus dem rheinischen Ulanenregiment Nr. 7, in der Form des 1843 eingeführten Modells. Schwarzlederner Korpus, mit gelber Paraderabatte und schwarz-silbernem Feldzeichen. Vorderseitig neusilberner Helmadler. Silberne, schwarz durchzogene Fangschnur. Gelbe, konvexe Schuppenketten. Gute Erhaltung. **6 000,–/8 000,–**

66 Eigentumstschapka eines Einjährigfreiwilligen aus dem 2. pommerschen Ulanenregiment Nr. 9. Schwarzer Helmkorpus, weiße Paraderabatte. Die bei Einjährigfreiwilligen übliche offiziersmäßige Ausstattung des Helmadlers, der Schuppenketten, des Fangschnurhakens und der Innenausstattung. Das Feldzeichen fehlt. Einige Schuppenkettenglieder grau. An der Hinterkante Lackschäden. Gute Erhaltung. **2 000,–/2 500,–**

67 Helm für Offiziere der preußischen Jäger zu Pferde. Vernickelter Helmkorpus mit eleganter kannelierter, neusilberner Spitze auf Kleeblattbeschlag. Neusilberner Dragoneradler. Gewölbte, gelbe Schuppenketten mit Kleeblatthalterung. Beide Kokarden in der Trageweise ab 1897. Gegrateter Augenschirm. Vernickelung erneuert, ebenso das Leder im Nackenschirm. Sehr gute Erhaltung. **6 000,–/8 000,–**

68 Mannschaftshelm der preußischen Jägerregimenter zu Pferde, in der feldgrauen Form ab 1910. Graue Helmglocke, in gleicher Farbe die glatte Spitze und der Dragoneradler. Sturmriemen aus Leder an der Befestigung M 91. Beide Kokarden in der Trageweise ab 1897. Feines Exemplar aus der letzten Herstellungsserie 1915. Gute Erhaltung. **3 000,–/3 500,–**

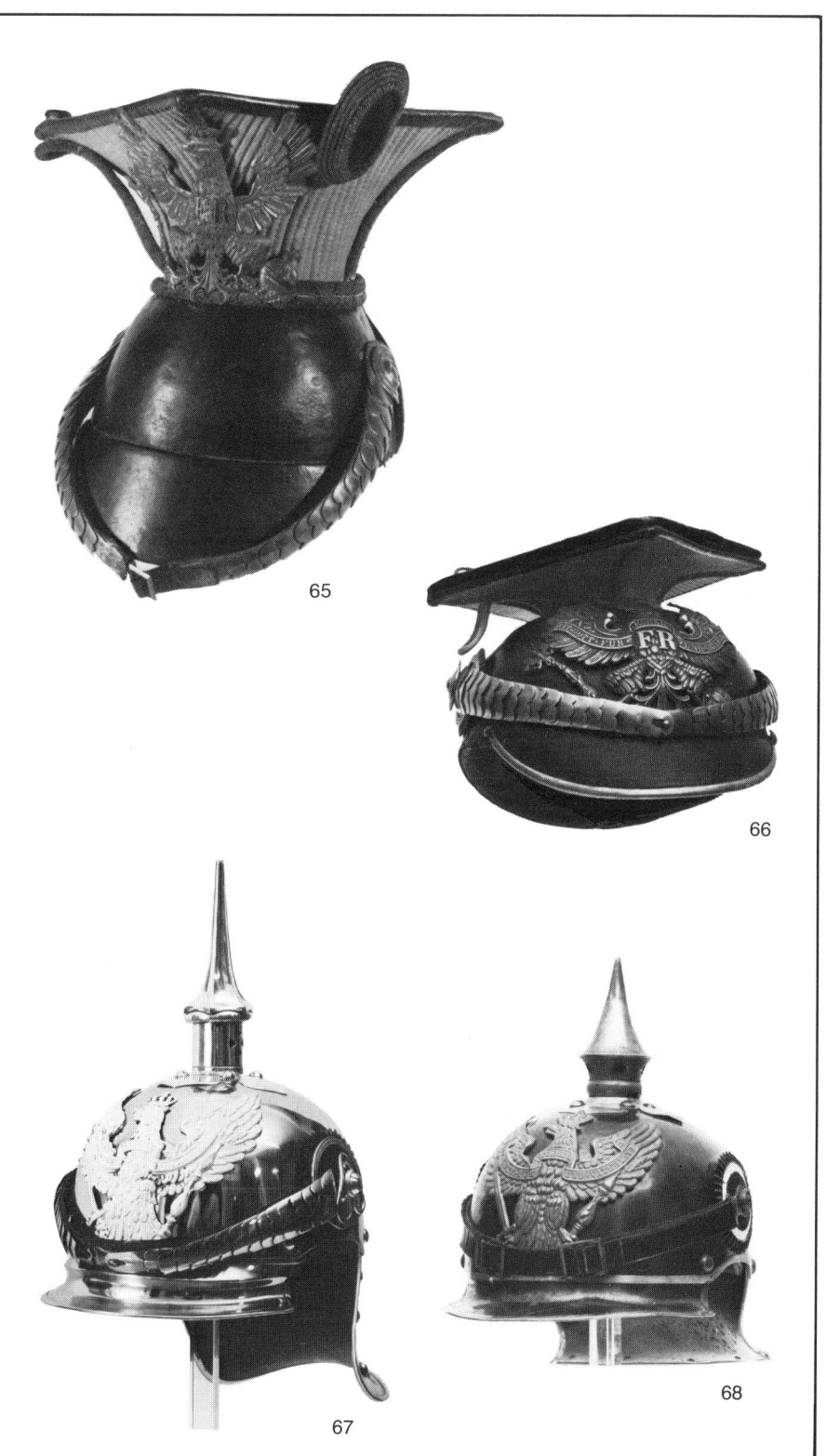

65
66
67
68

SACHSEN

69 Pelzmütze für Mannschaften des sächsischen Garde-Grenadier-Regiments, so getragen zur Parade-Uniform (zum Dienstanzug wurden Tschakos getragen). Eingeführt im Jahre 1810. Mütze aus Bärenfell, mit vorderseitig aufgelegtem geprägtem Messingschild, darauf das gekrönte Königsmonogramm »FA R« für Friedrich August I. (1806–1827). Auf dem rückseitigen, roten Deckel aufgelegte weiße, platzende Granate. Der weißwollene Behang fehlt. Originales Innenfutter. Gute Erhaltung. 15 000,–/20 000,–

70 Offiziershelm aus dem sächsischen Gardedukorps, in der Trageweise um 1810. Helmglocke und Kamm messingvergoldet. Auf dem Kamm beidseitig plastisch herausgeprägte Löwen, über dem Kamm schwarze Roßhaarraupe, diese möglicherweise eine spätere Ergänzung. Vorderseitig auf dem Kamm das Monogramm »FA« unter der Königskrone, für König Friedrich August (1806–1827). Am Bund umlaufend messingvergoldetes Eichenlaub. Flache, vergoldete Schuppenketten. Die Schuppenketten-Rosetten in Form zweier Eumeniden-Maskarons. Linksseitig weiß-grüne Kokarde. Gute Erhaltung. 25 000,–/30 000,–

71 Tschako für Mannschaften aus dem 1. sächsischen Jägerbataillon Nr. 12. Komplett mit schwarzem Paradebusch. Helmbeschlag bestehend aus neusilbernem Stern mit aufgelegtem sächsischen Wappen und Horn. Lederner Sturmriemen. Kleiner Mottenschaden im Filzbezug auf der Rückseite. Gute Erhaltung.
1 800,–/2 000,–

69

70

71

72 Helm für Mannschaften der sächsischen Gardereiter, in der Form für Parade, mit aufgeschraubtem, Schild haltendem neusilbernen Löwen. Helmglocke aus Tombak, vorderseitiges Helmemblem bestehend aus vielstrahligem, neusilbernen Stern mit aufgelegtem gelben sächsischen Rautenwappen in Lorbeerkranz. Gelbe, konvexe Schuppenketten an Halterung M 91. Beide Kokarden in der Trageweise ab 1897. Schwarzledernes Innenfutter. In der Helmglocke Kammerstempel. Gute Erhaltung. **10 000,–/12 000,–**

73 Helm für Offiziere der sächsischen Schweren Reiter in der Form des 1867 eingeführten Modells. Schwarzer Lederhelm, hoher Kamm mit aufliegender Raupe. Beidseitig verlaufend gelbe Hiebspangen. Vorderseitig aufgelegt neusilberner, vielstrahliger Stern mit gekröntem sächsischen Rautenwappen. Flache, gelbe Schuppenketten. Rechtsseitig weiß-grüne Kokarde. Im Helminnern Herstellerstempel und Jahreszahl 1870. Drei Schuppenkettenglieder fehlen. Ansonsten komplettes und gut erhaltenes Stück. **2 000,–/2 500,–**

74 Helm für Mannschaften aus dem 8. thüringischen Infanterie-Regiment Nr. 153. Schwarzlederner Helmkorpus mit glatter, gelber Spitze auf Teller. Gelber Linienadler, mit eingeprägtem Bandeau »Mit Gott für Fürst und Vaterland«. Aufgelegter neusilberner, vielstrahliger Stern, mit neusilbernem, gekröntem sächsischen Rautenwappen. Lederner Sturmriemen an Halterung M 91. Komplett mit beiden Kokarden in der Trageweise ab 1897. Im Helminnern Kammerstempel des Regimentes. Gute Erhaltung. **2 000,–/2 500,–**

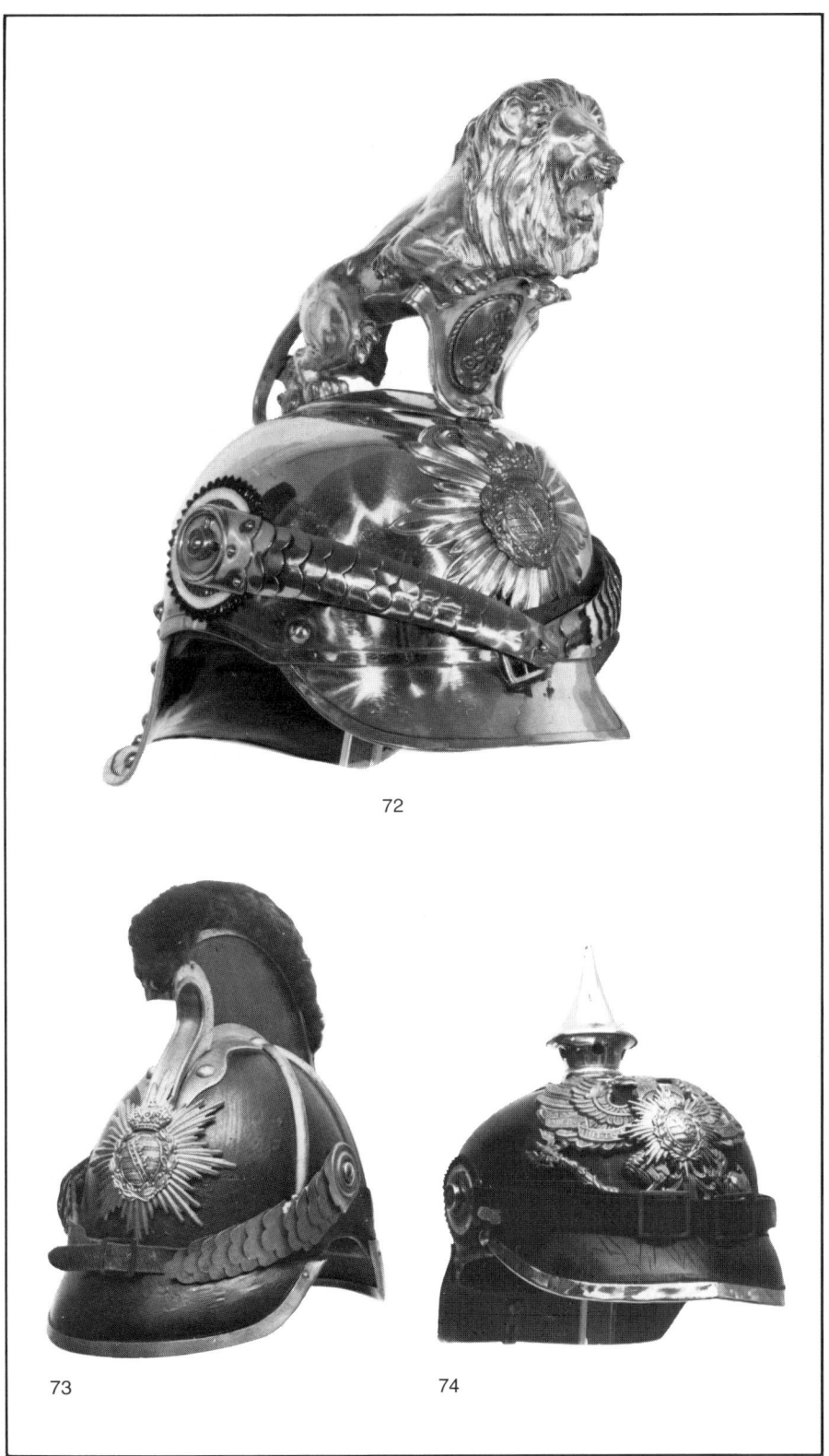

72

73   74

75

76

77

78

WÜRTTEMBERG

75 Offiziershelm aus den Infanterie-Regimentern 120 bis 122, in der Trageweise ab 1897 komplett mit schwarzem Parade-Büffelhaarbusch. Mit beiden Kokarden. Helmkorpus aus schwarzem Leder. Gelber Helmwappenbeschlag mit offiziersmäßiger, durchbrochener Krone und der württembergischen Devise »Furchtlos und treu«. Flache gelbe Schuppenketten. Eckiger Augenschirm mit gelber Helmschiene. Schirm etwas locker. Gute Erhaltung.
2 200,–/2 500,–

76 Fähnrichshelm der Artillerie. Gelbe, gesplintete Kugelspitze auf Tellerbeschlag. Offiziersmäßiger, durchbrochener Helmbeschlag mit dem württembergischen Wappen und der Devise »Furchtlos und treu«. Konvexe gelbe Schuppenketten in offiziersmäßiger Ausführung. Beide Kokarden in der Trageweise ab 1897. Runder Augenschirm mit gelber Schieneneinfassung. Offiziersmäßiges Innenfutter. Mit all diesen Besonderheiten wohl ein Eigentumsstück. Mit Koffer. Gute Erhaltung.
1 800,–/2 000,–

77 Bügelhelm, Modell 1812, aus dem Leib-Chevaulégers-Regiment Nr. 2 (seit 1874 Dragoner-Regiment Königin Olga). Hohe schwarze Lederglocke mit Kamm. Auf dem Kamm schwarzer, herabhängender Roßhaarbusch. Silberner Wappenbeschlag mit drei Hirschstangen und durchbrochener Krone, darunter die Devise »Furchtlos und treu«. Glatte Schuppenketten. Runder Augenschirm. Hochdekorative, offizielle Zentenar-Anfertigung; wie ein innen klebendes Namensschild ausweist, noch zu Paraden in der 5. Eskadron des 18. Reiter-Regiments der Reichswehr getragen. Gute Erhaltung. **1 500,–/1 700,–**

78 Tschapka für Offiziere aus dem 20. Ulanen-Regiment. Schwarzlederner Helmkorpus mit gelber Paraderabatte, rundem Augenschirm und schwarz-weiß-rotem Parade-Büffelhaarbusch. Gelbe, konvexe Schuppenketten, weißer durchbrochener Beschlag mit Devise »Furchtlos und treu«. Offiziersfeldzeichen. Sehr gute Erhaltung. **5 000,–/6 000,–**

KAISERLICH-DEUTSCHE MARINE

79 Tschako für Mannschaften der Seebataillone mit schwarzem Paradehaarbusch. Lederkorpus, gelber Beschlag und Schuppenketten an Halterung 91. Feldzeichen nicht original. Sehr gute Erhaltung.
2 500,–/3 000,–

80 Schirmmütze für Offiziere des technischen Personals (Maschineningenieure). Weißer Deckel, schwarzer Bund. Silberne, gestickte Kaiserkrone mit Bändern und Kokarde. Schwarzlederner Sturmriemen. Gute Erhaltung. **250,–/300,–**

81 Mütze eines Matrosen vom Unterseeboot Nr. 9. Komplett mit Mützenband. Dunkelblaues Mützentuch. Schwarzes Band mit eingewebter goldener Inschrift »UNTERSEEBOOT 9«. Dieses U-Boot spielte im Ersten Weltkrieg unter dem Kommando des Kapitänleutnants Weddigen eine bedeutende Rolle, daher besonders interessantes Stück. Gute Erhaltung.
800,–/1 000,–

79

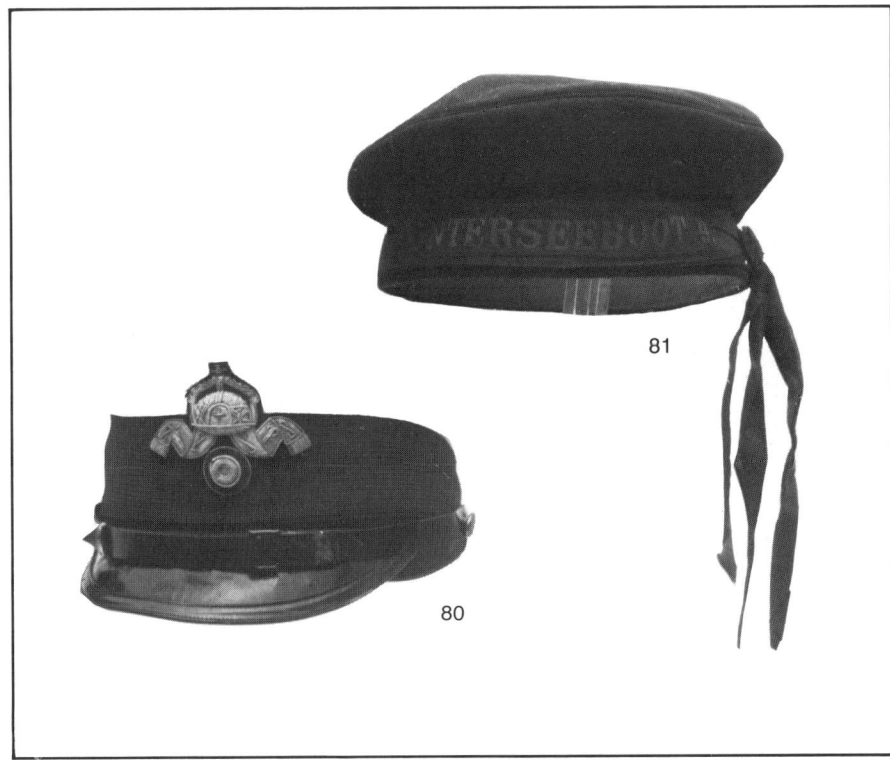

80

81

82

83

84

85

KAISERLICH-DEUTSCHE EXPEDITIONS- UND SCHUTZTRUPPEN

82 Pickelhaube für Mannschaften aus einem der beiden ostasiatischen Infanterie-Regimenter. Helmkorpus aus Leder, die Glocke mit feldgrauem Tuch überzogen. Augen- und Nackenschirm aus grüngelacktem Leder. Glatte gelbe Spitze auf gesplintetem Tellerbeschlag. Gelber Helmbeschlag aus Reichsadler und Krone. Ledersturmriemen an Halterung M 91. Rechtsseitig Reichskokarde. Seltenes Helmmodell in ausgezeichnetem Zustand.

3 500,–/4 000,–

83 Tschako für Mannschaften aus dem ostasiatischen Jäger-Bataillon. Helmkorpus aus Leder, der Bund mit feldgrünem Tuch überzogen. Augen- und Nackenschirm sowie Deckel aus grüngelacktem Leder. Ledersturmriemen an Halterung M 91. Rechtsseitig Reichskokarde. Feldzeichen in den Reichsfarben. Kleinere Mottenschäden. Mit Kammerstempel des Bekleidungsamtes Ostasien aus dem Jahre 1901. Sehr selten. Mittlere Erhaltung.

3 500,–/4 000,–

84 Tropenhelm der ostasiatischen Train-Abteilung, in der Form ab 1901. Helmkorpus mit braunem Tuch bezogen. Gelber Reichsadler, blaues Hutband mit linksseitiger Reichskokarde. Hochklappbarer Nackenschirm. Im Helminneren Trägername und Herstellerbezeichnung. Sehr selten. Gute Erhaltung.

3 500,–/4 000,–

85 Tropenhelm für Mannschaften des ostasiatischen Expeditionskorps, in der Form um 1900/1901. Helmkorpus überzogen mit khakifarbenem Tuch, eingehängtes Nackenschutztuch aus gleichem Material. Vorderseitig gelber Reichsadler mit Krone. Weißes Hutband mit rechtsseitiger Reichskokarde. Gute Erhaltung.

3 500,–/4 000,–

Kopfbedeckungen

86

87

88

86 Tropenhelm zum Tagesanzug der Offiziere der Schutztruppe in Deutsch-Ostafrika, in der Form von 1889/1891. Helmkorpus aus Kork mit weißem, segmentartig zusammengenähtem Überzug. Gelbe gekehlte Spitze auf Kreuzblattbeschlag. Gelber Reichsadler mit Krone. Flache, gelbe Schuppenketten mit offiziersmäßiger Halterung und rechtsseitiger Reichskokarde. Gelbe Helmschieneneinfassung. Innenfutter fehlt. Seltenes Stück. Sehr gute Erhaltung. **4 000,–/5 000,–**

87 Tropenhelm für Offiziere der Schutztruppe in Deutsch-Südwestafrika. Neusilberner Kreuzblattbeschlag mit glatter Spitze. Silberner Reichsadler mit geöffneten Schwingen und Krone. Vorderseitig Hutband mit Reichskokarde. Helmkorpus mit khakifarbenem Tuch überzogen. Gute Erhaltung. **3 500,–/4 000,–**

88 Tarbusch für farbige Soldaten in Deutsch-Ostafrika. Korpus mit hellbraunem Khaki überzogen, Nackentuch aus gleichem Material. Vorderseitig aufgelegter, neusilberner Reichsadler mit ausgebreiteten Schwingen. Sehr selten. Gute Erhaltung. **2 000,–/2 500,–**

89 Tropenhelm eines Waffenmeisters der kaiserlichen Schutztruppe in Kamerun und Togo. Helmkorpus aus Stroh geflochten und mit khakifarbenem Stoff bezogen. Schwarzes Hutband mit roten Vorstößen, auf der linken Seite mit metallener Reichskokarde. Sturmriemen aus Leinen. Selten. Gute Erhaltung. **1 000,–/1 200,–**

90 Hut aus der Schutztruppe in Deutsch-Südwestafrika. Feldgraues Filztuch mit kornblumenblauen Vorstößen und gleichfarbigem Hutband. Auf der rechtsseitig hochgeschlagenen Hutkrempe angebrachte Reichskokarde. Das Schweißleder mit deutlichen Tragespuren. Gute Erhaltung. **2 000,–/2 500,–**

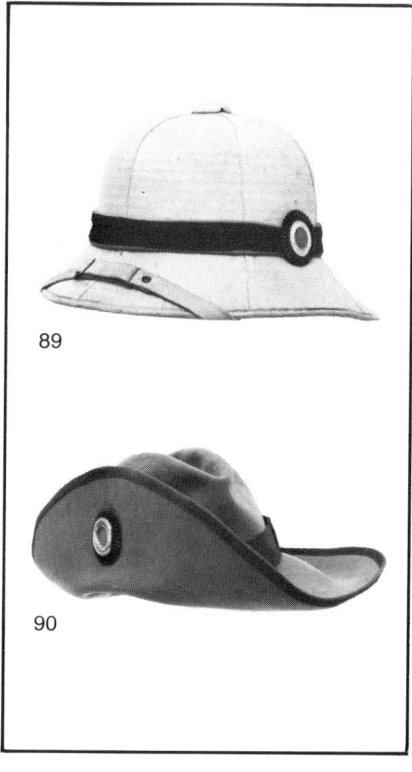

89

90

DEUTSCHES REICH

91 Stahlhelm, Modell 1916. Mit Sturmriemenhalterung M 91. Auf der Helmglocke aus Stahl Tarnbemalung. Futter und Sturmriemen fehlen, ansonsten gute Erhaltung. **600,–/800,–**

92 Stahlhelm, Modell 1916, mit der typischen Sturmriemenhalterung M 91. Stählerne Helmglocke mit Tarnbemalung. Umgeschnallter Stirnschutz für Scharfschützen an ledernem Befestigungsriemen. Gute Erhaltung. **1 500,–/2 000,–**

93 Stahlhelm, Modell 1916, mit der typischen Sturmriemenhalterung M 91. In der Anfertigungsweise ohne Augenschirm für die türkische Armee und für Scharfschützen (diese wurden beim Zielen durch den Schirm erheblich behindert, daher die Abänderung). Gute Erhaltung. **2 000,–/2 500,–**

94 Fliegerhelm. Schwarzer Lederkorpus mit besonderem Innenhelm. Schwarzer Lederschirm. Kinnriemen mit Ohrenklappen, innen angebrachter Kammerstempel. Gute Erhaltung. **1 800,–/2 000,–**

95 Fliegerhelm. Schwarzer Lederkorpus mit Augen- und Nackenschirm. Schwarzlederner Kinnriemen. Mit Kammwulst und Stirnverstärkung. Gute Erhaltung. **1 200,–/1 500,–**

Kopfbedeckungen 91

96

97

BELGIEN

96 Bärenfellmütze der Grenadiere,
mit Kammerstempel aus dem Jahre 1906.
Helmkorpus aus Leder, mit aufgelegtem
schwarzem Bärenfell. Vorderseitig gelbe,
platzende Granate. Mittlere Erhaltung.
700,–/800,–

GENF

97 Tschako für Offiziere im Militär des
Kantons Genf (19. Jh.). Schwarzlederner
Korpus, der Bund mit Filz überzogen,
Deckel und Schirm aus Leder, der Ober-
rand mit schmalem Samtbund. Helmbe-
schlag bestehend aus neusilbernem Kan-
tonswappen. Kokarde mit orange-rotem
Pompon. Flache silberne Schuppenketten.
Stoffkokarde. Gute Erhaltung.
4 000,–/5 000,–

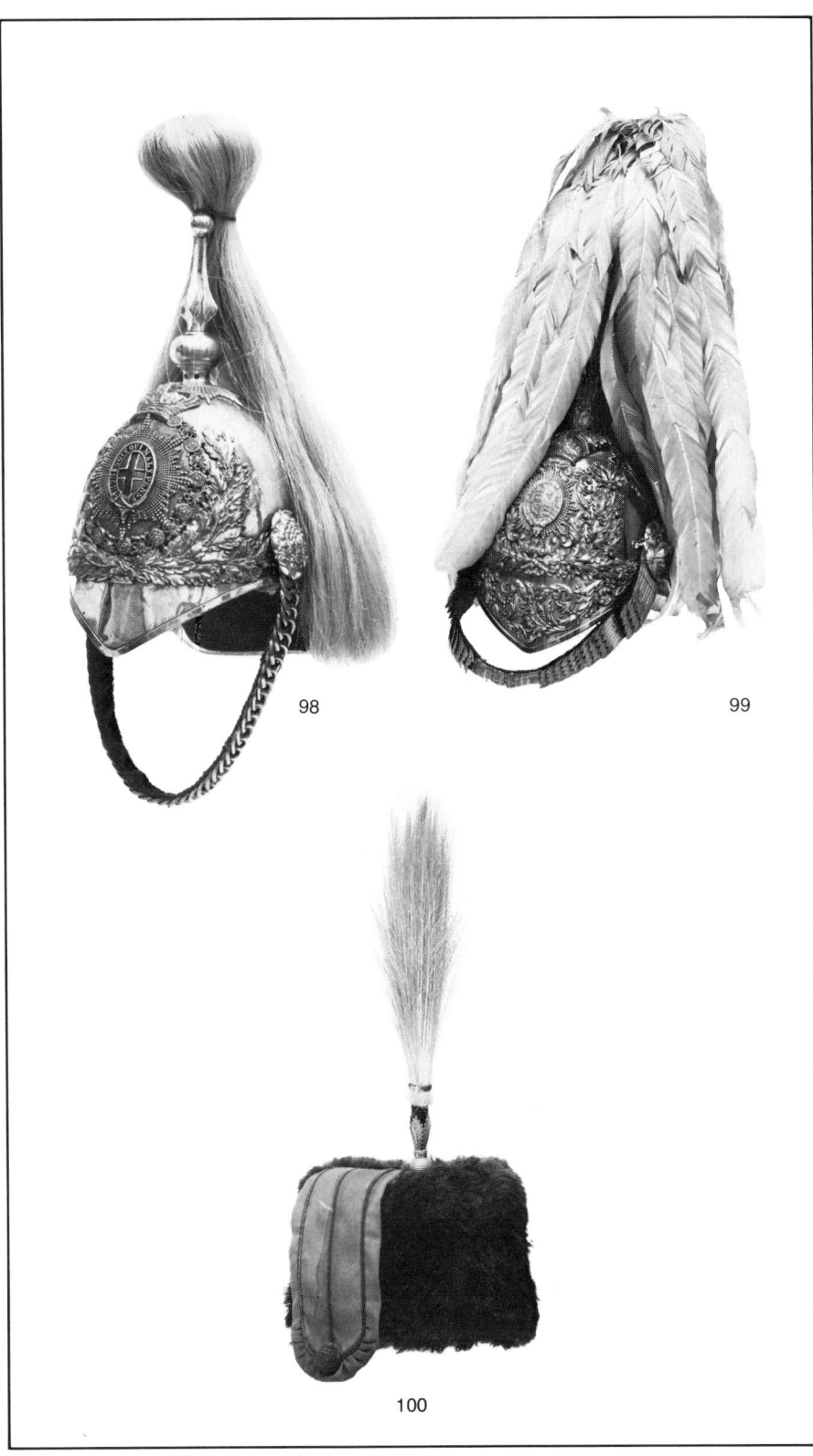

GROSSBRITANNIEN

98 Helm für Offiziere der Life Guards
mit weißem Roßhaarbusch, versilberter Helmglocke, vergoldete Beschläge, Hosenbandordenemblem emailliert. Sehr gute Erhaltung. **6 000,–/8 000,–**

99 Helm für Offiziere der Gentlemen at Arms. Vergoldete Helmglocke aus Metall mit aufgelegten neusilbernen Ranken und Stern mit goldenem Wappen. Flache, gelbe Schuppenkette an halbplastischen Löwenköpfen. Weißer Hahnenfederbusch. Im Helmfutter Trägername. Sehr gute Erhaltung. **5 000,–/6 000,–**

100 Husaren-Fellmütze (»busby«), um 1900. Korpus mit braunem Otterfell überzogen, rechtsseitig herabhängender roter Kolpak mit Silberlitzen. Weißer Reiherfederstoß in goldener Hülse. Komplett mit Innenfutter und Kinnriemen. Gute Erhaltung. **800,–/1 000,–**

Kopfbedeckungen 93

FRANKREICH

101 Tschako eines Garde-Kapitäns, um 1810. Hoher, schwarzlederner Korpus, der Bund mit schwarzem Filz bezogen, Deckel und Schirm aus Leder. Am Bund breite, goldene Borte und an den Seiten drei goldene Kapitänswinkel. Feuervergoldeter napoleonischer Adler auf Faustkeil und Blitzbündel. Mittlere Erhaltung.
6 000,–/8 000,–

102 Tschako der Linieninfanterie, in der Trageweise ab 1845, aus dem 23. Linien-Infanterie-Regiment. Hoher, filzbezogener Korpus mit Augenschirm. Am Deckel breite, goldene Borte, Puschel und Kokarde. Vorderseitig aufgelegter goldener gallischer Hahn auf Lorbeer- und Eichenlaub und durchbrochene Regimentsnummer. Flache, gelbe Schuppenketten. Mittlere Erhaltung.
1 800,–/2 000,–

103 Helm für Offiziere der Cent-Gardes, Kaiserreich, in Parade-Ausführung mit roter Plumage auf der linken Seite. Blank polierte Stahlglocke mit Messingkamm und schwarzem Roßhaarstutz über Medusenhaupt. Vorderseitig in Messing aufgelegt das Monogramm Kaiser Napoleons III. Vom Kamm herabhängender schwarzer Roßhaarbusch. Schuppenketten aus ineinandergreifenden Ringen. Gute Erhaltung.
3 500,–/4 000,–

104 Helm für Mannschaften aus dem 1. Kürassier-Regiment, in der Form um 1830. Stahlglocke mit Messingkamm, dieser mit eingeprägten Fischblasen und herabhängendem Roßhaarschweif. Vorderseitig aufgelegtes neusilbernes Emblem bestehend aus Kürass mit der Regimentsnummer 1. Gute Erhaltung.
4 000,–/4 500,–

105 Mannschaftshelm für Dragoner, in der Form um 1840. Blanke Stahlglocke, Messingkamm mit Fischblasen, Medusenhaupt, schwarzem Roßhaarstutz und herabfallendem schwarzen Roßhaarschweif. Linksseitig Hülse für die Plumage. Bund aus Tigerfell. Schuppenkette aus miteinander verbundenen Messingringen. Gute Erhaltung.
3 500,–/4 000,–

ÖSTERREICH-UNGARN

106 Helm eines Offiziers der Kaiserlichen Arcieren (»Bogenschützen«)-Leibgarde, in der Form um 1900. Neusilberner Helm mit vergoldeten Beschlägen, weißer Büffelhaarbusch und stehender Doppeladler. Extrem selten. **20 000,–/22 000,–**

107 Zweispitz für Generale. Schwarzer Filz mit breiter, goldener Generals-Distinktionsborte und herabhängendem grünen Geierfederstoß. Im Originalkoffer. Form um 1900. Sehr feine Erhaltung.
2 000,–/2 500,–

108 Parade-Tschako für ungarische Generale, in der Form um 1900. Tschako aus schwarzem Leder mit breiter goldener Distinktionsborte am Bund. Geflochtene, goldene Schnurverzierung mit anhängender Agraffe. Der Augenschirm mit Goldfäden bestickt. Grüner Geierfederstoß für Parade. Vergoldetes Feldzeichen und Stirnbeschlag. Sehr gute Erhaltung.
5 000,–/5 500,–

Kopfbedeckungen 95

109 Helm für Offiziere der Leibgarde-Infanterie-Kompanie und der Leibgarde-Reitereskadron. Helmglocke aus schwarzem Stahlblech, vorderseitig aufgelegter vergoldeter Doppeladler. Schuppenketten ebenfalls vergoldet und an halbplastischen Löwenköpfen befestigt. Helmschieneneinfassung gelb. Schwarzer Parade-Roßhaarbusch auf Kreuzblattbeschlag. Komplett mit Innenfutter. Sehr gute Erhaltung.
4 500,–/5 000,–

110 Kaskett (Lederhelm)-Vorderschild für Unteroffiziere der Infanterie, in der Form des Modells 1779. Leder mit aufgelegtem Messingschild und gemusterter, wollener Distinktionstresse. Die Tresse etwas schadhaft und verfärbt. Mittelmäßige Erhaltung.
2 500,–/3 000,–

111 Parade-Tschako eines Oberleutnants der Infanterie, in der Form um 1900. Tschako mit schwarzem Filz bezogen, am Oberrand 4,5 cm breite goldene Distinktionsborte. Vorderseitig aufgelegter vergoldeter Doppeladler. Gesticktes Feldzeichen. Der Schirm ebenfalls bestickt. Gute Erhaltung.
600,–/800,–

112 Parade-Tschako eines Stabsoffiziers der Artillerie. Korpus mit schwarzem Tuch bezogen. Dreifach unterteilte, viermal 2,5 cm breite goldene Distinktionsborte. Schwarzer, linksseitig gerraffter, für die Artillerie typischer Roßhaarbusch. Beidseitig Löwenkopfhalterung für die am Feldzeichen aufgesteckte Schuppenkette. Gute Erhaltung.
1 000,–/1 200,–

113 Helm für Offiziere der Dragoner-Regimenter, aus der Regierungszeit Franz I. (1804–1835). Helmkorpus aus schwarz lackiertem verzinnten Blech. Hoher goldener Kamm, mit beidseitig ausgeprägtem Löwen und Lorbeerblättern. Vorderseitig goldenes Stirnschild mit dem aufgelegten Monogramm »F 1«. Seitlich je zwei Hiebspangen. Nach hinten gelegte Schuppenketten an Löwenkopfhalterung. Im Helminneren Herstellerbezeichnung. Originales Innenfutter. Sehr gute Erhaltung.
6 000,–/8 000,–

114 Helm für Dragoner-Offiziere, Modell 1905. Ein später Nachfahre des in der vorigen Abbildung beschriebenen Stückes. Geändert hat sich insbesondere die Helmglocke, die wesentlich flacher geworden ist. Vorne ist der mit dem Regierungsantritt Franz Josephs I. eingeführte Doppeladler aufgelegt. Schöne Erhaltung. 2 000,–/2 500,–

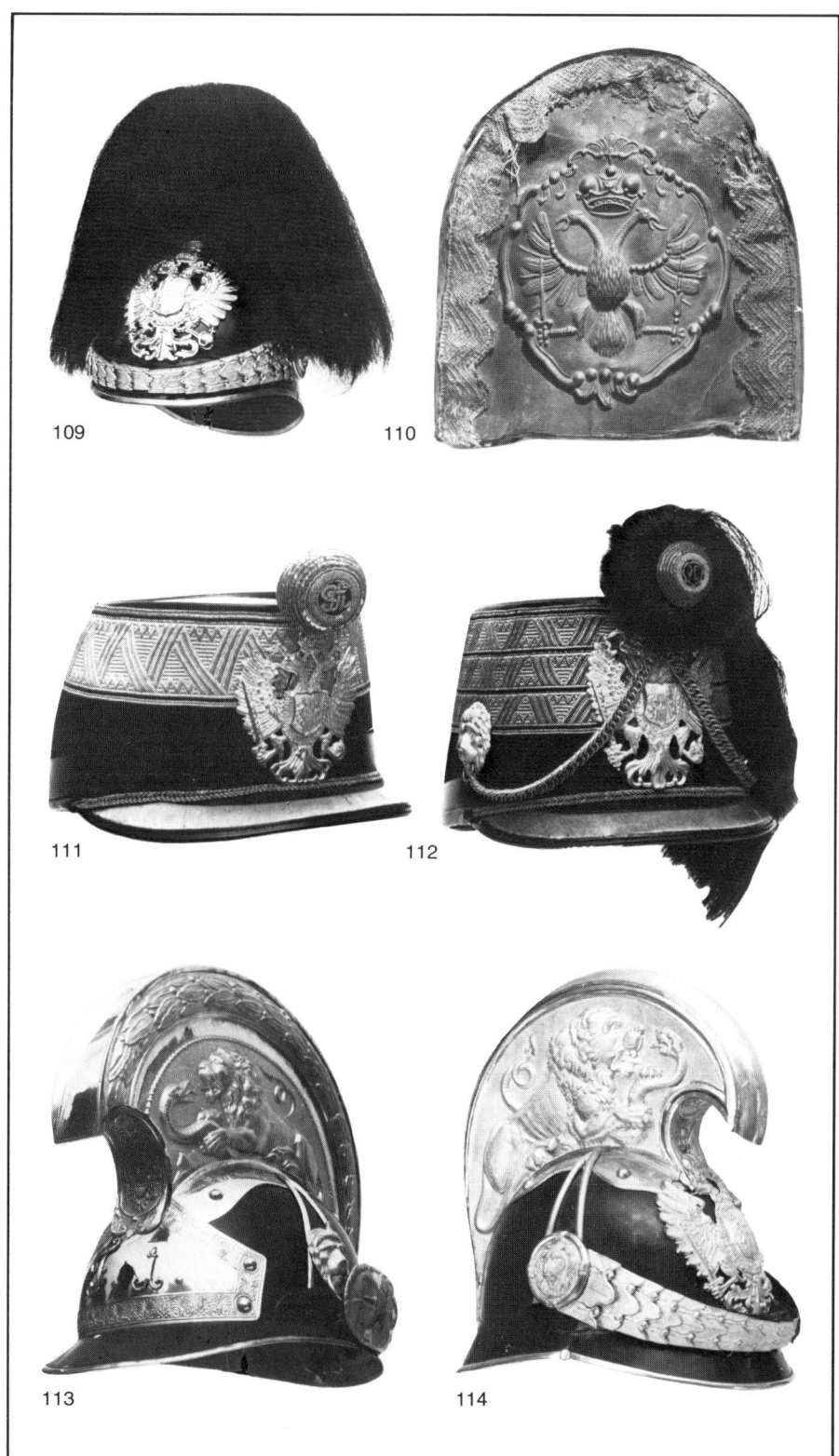

109   110
111   112
113   114

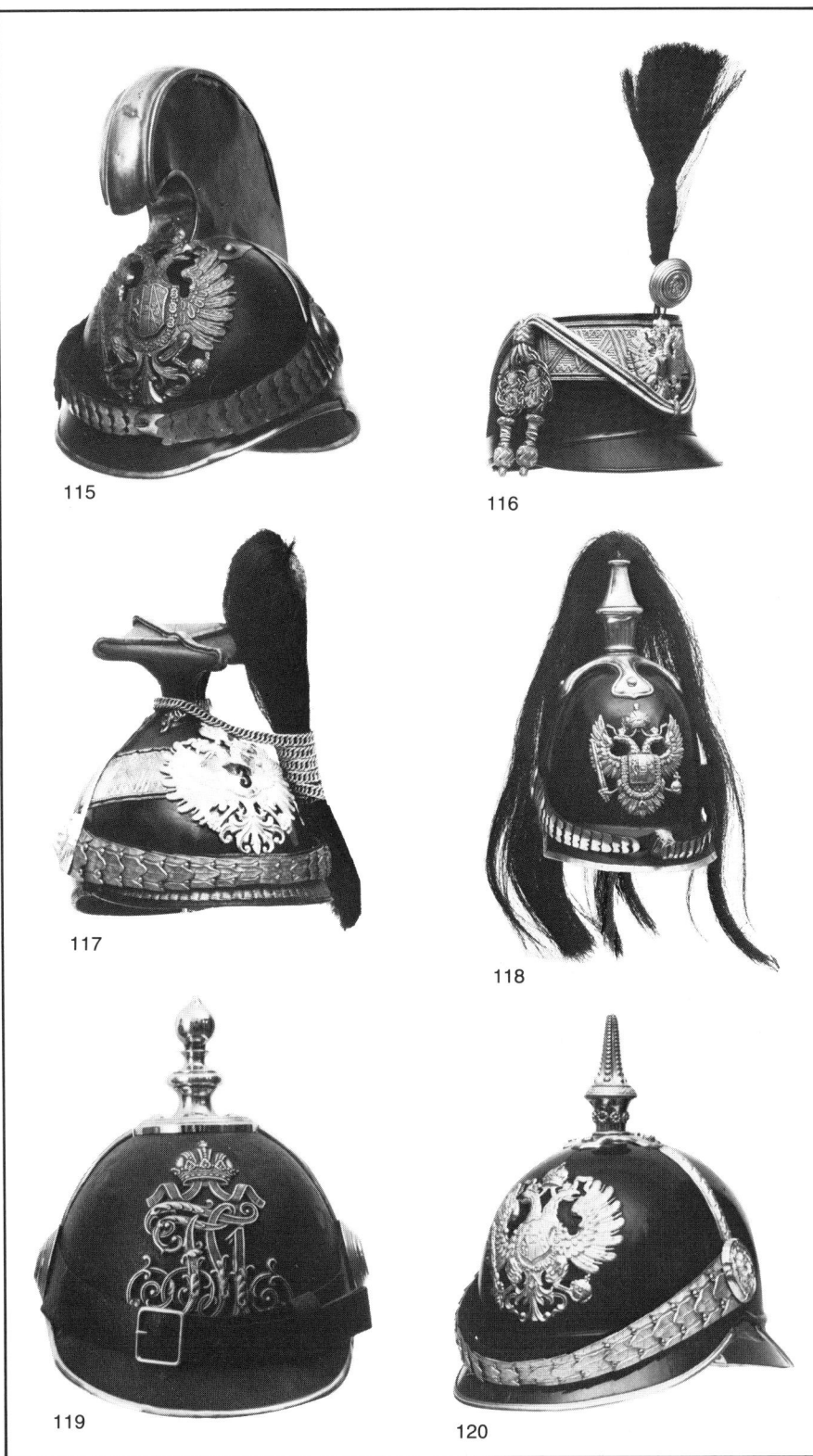

115 Helm für Dragoner-Unteroffiziere, Modell 1905. Im Prinzip wie bei der vorhergehenden Abbildung, jedoch fehlt auf dem Kamm der geprägte Löwe. Die Schuppenketten und die Schuppenkettenhalterung sind einfacher. Auch ist der Doppeladler nicht so fein und das Innenfutter schlichter. 1500,–/2000,–

116 Parade-Tschako eines Hauptmanns aus dem 1. Husaren-Regiment »Kaiser Franz Joseph«, in der Form um 1900. Korpus mit dunkelblauem Tuch überzogen, am Deckelrand 4,5 cm breite goldene Distinktionsborte. Um den Tschako gelegt zweifache goldene Schnurverzierung mit Agraffe und Quasten. Vorderseitig aufgelegter Doppeladler mit durchbrochener »1«. Aufgestecktes, vergoldetes Feldzeichen. Schwarzer Parade-Roßhaarbusch. Gute Erhaltung. 2000,–/3000,–

117 Parade-Tschapka eines Oberleutnants aus dem 3. Ulanen-Regiment »Karl Erzherzog«, in der Form um 1900. Krapprotes Kuvert, 5 cm breite goldene Distinktionsborte. Der Augenschirm aluminiumbestickt. Vorderseitig aufgelegter Doppeladler mit durchbrochener Regimentsnummer »3«. Seitlich gesteckter schwarzer Roßhaarbusch, mit einem goldenen Kettchen gehalten. Schuppenketten in Lorbeerblattform und an Löwenkopfhalterung. Sehr gute Erhaltung. 2800,–/3000,–

118 Helm der Bürgerwehr, um 1850 bis 1860. Hohe, schwarz lackierte Metallglocke. Neusilberner Kreuzblattbeschlag, mit Trichter und herabhängendem schwarzen Roßhaarbusch. Vorderseitig aufgelegter Doppeladler, ebenfalls neusilbern. Eckiger Augenschirm, flache neusilberne Schuppenketten. Sehr seltenes Helmmodell. Gute Erhaltung. 1500,–/2000,–

119 Helm für Mannschaften der Wiener k. k. Sicherheitswache, entsprechend der Adjustierungsvorschrift von 1884. Schwarz lackierter, metallener Helmkorpus mit vernickelten Beschlägen. Spitze auf Tellerbeschlag, vorderseitig die Initialen »FJ 1« für Kaiser Franz Josef I. Schwarzlederner Sturmriemen. Sehr seltenes Helmmodell. Gute Erhaltung. 2500,–/3000,–

120 Helm für Offiziere der Gendarmerie, in der Form um 1900. Helmkopfteil aus schwarz lackiertem, verzinntem Blech. Vergoldete Spitze auf Kreuzblatt, seitlich jeweils eine Hiebspange. Vorderseitig aufgelegter goldener Doppeladler. Goldene Lorbeer-Schuppenketten an Löwenkopfhalterung. Sehr gute Erhaltung. 2000,–/2500,–

Kopfbedeckungen 97

RUSSLAND

121 Paradehelm für Offiziere des Chevalier-Garde-Regiments der Kaiserin, in der Trageweise von 1910 bis 1914. Glocke aus Tombak nach preußischem Muster. Auf der Glocke aufgeschraubter, silberner, gekrönter Doppeladler mit dem Wappen von Moskau (Hl. Georg) im Brustschild. Vorne aufgelegt silberner Stern des Andreas-Ordens mit emailliertem Medaillon. Gewölbte, vergoldete Schuppenketten, weiße Helmschienenfassung. Kokarden fehlen. Mittlere Erhaltung.
24 000,–/26 000,–

122 Helm für Mannschaften der Dragoner-Regimenter, in der Form ab 1910. Glocke aus geschwärztem Leder, vorderseitig aufgelegter Doppeladler in Neusilber. Gewölbte Schuppenkette und Helmschieneneinfassung aus demselben Metall. Quer verlaufende weiße Büffelhaarraupe, auf der rechten Seite russische Kokarde. Im Innenleder Kammerstempel aus dem Jahre 1910. Gute Erhaltung.
4 000,–/5 000,–

123 Tschapka für Ulanen-Offiziere, im Format nach 1815. Dunkelblauer Tuchüberzug, auf dem Deckel eine gekreuzte silberne Tresse. Schwarzlederner Bund, runder Augenschirm. Vorderseitig aufgelegt feuervergoldeter Doppeladler mit dem Hl. Georg im Brustschild. Messing-Schuppenkette an Sternschraubenhalterung. Komplett mit Fangschnur. Dazu passender Koffer. Aus dem Besitz eines hessischen Prinzen in kaiserlich-russischen Diensten. Im Helm noch das Herstelleretikett aus Kassel. Gute Erhaltung.
6 000,–/8 000,–

SCHWEDEN

124 Helm für Mannschaften der Infanterie, Modell 1845. Glocke in der Form des preußischen Modells von 1843, jedoch ohne eckigen Augenschirm. Gelbe Spitze auf genietetem Kreuzblatt. Vorderseitig das schwedische Dreikronen-Wappen, umrahmt von der Kollane des Seraphinen-Ordens. Breite gelbe Schuppenkette mit Rosetten und vorspringenden Halteschrauben. Sehr guter Zustand.
3 800,–/4 200,–

121

122

123

124

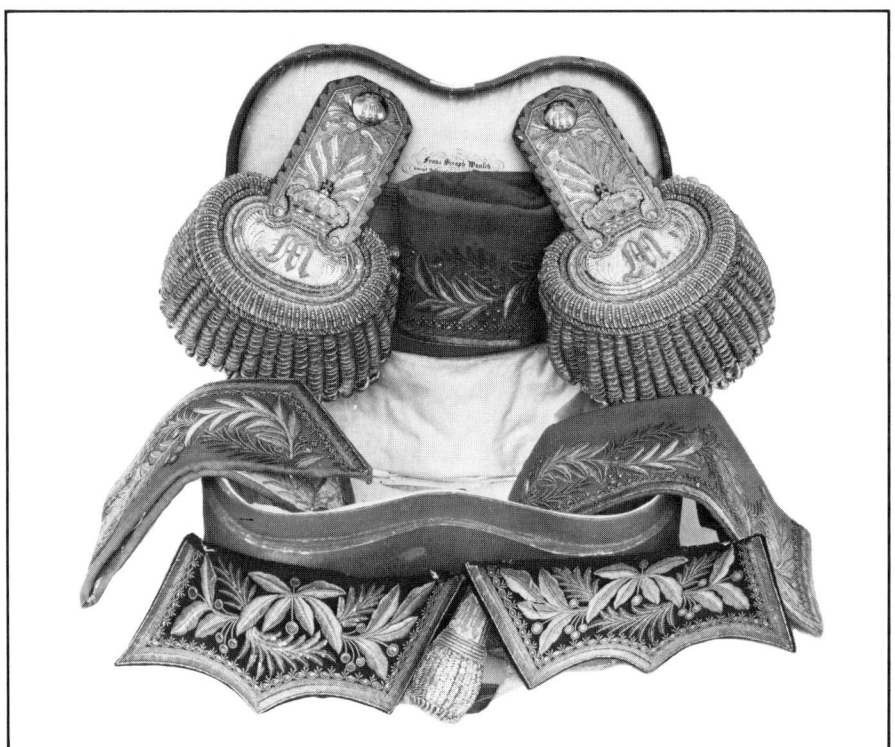

Uniformen – Uniformteile

BAYERN

125 Ein Paar Epauletten, zwei Paar Schoßtaschenleisten und ein Kragen zum Galarock eines hohen bayerischen Hofbeamten um 1850. Dazu 18 vergoldete bayerische Wappenknöpfe und ein goldenes Degenportepee. Die Epauletten in rotlederner Schachtel mit goldenem Aufdruck der Münchener Herstellerfirma Wünsch. Gute Erhaltung. **1 200,–/1 400,–**

126 Rock eines hohen Staatsbeamten, in der Trageweise um 1850. Rock aus rotem Tuch, mit hoher Goldstickerei. Auf den Schultern goldene und ebenfalls gestickte Epauletten mit Monogramm »M« auf silbernem Grund. Gute Erhaltung. **1 800,–/2 500,–**

127 Gala-Waffenrock eines Hartschiers der königlich–bayerischen Leibgarde der Hartschiere. Blaues Tuch mit schwarzsamtenen Aufschlägen. Reicher, quer verlaufender Silbertressenbesatz auf der Brust. Kammerstempel aus dem Jahre 1899. Gute Erhaltung. **5 800,–/6 400,–**

Uniformen – Uniformteile

128 Silbernes Portepee zum Kammerherrenschlüssel. Goldgesticktes »M« für König Maximilian II. (1848–1864). Rückseitig Herstelleretikett der Münchener Firma »Wünsch«. Gute Erhaltung. **550,–/620,–**

129 Silbernes Portepee zum Kammerherrenschlüssel. Mit gesticktem Monogramm »MJ« für Maximilian IV. Joseph (1799–1825). Gute Erhaltung. **1 000,–/1 200,–**

130 Mannschafts-Ulanka eines Gefreiten aus dem 2. Ulanen-Regiment König in Ansbach um 1900. Stahlgrünes Tuch; Kragen, polnische Aufschläge und Vorstöße pompadourrot. Komplett mit Epauletten. Am rechten Oberarm zweifaches Fechtabzeichen, am linken Signalistenabzeichen. Dazu das Krätzchen. Gute Erhaltung. **600,–/700,–**

131 Feldgrauer Offiziers-Waffenrock aus dem Bezirkskommando München. Zwei eingesetzte Schoßtaschen, brandenburgische Aufschläge, gelbe Knöpfe mit geprägtem bayrischem Löwen. Schulterstücke mit gelbmetallener Auflage »M« und zwei Rangsternen (Hauptmannsrang). Mittlere Erhaltung. **500,–/600,–**

132 Waffenrock eines Gefreiten aus dem 2. Infanterieregiment Kronprinz in München. Dunkelblaues Tuch, ponceauroter Kragen, Ärmelaufschläge in brandenburgischer Form mit weißen Vorstößen. Gelbe Knöpfe. Schulterklappen mit gesticktem, gekröntem Monogramm. Gefreitenknöpfe am Kragen fehlen. Mittlere Erhaltung. **300,–/500,–**

133 Ein Paar Epauletten für einen Generalleutnant zur Disposition (19. Jh.), Trageweise zum Paradewaffenrock. Feld, Schieber und feststehende Kantillen silbern, der Halbmond golden. In Originalkarton. Sehr gute Erhaltung. **800,–/1 200,–**

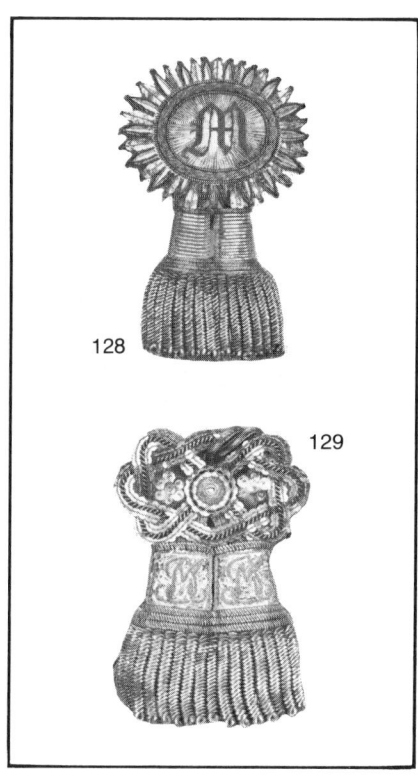

128

129

130

131

132

133

134

135

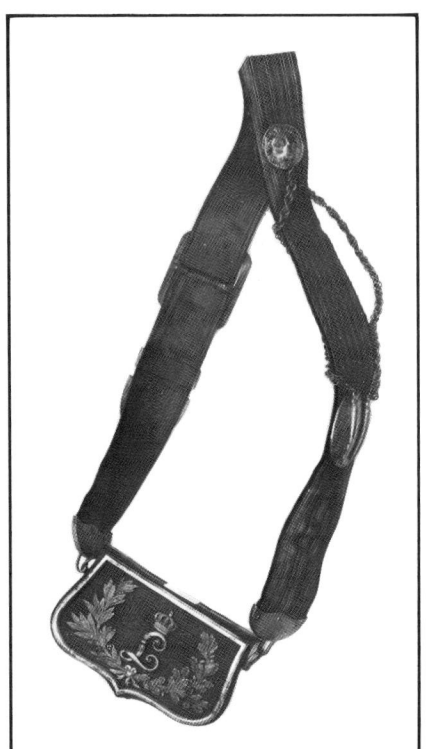

136

137

BRAUNSCHWEIG

134 Säbeltasche für Rittmeister und Subalternoffiziere im Braunschweigischen Husaren-Regiment Nr. 17, Paradeausführung. Tasche aus rotem Leder, der Deckel mit rotem Tuch bespannt. In der Mitte goldgesticktes Monogramm »W« für Herzog Wilhelm (1830–1884) und Krone. Rundherum feine goldene Stickereien. Sehr gute Erhaltung.
2 800,–/3 200,–

HANNOVER

135 Rock eines Infanterie-Offiziers, aus der ersten Hälfte des 18. Jahrhunderts. Der Rock ist aus grobem rotem Tuch gearbeitet, die Ärmelaufschläge sind dunkelblau. Eingeschnittene Taschen mit überhängenden Patten. Der Zeit entsprechend gute Erhaltung. **5 000,–/6 000,–**

HESSEN (GROSSHERZOGTUM)

136 Kartuschkasten für Offiziere der Dragoner-Regimenter 23 und 24. Schwarzlederner Kasten mit versilberten Beschlägen. Im Mittelfeld des Deckels ein gekröntes »L« für Großherzog Ludwig III. (1848–1877) oder Ludwig IV. (1877–1892) in halboffenem Lorbeer- und Eichenlaubkranz. Bandelier mit silberner Tresse und roten Durchzügen. Gute Erhaltung. **1 200,–/1 500,–**

137 Mannschafts-Waffenrock aus dem Garde-Dragoner-Regiment (1. Großherzoglich-hessisches) Nr. 23, in der Form um 1900. Dunkelgrünes Tuch, weiße Gardelitze, weiße Knöpfe, die Schulterklappen mit dem gekrönten Monogramm »L« (Großherzog Ernst Ludwig, 1892–1918). Im Innenfutter Kammerstempel »23.D.R.1906«. Mittlere Erhaltung.
600,–/800,–

Uniformen – Uniformteile 101

MECKLENBURG

138 Waffenrock für Offiziere aus dem großherzoglich-mecklenburgischen Grenadier-Regiment Nr. 89. Dunkelblaues Tuch, rote Vorstöße, silberne Knöpfe. Der Kragen und die Ärmelaufschläge mit reicher Silberstickerei. So nur getragen vom 1. und 3. Bataillon (Standort Schwerin. Das 2. Bataillon stand in Neustrelitz, Großherzogtum Mecklenburg-Strelitz). Gute Erhaltung. **1 500,–/1 800,–**

139 Kartuschkasten für Offiziere aus dem mecklenburgischen Dragonerregiment 17 oder 18, in der Form zu Ende des 19. Jh. Neusilberner Kasten mit gelbem achtstrahligem Stern, darin das mecklenburgische Wappen. Goldbetreßtes Bandelier mit rotem und blauem Durchzug. Silberne Beschläge. Gute Erhaltung. **1 800,–/2 000,–**

138

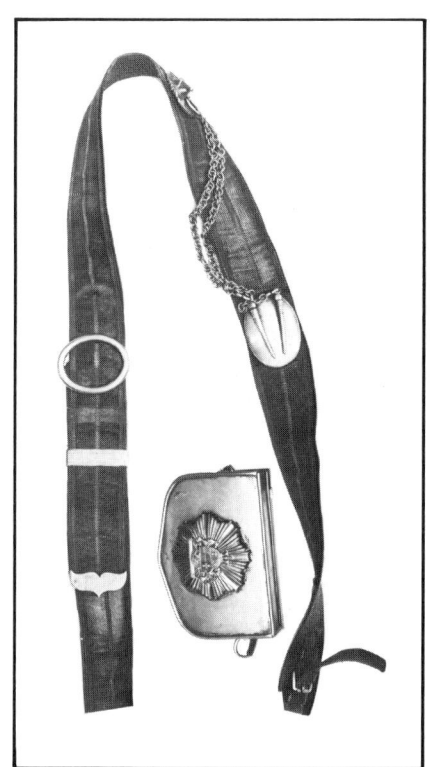
139

PREUSSEN

140 Ein Paar Epauletten und Schulterstücke für einen Generaloberst. Die Epauletten mit feststehenden Kantillen (schraubenförmig gedrehten Schnüren), gelben Halbmonden und vier goldenen Rangsternen auf silbernem Grund. Die Tresse mit schwarzen Durchzügen, die Unterfütterung rot. Die Schulterstücke aus zwei goldenen und einer silbernen Schnur geflochten, die silberne Schnur mit schwarzen, winkelförmigen Durchzügen. Aufgelegt vier goldene Rangsterne. Alle Stücke zusammen im Originaletui. Sehr gute Erhaltung. **2 400,–/2 600,–**

141 Ein Paar Epauletten für einen Generalleutnant. Gleiche Ausführung wie die in Abbildung 141 beschriebenen Epauletten, jedoch nur mit einem Rangstern. Gute Erhaltung. **800,–/1 200,–**

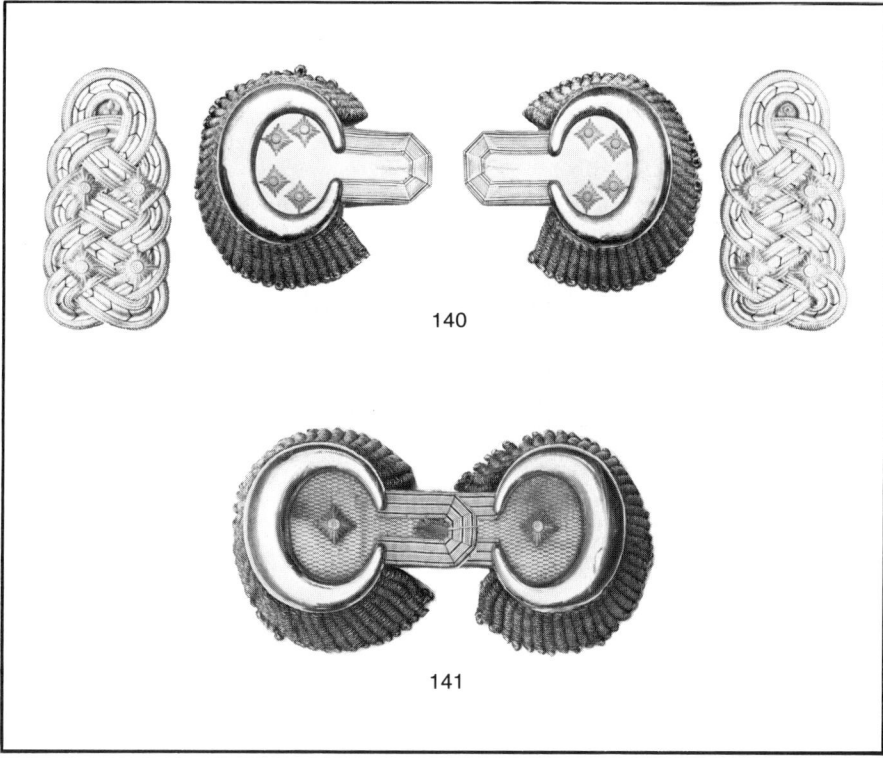
140

141

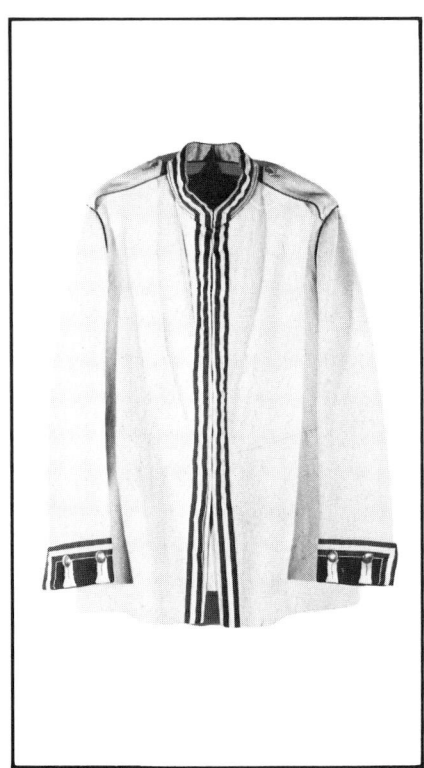

142

143

144

145

142 Koller für Mannschaften aus dem Regiment der Gardedukorps. Weißes Tuch, der Kragen und die Vorstöße sowie die Ärmelaufschläge mit rot-weißer Tresse besetzt. Weiße Achselklappen mit rotem Vorstoß. Im Inneren des Kollers Kammerstempel. Unter den Achseln leichte Verfärbung. Insgesamt gute Erhaltung.
2 000,–/2 500,–

143 Koller eines Oberstleutnants im Gardekürassier-Regiment. Tuch aus weißem Jersey. Am Kragen, an den Vorstößen und Ärmelaufschlägen silberne Litzen mit blauen Durchzügen. Auf den Schultern die passenden Epauletten mit silbernen Kantillen. Sehr gute Erhaltung.
3 800,–/4 500,–

144 Waffenrock eines Grenadiers aus dem Königin-Augusta-Gardegrenadier-Regiment Nr. 4. Dunkelblaues Tuch mit roten Vorstößen. Kragen und Aufschläge mit weiß-roten Gardelitzen. Blaue Schulterklappen mit rot gesticktem, gekröntem Monogramm. Sehr gute Erhaltung.
850,–/1 000,–

145 Husaren-Attila, in der Form des 1815 eingeführten Modells. Hellblaues Tuch mit reicher goldener Verschnürung. Auf den Schultern Schulterschnüre aus silberner Schnur mit schwarzen Durchzügen (Leutnantsrang). Sehr kleine Ausführung, daher wahrscheinlich von einem Prinzen getragen. Außerordentlich gute Erhaltung für ein Stück aus dieser Zeit.
5 800,–/6 200,–

Uniformen – Uniformteile 103

146 Attila eines Wachtmeisters aus dem Leibgardehusaren-Regiment. Rotes Tuch, gelbe Verschnürung, vergoldete Knebel und Rosetten. Auf der Schulter Schulterschnüre. Schulterknöpfe ergänzt. Innenfutter schadhaft. Mittlere Erhaltung.
1 000,–/1 200,–

147 Waffenrock eines Leutnants aus dem Gardepionier-Bataillon, in der Form um 1900. Dunkelblaues Tuch, rote Vorstöße. Kragen und Ärmelaufschläge aus schwarzem Samt mit Silberstickerei. Weiße Knöpfe. Im Rockinneren Schneideretikett. Komplett mit Schulterstücken. Im Tuch einige kleinere Mottenschäden. Gute Erhaltung. 1 000,–/1 200,–

148 Ulanka eines Gefreiten aus dem Ulanen-Regiment Hennings von Treffenfeld (Altmärkisches) Nr. 16. Dunkelblaues Tuch mit weißen Vorstößen. Kragen und Ärmelaufschläge hellblau und mit silberner Tresse besetzt. Silberne Knöpfe. Auf den Schultern Epauletten mit dem bekrönten Namenszug von König Georg von Sachsen (ab 1902). Im Innenfutter Namensetikett des Trägers. Gute Erhaltung.
800,–/1 000,–

149 Rock eines Forstbeamten im Hauptmannsrang. Dunkelgrünes Tuch, Kragen und Aufschläge schwarz. Rote Vorstöße, vergoldete Knöpfe. Auf dem Kragen reiche Goldstickerei. Auf den Schultern Epauletten mit vergoldeten Halbmonden. Feld und Schieber aus dunkelgrünem Tuch mit preußischem Wappenschild und zwei goldenen Rangsternen. Sehr gute Erhaltung. 600,–/700,–

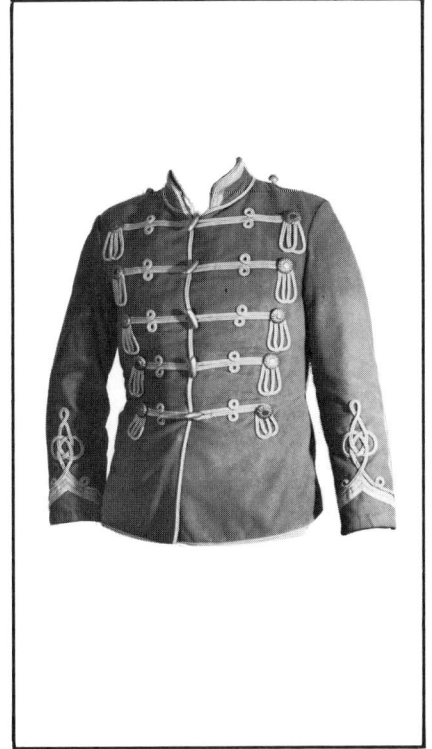

146

147

148

149

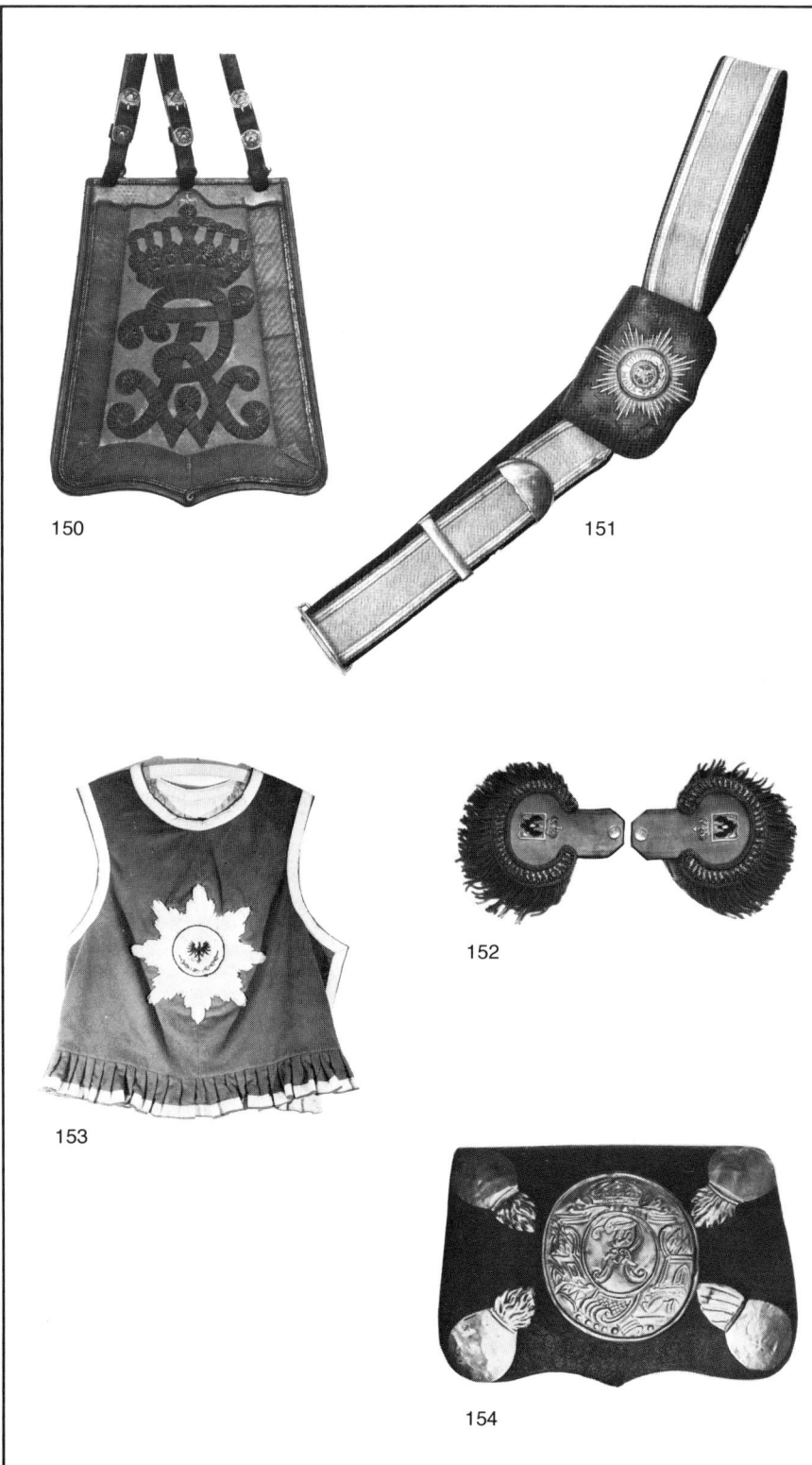

150 Säbeltasche für Offiziere aus dem 9. Husaren-Regiment, in der Form um 1900. Tasche aus rotem Leder, Deckel mit blauem Tuch überzogen. Im Mittelfeld Monogramm »FWR« unter der Krone. Die Seiten eingefaßt mit breiter goldener Tresse. Originale Trageriemen mit Löwenkopfschnallen. Gute Erhaltung.
1 000,–/1 200,–

151 Kartuschkasten, komplett mit Bandelier, für Offiziere des 2. Gardeulanen-Regiments, in der Form um 1900. Kartuschkasten aus geschwärztem Leder, mit aufgelegtem emailliertem Gardestern. Das Bandelier kornblumenblau unterfüttert und mit goldener Tresse belegt. In der Unterfütterung kleinere Mottenschäden, das Deckelleder etwas narbig, ansonsten gute Erhaltung.
1 000,–/1 200,–

152 Ein Paar Epauletten eines hohen preußischen Staatsbeamten, in der Tragweise um 1900. Kantillen, Feld, Schieber und Halbmonde golden. Im Mittelfeld aufgelegt der schwarze, preußische, emaillierte Adler. Komplett im Originalkarton. Sehr gute Erhaltung.
400,–/500,–

153 Supraweste für Mannschaften aus dem Regiment der Gardedukorps. Rotes Tuch, mit weißer Einfassung und gerafftem Schoß. Auf der Brust Stern des Schwarzen Adlerordens. Im Innenfutter Kammerstempel aus dem Jahre 1888 und eingenähtes Trägeretikett. Gute Erhaltung.
3 500,–/4 000,–

154 Kartuschkasten für Grenadiere, in der Form bis 1788. Geschwärztes Leder, geschweift geschnittener Deckel, in den Winkeln aufgelegt vier gelbe platzende Granaten aus Messing. Im Mittelfeld großes geprägtes Medaillon mit den Initialen »FR« (Fridericus Rex) umgeben von Waffentrophäen (Armaturen). 25 x 32 cm. Mittlere Erhaltung.
1 500,–/2 000,–

Uniformen – Uniformteile

SACHSEN

155 Waffenrock eines Feldwebels aus dem Infanterieregiment Nr. 103, Bautzen. Dunkelblaues Tuch, Kragen, deutscher Aufschlag und Vorstöße ponceaurot. An Kragen und Ärmelaufschlägen goldener Tressenbesatz. Gelbe Knöpfe. Schulterklappen mit gelber Regimentsnummer. Guter Erhaltungszustand. **600,–/700,–**

156 Kartuschkasten, komplett mit Bandelier, für Offiziere der Artillerie. Deckel und Seitenteile vergoldet, im Mittelfeld neusilbernes Rautenwappen, umgeben von vier Fahnen und der Königskrone. Umlaufende Randverzierung. Das Bandelier mit goldener Tresse belegt und rot unterfüttert. Auf dem Bandelier neusilberner Wappenbeschlag in halboffenem Lorbeerkranz. Sehr gute Erhaltung. **1 200,–/1 400,–**

157 Schärpe für Offiziere der drei Husaren-Regimenter König Albert Nr. 18, Kronprinz Wilhelm Nr. 19 sowie Nr. 20. Silberschnur mit grünem Durchzug. Sehr selten. Gute Erhaltung. **800,–/1 000,–**

158 Ein Paar Epauletten für einen Oberleutnant der Feldartillerie. Feuervergoldetes, reich reliefiertes Metall mit silbernem Rangstern, rote Unterfütterung. Sehr gute Erhaltung. **800,–/1 000,–**

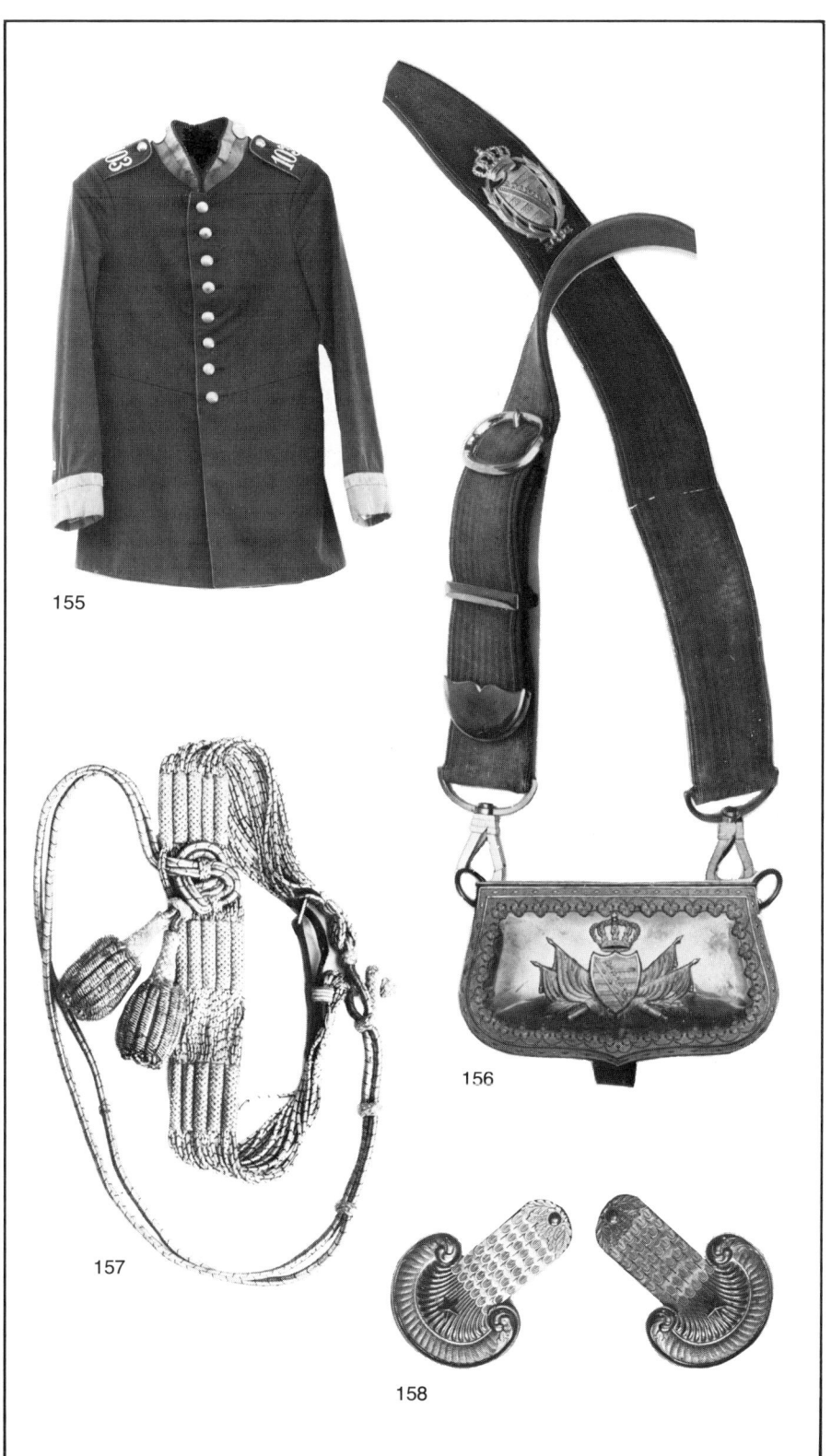

SCHAUMBURG-LIPPE

159 Galarock eines Bückeburger Bergmanns. Schwarzes Tuch. Kragen, Ärmelaufschläge und Brustrabatte aus schwarzem Samt. Auf der Rabatte goldene Verschnürung, am Kragen schmale goldene Tresse. Goldene Knöpfe mit geprägten Bergmannswerkzeugen. Gute Erhaltung. **400,–/450,–**

VATIKAN

160 Helm eines Offiziers der päpstlichen Nobelgarde, aus der Zeit Papst Pius XI. (1922–39). Vernickelte Helmglocke mit Seehundfellbund, Kamm, Emblem und Schuppenkette vergoldet. Gute Erhaltung. **1 200,–/1 500,–**

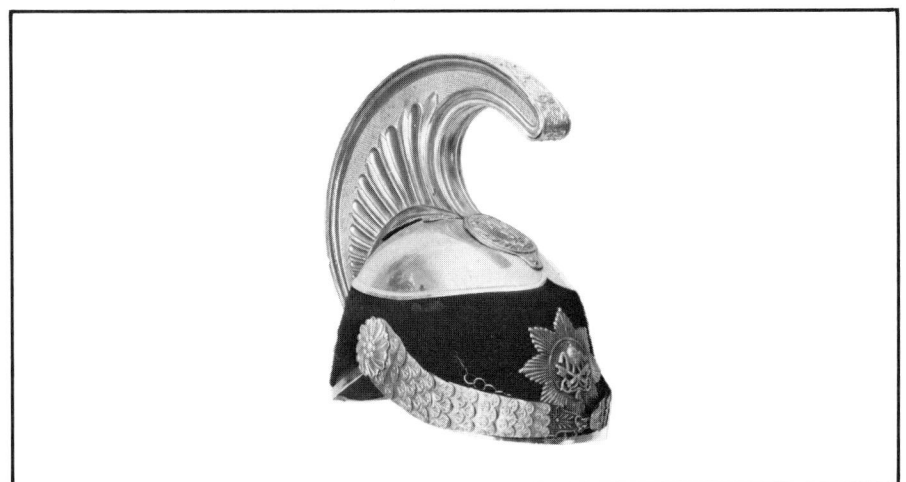

WÜRTTEMBERG

161 Überrock eines Obersten der Infanterie um 1900. Dunkelblaues Tuch, roter Kragen und Vorstöße sowie Innenfutter, vergoldete Knöpfe. Gute Erhaltung.
400,–/500,–

162 Uniform eines württembergischen Kammerherrn, im einzelnen bestehend aus: 1. Dreispitz. Schwarzer Filz mit breiter Silberborte, schwarz-roter Kokarde und passendem Hutkoffer. 2. Jabot. 3. Frack aus taubenblauem Tuch mit reicher Goldstickerei und vergoldeten Knöpfen mit Monogramm »W« für Wilhelm II. (1891–1918). 4. Hose mit breiten goldenen Lampassen. 5. Weiße Galahose mit goldenen Lampassen. 6. Degengehänge und Degenportepee. Guter Erhaltungszustand.
1 800,–/2 000,–

163 Dackeluniform (Kuriosum!) für den Regimentsdackel des Dragoner-Regiments Königin Olga, 1. Württembergisches Nr. 25, Ludwigsburg. Hellblaues Tuch, Kragen, Ärmelaufschläge, Schulterklappen und Vorstöße weiß, goldene Knöpfe und Regimentsmonogramm »O«. Wie an dem Rangstern zu erkennen, wurde das Maskottchen sogar befördert. Gute Erhaltung.
850,–/1 000,–

161 162

163

ÖSTERREICH

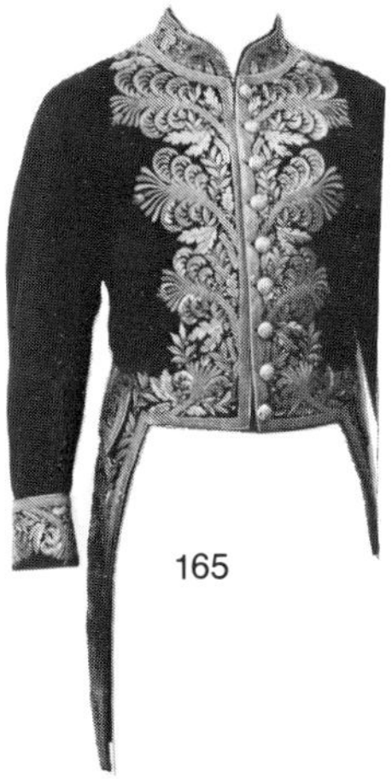

164 Kartuschkasten der Husaren und Ulanen aus der Regierungszeit Franz I. (1804–1835). Kasten aus schwarzem Leder. Auf dem Deckel vorn und an den Seiten vergoldete Beschläge, vorderseitig Doppeladler mit Schwert und Zepter sowie Monogramm auf der Brust. Schwarzes Bandelier mit vergoldetem Räumnadelbeschlag. Außerordentlich seltenes Exemplar. Gute Erhaltung. **2500,–/2800,–**

165 Galaanzug eines Kammerherren, um 1900, im einzelnen bestehend aus: Frack aus schwarzem Tuch. Auf der Brustseite, dem Schoß und den Taschen sowie Ärmelaufschlägen mit prachtvoller Stickerei verziert. Lange schwarze Hose mit zweireihigen goldenen Lampassen. Zweispitz aus schwarzem Filz. Auf dem Kamm schwarzer Reiherfederbesatz. Sehr gute Erhaltung. **1800,–/2000,–**

166 Lichtblauer Attila eines Oberleutnants aus dem Husaren-Regiment Nr. 4, 7 oder 12. Komplett mit silberner Verschnürung und silbernen Oliven. Sehr gute Erhaltung. **500,–/600,–**

167 Gala-Uniform eines Kammerherren am kaiserlichen Hof in Wien um 1900. Schwarzes Tuch, der Kragen und die Ärmel aus Samt. Auf den Ärmeln, an der Brust und auf dem Rücken reiche Posamentstickerei. Hose mit goldener Lampasse. Der Zweispitz mit schwarzen Geierfedern besetzt. **1800,–/2000,–**

168 Kinder-Husarenuniform. Genaue Nachbildung einer Uniform der Regimenter 1, 3, 8 oder 15. Attila aus dunkelblauem Tuch mit gelber Verschnürung und gelben Oliven, krapprote Hose. Gute Erhaltung. **600,–/800,–**

169 Offiziers-Säbeltasche eines Husaren, um 1830. Scharlachrotes Tuch, Gold- und Silberstickerei. Im Mittelfeld das Monogramm »FI« für Franz I. (1804–1835). Die Riemen fehlen. Sehr gute Erhaltung. **2800,–/3200,–**

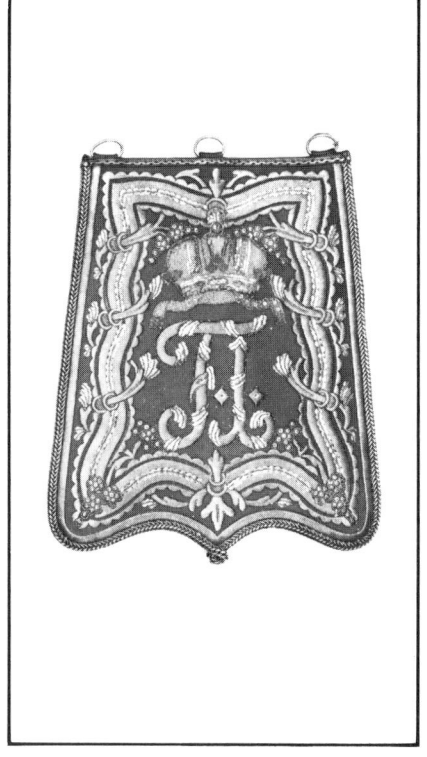

Uniformen – Uniformteile

170

171

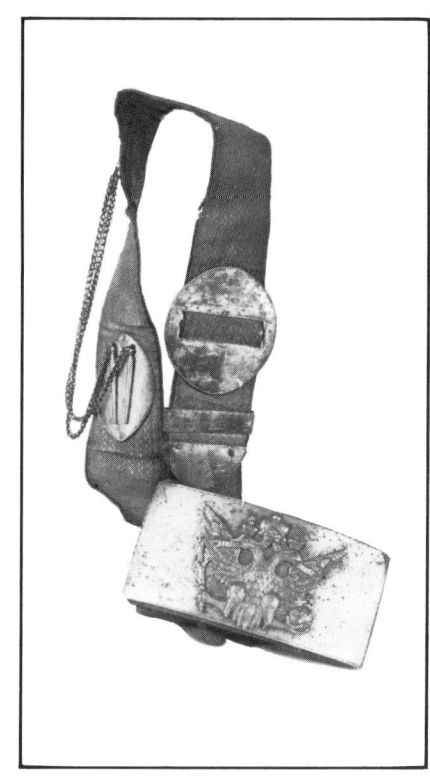

172

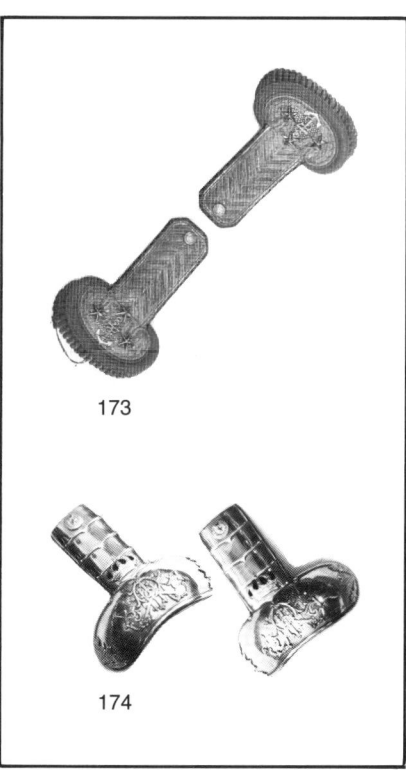

173

174

GROSSBRITANNIEN

170 Offiziers-Säbeltasche aus einem Yeomanry-Kavallerie-Regiment, um 1850. Die Tasche aus rotem Saffianleder, der Deckel mit hochrotem Filztuch bezogen. An den Deckelrändern aufgelegte Silbertresse. Im Innenfeld silbergesticktes Monogramm »RN«, darüber Herzogskrone. Gute Erhaltung. **1 800,–/2 200,–**

171 Uniform eines Leutnants der Landwehr, in der Form vor dem Ersten Weltkrieg. Hochroter Galarock mit silberner Posamentstickerei auf schwarzsamtenem Kragen und Ärmelaufschlägen. Den ebenfalls silbernen Epauletten Rosen aufgelegt. Dazu schwarze Hose mit breiter silberner Lampasse. Gute Erhaltung. **1 000,–/1 200,–**

RUSSLAND

172 Ulanenoffiziers-Kartuschkasten, im Format von 1815. Kasten aus schwarzem Leder. Auf dem Deckel massiver silberner Beschlag mit aufgelegtem goldenem Doppeladler. Seitenteile ebenfalls mit Silberbeschlägen. Das Bandelier mit goldener Tresse belegt. Sehr feine Qualität. Von einem hessischen Prinzen in kaiserlich-russischen Diensten getragen. Gute Erhaltung. **3 000,–/3 600,–**

SPANIEN

173 Ein Paar Epauletten für einen Generalkapitän um 1900. Regierungszeit König Alphons XIII. (1886–1931). Sehr schöne Goldstickerei. Gute Erhaltung. **250,–/300,–**

174 Ein Paar Offiziersepauletten der königlichen Leibgarde, um 1910. Messingvergoldet mit aufgelegtem neusilbernem Monogramm »A XIII« für Alphons XIII. Gute Erhaltung. **300,–/320,–**

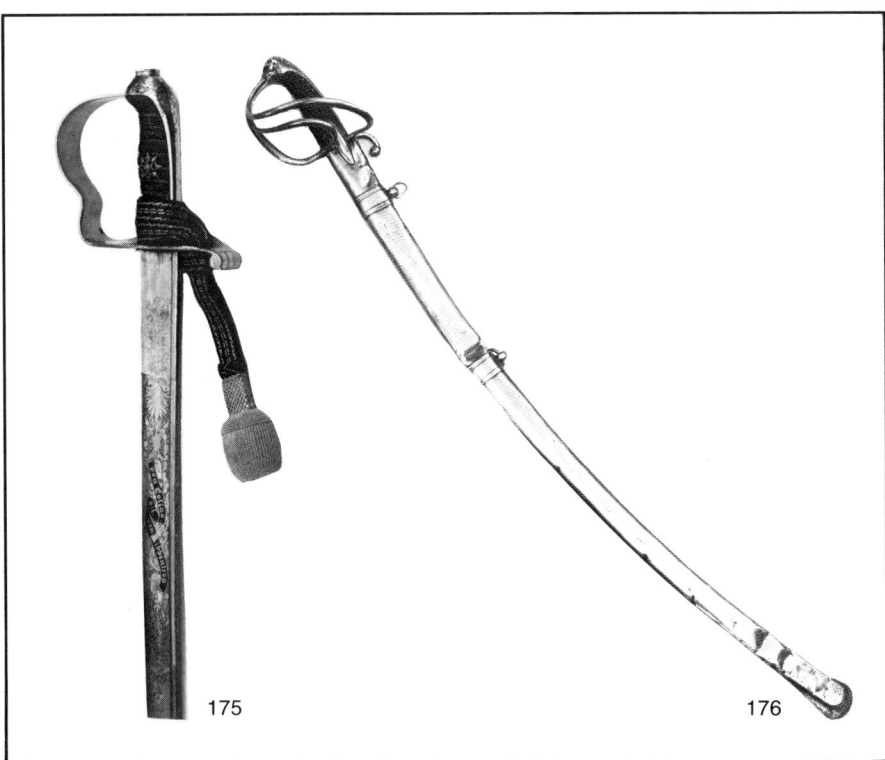

Blankwaffen und Schußwaffen

BADEN

175 Geschenksäbel aus dem 1. badischen Leibgrenadierregiment Nr. 109, damaszierte Klinge auf beiden Seiten bis zur Mitte geätzt, gebläut und vergoldet. Auf der Terzseite Geschenkspruch. Auf dem Klingenrücken Herstellerbezeichnung. Dem Griff aufgelegte emaillierte Miniatur des Großkreuzsterns des badischen Hausordens der Treue. Im Knauf eingraviertes Freiherren-Wappen mit Krone. Komplett mit Portepee und Metallscheide. Sehr gute Erhaltung. 3 500,–/4 000,–

176 Dragoner-Offizierssäbel, um 1800. Sehr schön gearbeitetes Eigentumsstück. Klinge mit flachem Hohlschliff, Messinggefäß mit Löwenkopf und zwei Seitenbügeln. Messingscheide mit zwei Tragringen. Mittlere Erhaltung. 800,–/1 200,–

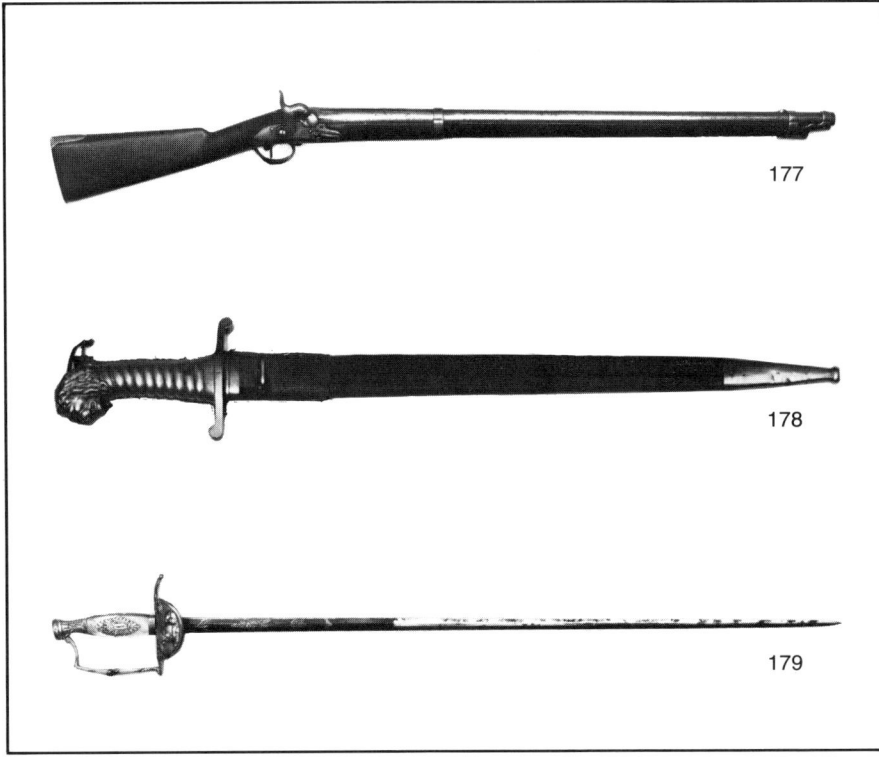

BAYERN

177 Gewehr der Kavallerie, um 1830. Glatter Lauf. Das Schloß von Steinschloß auf Perkussion aptiert. Auf der Schloßplatte Stempel »JCL«. Dunkel gebeizter Holzschaft mit Messingmontierung. Der hintere Laufring und der Sattelhaken aus Eisen. Auf dem Lauf Kontrollmarke der Amberger Waffenfabrik. Länge 117 cm. Gute Erhaltung. 1 500,–/2 000,–

178 Seitengewehr der Artillerie, Modell 1892. Vorschriftsmäßige Yatagan-Klinge M 69. Griff aus Messing, in Löwenkopfform gegossen. Schwarze Lederscheide mit Messingbeschlägen. Kammerstempel aus dem 11. Feldartillerieregiment. Gute Erhaltung. 650,–/800,–

179 Beamtendegen, aus der Regierungszeit König Ludwigs I. (Regierungszeit 1864–1886). Schmale zweischneidige Klinge, zur Hälfte geätzt, gebläut und vergoldet. Auf dem Messingstichblatt ruhender Löwe. Griffschalen aus Perlmutt mit aufgelegtem Monogramm »L«. Komplett mit Lederscheide. Gute Erhaltung. 1 200,–/1 500,–

Blankwaffen und Schußwaffen 111

180 Beamtendegen, aus der Zeit des Prinzregenten Luitpold (1886–1912). Schmale zweischneidige Klinge, gebläut, geätzt und vergoldet. Feuervergoldetes Gefäß mit Perlmuttgriffschalen. Komplett mit Lederscheide und Portepee. Gute Erhaltung. **1 200,–/1 500,–**

181 Hirschfänger für Staatsförster, Ende 19. Jh. Gerade Rückenklinge beidseitig mit flachem Hohlschliff. Vergoldetes Gefäß mit Löwenkopf und S-förmiger, in Rehhufen endender Parierstange. Muschelförmiges Stichblatt, schwarzer Kautschukgriff. Komplett mit Lederscheide und Portepee. Gute Erhaltung. **1 000,–/1 200,–**

182 Besonders schönes Exemplar des Offiziers-Degens für die Kavallerie, Modell 91. Eisenhauer-Klinge, geätzt, gebläut und vergoldet. Auf der Klinge die bayrische Devise »In Treue fest« und das gekrönte Besitzerwappen. Vergoldetes, durchbrochenes Gefäß mit Löwenkopfknauf. Komplett mit Portepee und geschwärzter Stahlscheide. Gute Erhaltung. **2 500,–/3 000,–**

183 Säbel für Offiziere der Infanterie und der Jägertruppe, Modell 1833 bis 1836, in der Form ab 1848. Breite Klinge mit beidseitigem Hohlschliff, bis zur Mitte fein geätzt. Feuervergoldetes Gefäß mit Löwenkopf, auf dem Ebenholzgriff vergoldetes Monogramm »M« für König Maximilian II. (1848-64). Scheide mit vergoldeten Beschlägen. Gute Erhaltung. **1 200,–/1 500,–**

184 Luxussäbel des Schützenkorps der Münchner Bürgerwehr, um 1800. Breite gebogene Rückenklinge, im oberen Drittel geätzt, gebläut und vergoldet. Quartseitig eingeätzte Schrift: »Schützenkorps der Churfürstlichen Haupt- und Residenzstadt München«. Feuervergoldetes Messinggefäß, durchbrochener Griffbügel. Lederscheide mit vergoldeten Beschlägen. Gute Erhaltung. **1 600,–/1 800,–**

185 Bürgerwehrsäbel aus der Regierungszeit Maximilian IV. Joseph (1799–1825). Breite gekrümmte Rückenklinge mit beidseitigem Hohlschliff. Einbügeliges Messinggefäß. Lederscheide mit Messingbeschlägen. Gute Erhaltung. **500,–/600,–**

180 181 182

183

184

185

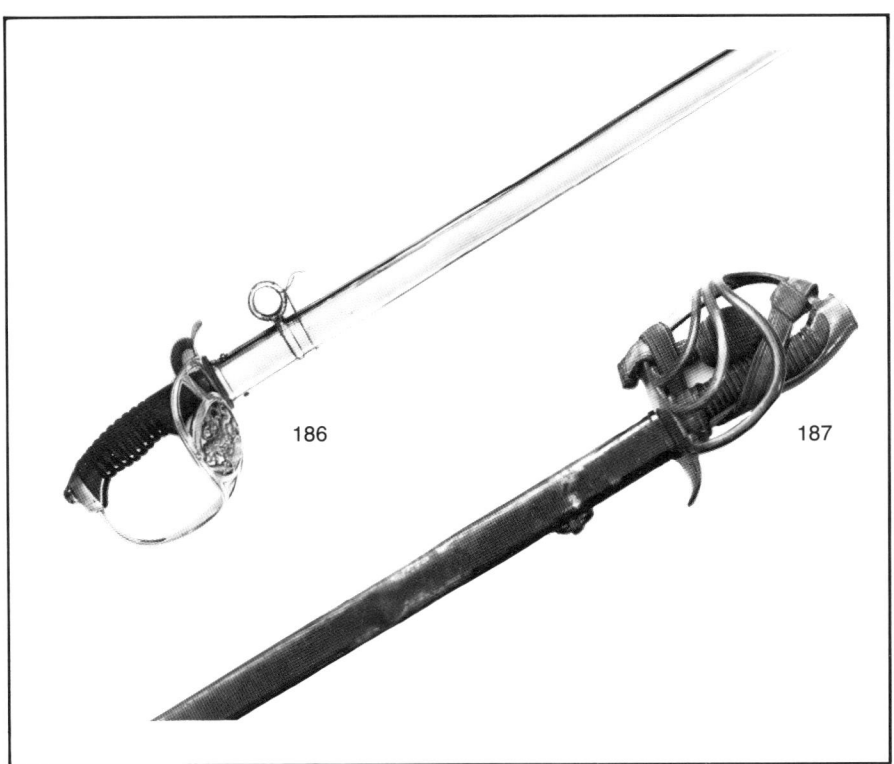

186 Kavallerie-Degen, Modell 1891 für Mannschaften und Unteroffiziere. Solinger Klinge. Vernickeltes Gefäß mit dem heraldischen bayerischen Löwen und Wappen, vernickelte Stahlscheide mit Tragering. Gute Erhaltung. **400,–/450,–**

187 Pallasch für Offiziere der Schweren Reiter, Modell 1891. Solinger Klinge, Tombakgefäß mit drei Seitenbügeln. Geschwärzte Stahlscheide mit einem Tragering. Portepee. Mittlere Erhaltung. **1 000,–/1 200,–**

BRAUNSCHWEIG

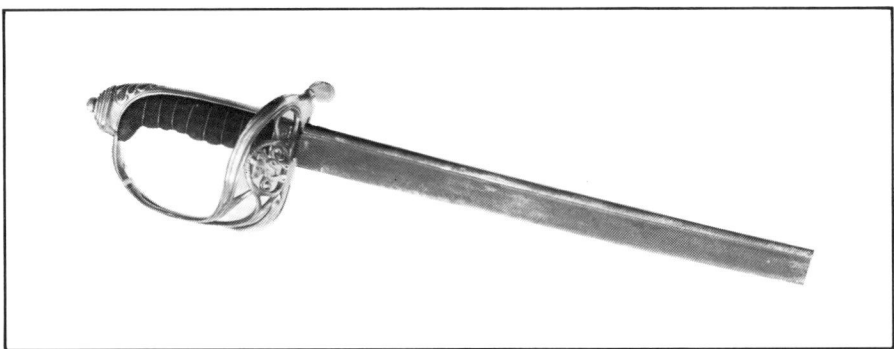

188 Säbel für Offiziere des braunschweigischen Husaren-Regiments Nr. 17, in der Form bis 1886. Vergoldetes und durchbrochenes Korbgefäß mit Monogramm »W« (Wilhelm, 1831–1884). Sehr selten. Klinge gekürzt. Scheide fehlt. **2 000,–/2 500,–**

HANNOVER

189 Generalssäbel, aus der Zeit um 1815. Stark gekrümmte Rückenklinge mit breitem Hohlschliff. Beide Seiten der Klinge auf der ganzen Länge mit Trophäen, Kriegern und Rankenwerk geätzt. Der Griff aus feuervergoldetem Messing und aufgelegten elfenbeinernen Griffschalen. Die Scheide mit Haifischhaut bezogen und mit prächtigen feuervergoldeten Beschlägen versehen, die zumeist antikisierende Figuren aufweisen. Mit Herstellerbezeichnung des Hof-Schwertfegers Eichstaedt in Hannover. Hervorragende Waffe in gutem Erhaltungszustand. **8 000,–/12 000,–**

PREUSSEN

190 Gewehr der Infanterie, Modell 1780. Langer glatter Lauf. Längliches eisernes Schloß mit Stempel »POTZDAMMAGAZ« und »DSE«. Schmale schlanke Schaftform. Eiserne Kolbenplatte. Sehr gute Erhaltung.
4 000,–/5 000,–

191 Perkussions-Pistole, Modell 1850. Glatter Lauf, im vorderen Teil achtkantig. Eisernes Schloß mit Zündhütchensicherung. Auf der Schloßplatte Herstellerbezeichnung »SUHL S&C«. Auf der Pulverkammer eingeschlagen die Jahreszahl 1852. Gute Erhaltung.
2 000,–/2 500,–

192 Spitze eines Offiziers-Spontons (Offizierstock), 2. Hälfte 18. Jahrhundert. Zweischneidige eiserne Klinge mit Mittelgrat. Auf der Klinge eingeätzt Monogramm »FR« (Fridericus Rex), Krone und Schriftband: GARNISON STETTIN. Unterhalb des Blattes Schraubgewinde zur Befestigung am Schaft. Mäßige Erhaltung.
1 500,–/2 000,–

193 Infanterie-Offiziersdegen, Modell 1889, persönliches Stück des preußischen Obersten Karl Graf von Holstein. Klinge aus der Zeit um 1800, sehr fein durchbrochen und bis zur Mitte hin gebläut, geätzt und vergoldet. Mit Spruch »zu Schutz und Wehr in tapferer Hand streit für die Ehr fürs Vaterland«. Feuervergoldetes Bronzegefäß mit abschraubbarer Knaufkappe. Im Stichblatt der preußische Adler. Dem Griff aufgelegt eine vergoldete Krone. Komplett mit Scheide. Gute Erhaltung.
2 000,–/2 800,–

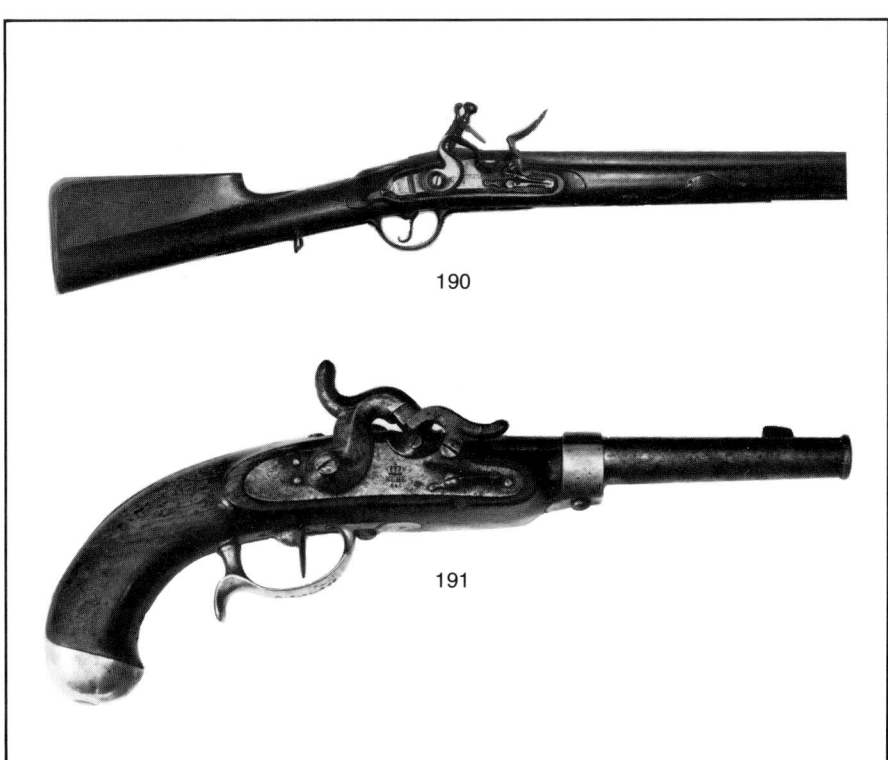

190

191

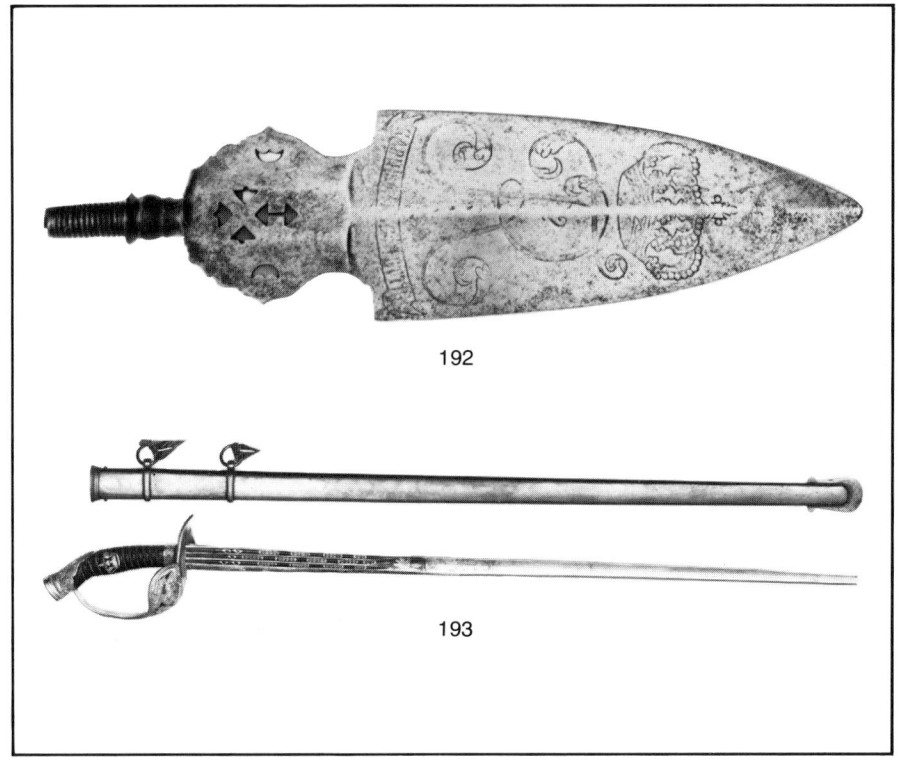

192

193

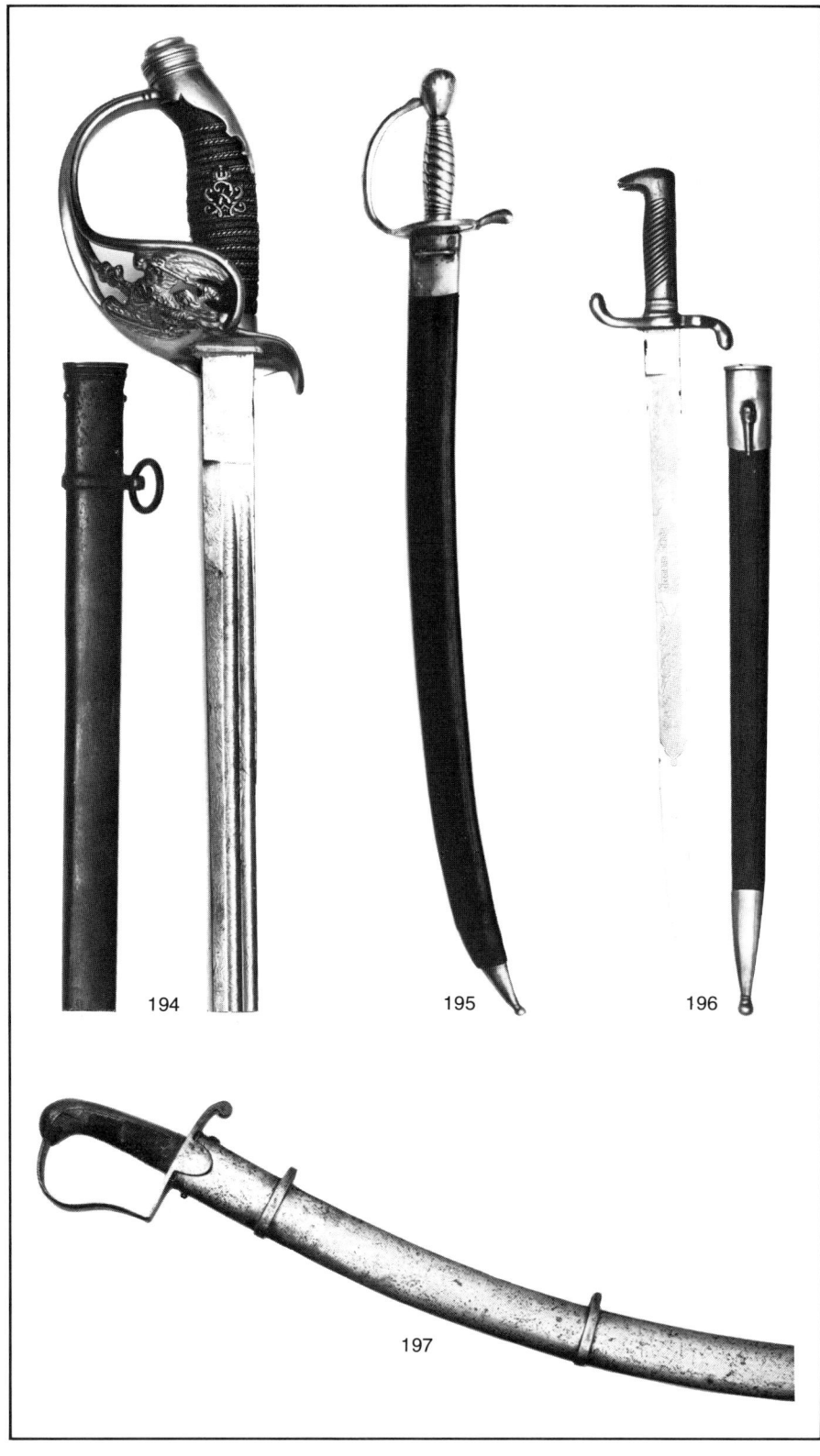

194 Infanterie-Offiziersdegen, Modell 1889. Klinge aus damasziertem Stahl mit beidseitig je zwei Hohlschliffen, vergoldetes Gefäß mit Adler im Stichblatt. Dem Griff aufgelegtes Monogramm »WR II«. Geschwärzte Stahlscheide mit Tragering wie üblich in der Trageweise nach 1910. Gute Erhaltung. **600,–/800,–**

195 Säbel für Mannschaften der Grenadiere, Modell 1786. Gebogene Rückenklinge mit beidseitig eingeätztem, gekröntem »FWR« und Herstellerbezeichnung des Schwertfegers Boltinger in Berlin. Gegossenes Messinggefäß mit herzförmigem Stichblatt. Lederscheide mit Messingbeschlägen. Gute Erhaltung. **600,–/800,–**

196 Erinnerungs-Seitengewehr, Modell 1871. In der Form für die Fußartillerie. Gerade Rückenklinge mit Ätzung »Hermann König, westfälisches Fußartillerieregiment No. 7«. Schwarzlederne Scheide mit Messingbeschlägen. Der Griff aus gegossenem Messing. Gute Erhaltung. **250,–/350,–**

197 Säbel für Husaren und Ulanen, in der Form des Modells von 1808. Dieser Säbeltyp wird gern »Blüchersäbel« genannt. Exemplar der ersten Ausrüstungsserie, die aus England stammte. Gekrümmte Rückenklinge mit beidseitig breiten Hohlschliffen. Eisernes Bügelgefäß. Lederbezogener Griff. Schwere Eisenschale mit zwei Tragringen. Mittlere Erhaltung. **500,–/600,–**

Blankwaffen und Schußwaffen 115

198 Beutesäbel des französischen Modells M 1800. Erbeutet in den Befreiungskriegen und in der preußischen Armee weitergetragen. Gebogene Rückenklinge mit beidseitig breiten Hohlschliffen. Messinggefäß mit zwei Seitenbügeln. Eiserne Scheide mit zwei Tragringen. Gute Erhaltung. **450,–/550,–**

199 Löwenkopf-Offizierssäbel der Kavallerie, in der Form ab 1910. Damaszierte Klinge mit vergoldetem Wappen und Trophäen. Vergoldeter Griff mit Bügel. Parierlappen mit gekreuzten Säbeln um den Griff gewickelt. Portepee. Geschwärzte Stahlscheide mit einem Tragring. Gute Erhaltung. **1 000,–/1 500,–**

200 Degen eines Sanitätsoffiziers aus dem Friedrich-Wilhelm-Institut in Berlin (militärärztliche Bildungsanstalt). Zweischneidige schmale Klinge. Gegossenes Messinggefäß im Stil der Infanterie-Offiziersdegen des 18. Jahrhunderts mit zwei Stichblättern, einem Faustschutzbügel und verzierter Knaufkappe. Auf der Unterseite des Gefäßes eingravierter Schriftzug »Friedrich-Wilhelm-Institut Kön. Med. Chir.« Schwarze Lederscheide mit Messingbeschlägen. Gute Erhaltung. **1 200,–/1 500,–**

201 Entermesser der Marine. Leicht geschwungene, jataganförmige Klinge. Auf dem Klingenrücken und der Stichblattunterseite das Herstellungsjahr 1865. Eiserner, schwarzgestrichener Korb. Schwarze Lederscheide mit eisernen Beschlägen. Noch in der kaiserlichen Marine bis 1874 getragen. Gute Erhaltung. **1 000,–/1 400,–**

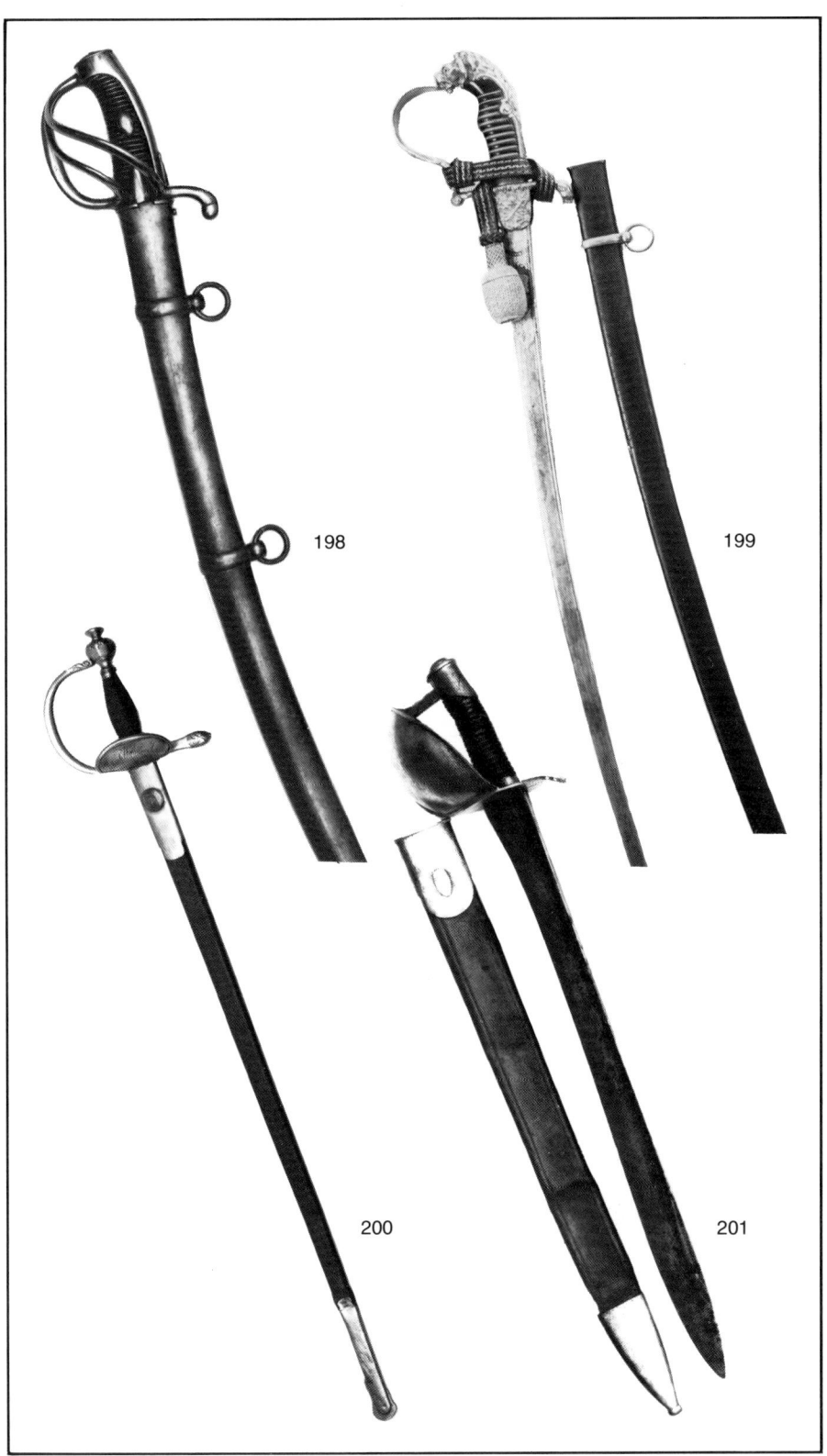

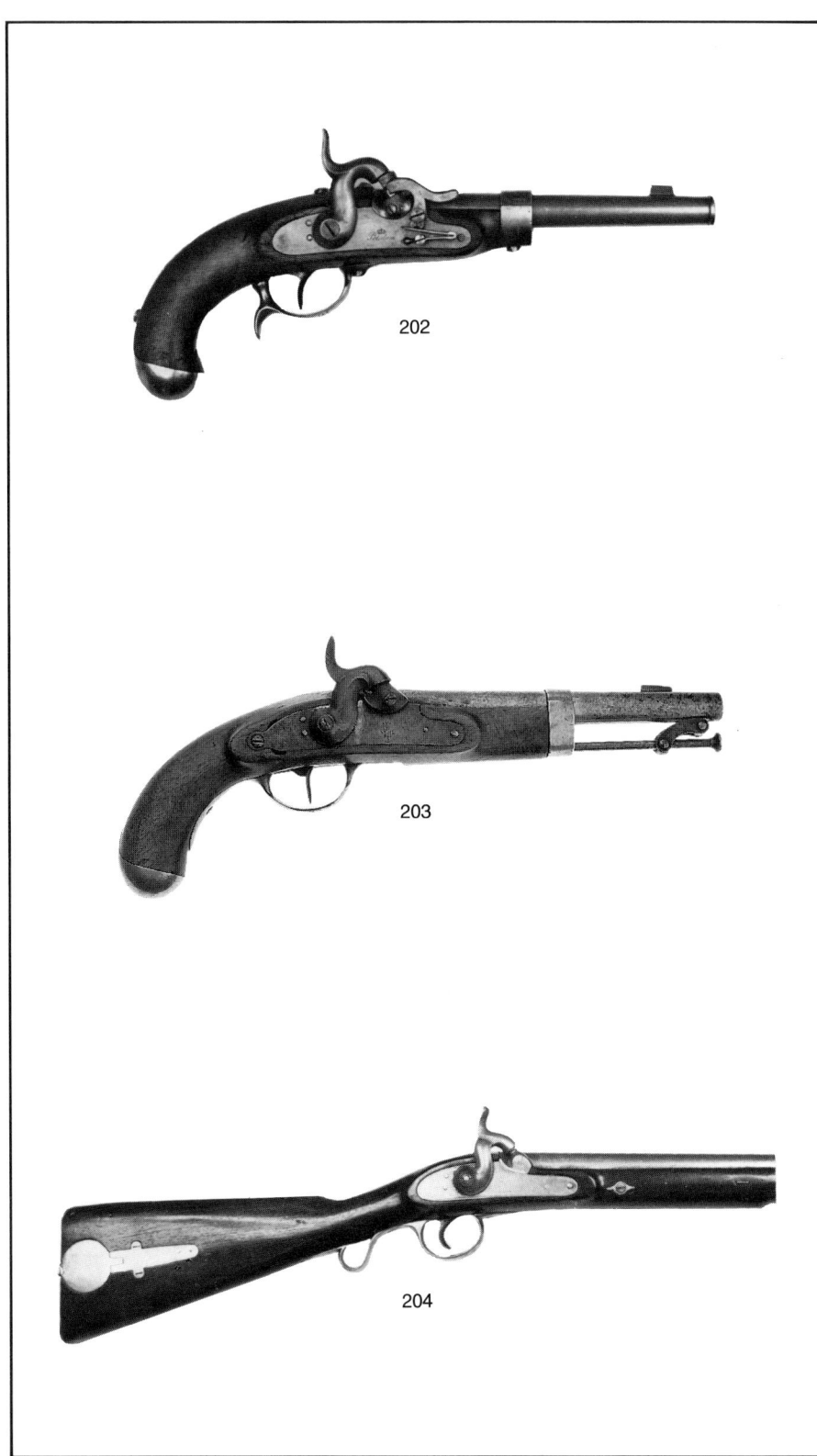

202 Marine-Perkussionspistole M 1848
der Marine des Norddeutschen Bundes.
Doppeladler-Anker- und Manufakturmarke
der Firma Spangenburg-Sauer & Co. in
Suhl. Nußholzschaft, Messinggarnitur,
eiserner Gelenkladestock. Äußerst selten.
3 000,–/3 500,–

203 Pallasch der Garde-Kürassiere,
Modell 1854. Vernickelte Klinge mit beidseitig je zwei Zügen. Messinggefäß mit
drei Seitenbügeln, fischhautbezogener
Griff. Messingdrahtwicklung. Aufgelegter
Gardestern. Vernickelte Stahlscheide
mit einem Tragering. Mittlere Erhaltung.
1 500,–/2 000,–

204 Jägerbüchse, Modell 1835, auf
Perkussion aptiert. Schloß mit Pistonsiche-
rung. Schloßplatte signiert »PS & S. Suhl«,
gezogener Lauf. Abzug mit Stecher. Gute
Erhaltung. **2 000,–/2 500,–**

SACHSEN

205 Säbel für Offiziere des Gardereiter-Regimentes. Gerade Klinge mit Rücken, im oberen Fünftel beidseitig tiefgeätzt und vergoldet. Auf dem Klingenrücken die Herstellerbezeichnung. Vollvergoldetes Gefäß mit Löwenkopf und zwei Seitenbügeln. Auf dem Faustschutzbügel das sächsische Wappen. Um den Griff ein Offiziersportepee geschlungen. Eisenscheide mit einem Tragring, wie üblich in der Trageweise nach 1910. Sehr gute Erhaltung.   **2 500,–/3 000,–**

206 Infanterie-Offiziersdegen, um 1900. Schmale zweischneidige Klinge mit beidseitig zwei Hohlschliffen. Auf der Fehlschärfe eingeätzt das gekrönte Monogramm des letzten sächsischen Königs Friedrich August III. Messinggefäß mit abklappbarem, durchbrochenem Stichblatt. Um den Griff ein Offiziersportepee geschlungen. Geschwärzte Stahlscheide mit einem Tragring. Gute Erhaltung.   **3 500,–/4 000,–**

207 Kursächsischer Pallasch der Gardedukorps, in der Gestalt vor 1806. Klinge mit eingeätztem Monogramm »FA« für Friedrich August III. (1763–1827). Schweres Messingkorbgefäß mit Wappen und Monogramm. Komplett mit Scheide und Portepee. Gute Erhaltung.   **4 500,–/5 000,–**

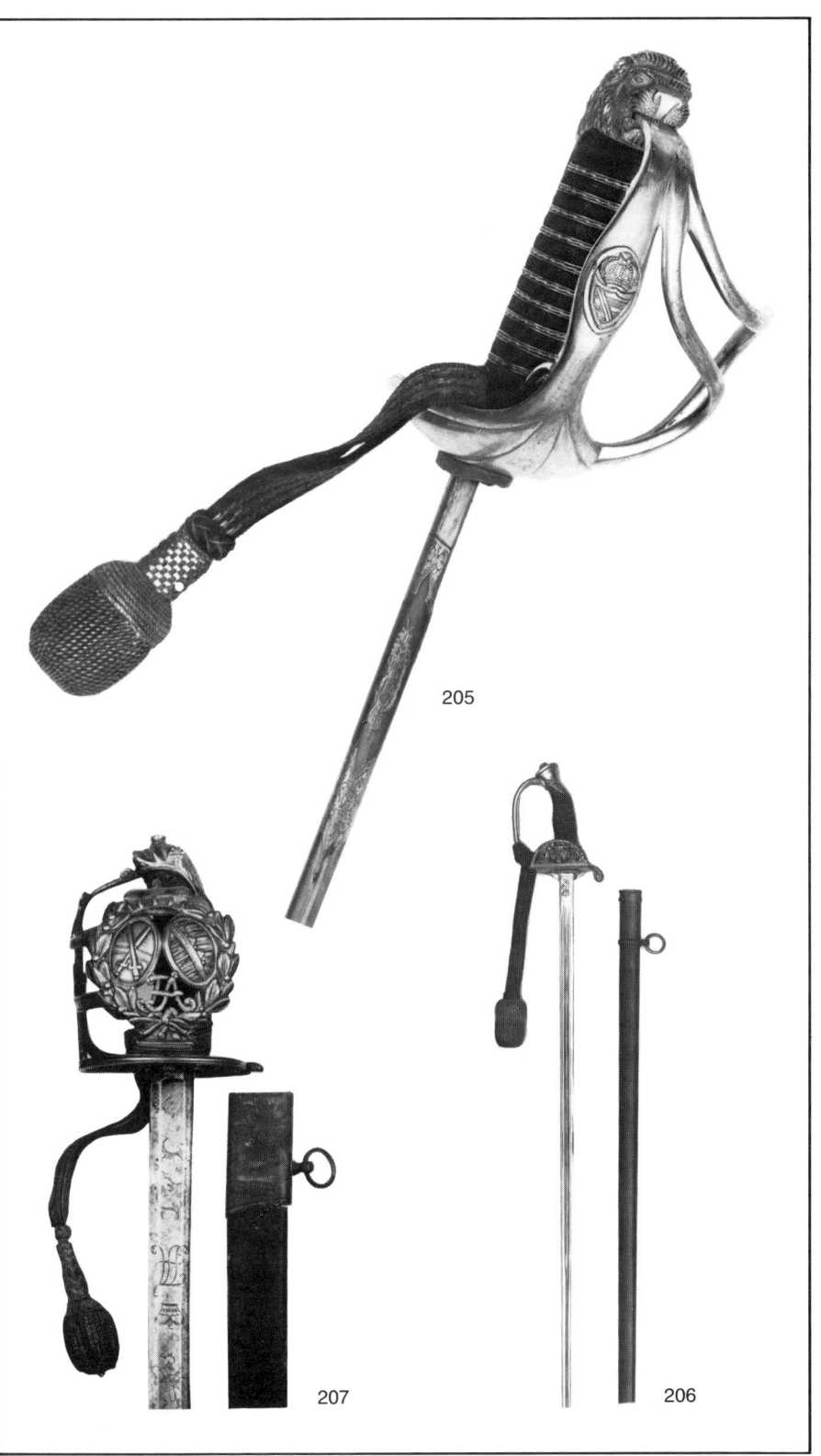

208

SCHWÄBISCHER KREIS

208 Kavallerie-Pistole des Schwäbischen Kreises, zweite Hälfte 18. Jh. Glatter runder Lauf, Messingbeschläge. Auf dem Kolbenhals das Wappen des Schwäbischen Kreises (drei Löwen). Ladestock fehlt. Gute Erhaltung. **3000,–/3500,–**

209

209 a

WÜRTTEMBERG

209 Hirschfänger, um 1900 für kaiserliche Forstbeamte. Komplett mit Gehänge und Scheide. Gute Erhaltung **450,–/750,–**

209a Hirschfänger, um 1900, komplett mit Lederscheide und Beimesser. Ein Geschenk der Königin Charlotte von Württemberg an einen hochadeligen Verwandten. Reich geätzte Solinger Klinge, auf dem geschwärzten Stichblatt das gekrönte königliche Monogramm »C«. S-förmige, in Hufen auslaufende Parierstange. Hirschhorngriff. Gute Erhaltung.
1400,–/1600,–

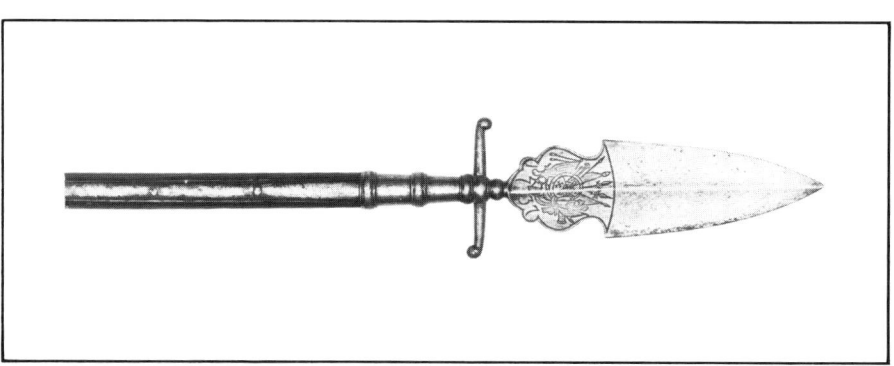

210

WÜRZBURG

210 Offiziers-Sponton, aus der Regierungszeit des Fürstbischofs Friedrich Karl, Graf von Schönborn (1729-46). Auf der Terzseite das gespiegelte Monogramm mit dem Fürstenhut, auf der Quartseite das Würzburger Wappen inmitten von Trophäen und die Jahreszahl 1737. Gute Erhaltung. **2500,–/3000,–**

DEUTSCHES REICH

211 Säbel für Marineoffiziere. Gebogene Rückenklinge bis zur Hälfte geätzt, gebläut und vergoldet. Gefäß mit vergoldetem Löwenkopf mit eingesetzten Glasaugen. Elfenbeingriff. Beidseitig abklappbare durchbrochene Stichblätter. Lederscheide mit reichverzierten vergoldeten Messingbeschlägen. Sehr gute Erhaltung.
1 000,–/1 200,–

212 Dolch für Marineoffiziere. Zweischneidige Klinge. Messinggefäß mit Krone und Anker. Scheide ebenfalls aus Messing mit zwei Tragringen. Auf der Scheide Trägergravur. Ungewöhnlich lange Ausführung. Gute Erhaltung.
1 000,–/1 200,–

213 Dolch für Marine-Applikanten (Seeoffizier-Anwärter). Zweischneidige Klinge mit feiner Ätzung und Bläuung. Auf der einen Seite Geschenkspruch, auf der anderen »Ziehe mich nicht ohne Grund, stecke mich nicht ein ohne Ehre«. Gegossenes Messinggefäß mit Krone und Anker. Schwarze Lederscheide mit gehämmerten Messingbeschlägen und zwei Tragringen. Sehr gute Erhaltung.
1 800,–/2 000,–

214 Degen für preußische Staatsbeamte. Zweischneidige, schmale, geätzte Klinge. Feuervergoldetes Bronzegefäß mit Adlerknauf. Auf dem Stichblatt der gekrönte preußische Adler. Die Griffschalen aus Perlmutt. Schwarze Lederscheide mit Messingbeschlägen. Sehr gute Erhaltung.
1 000,–/1 200,–

215 Löwenkopf-Offizierssäbel der Kavallerie um 1900. Komplett mit Scheide und Portepee, gebogene Rückenklinge mit Zierätzungen. Gegossenes Bronzegefäß mit Löwenkopfknauf. Auf dem Parierlappen zwei gekreuzte Säbel, das Symbol der Kavallerie. Schwarze Metallscheide mit einem Tragring.
600,–/800,–

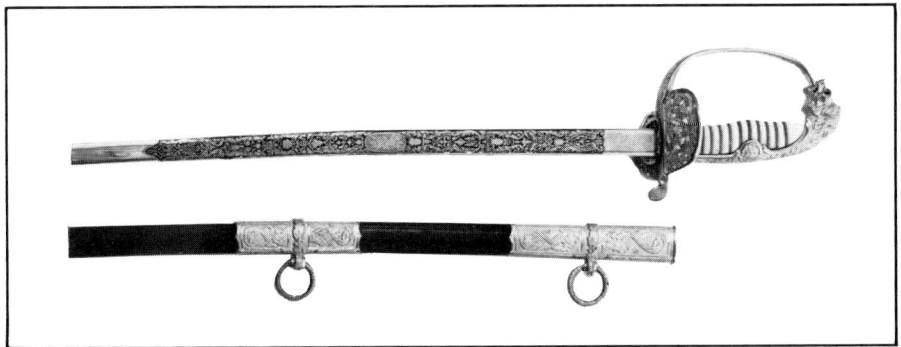

211

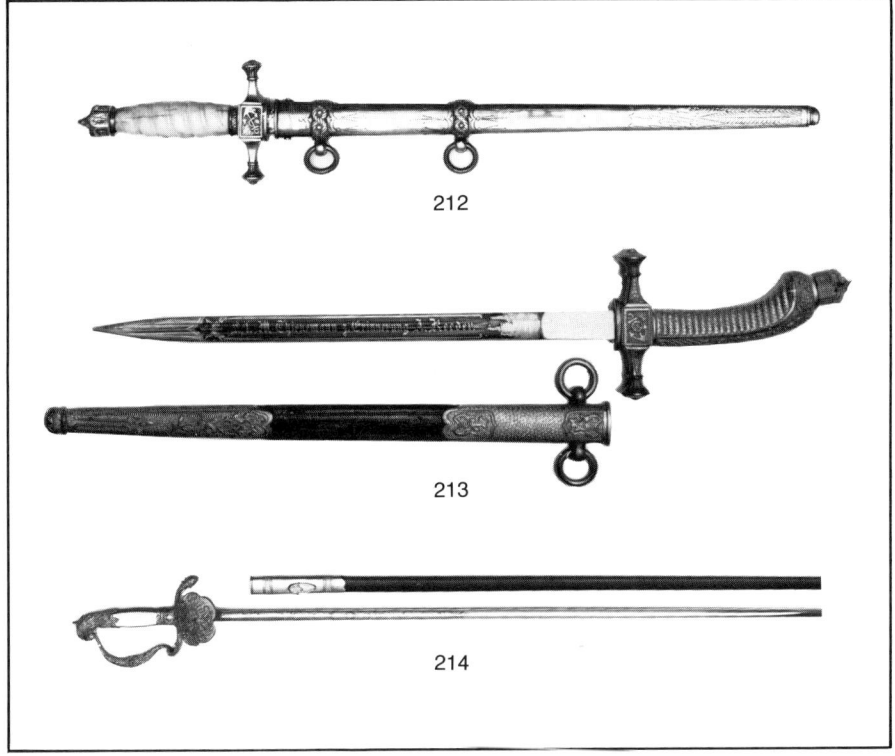

212

213

214

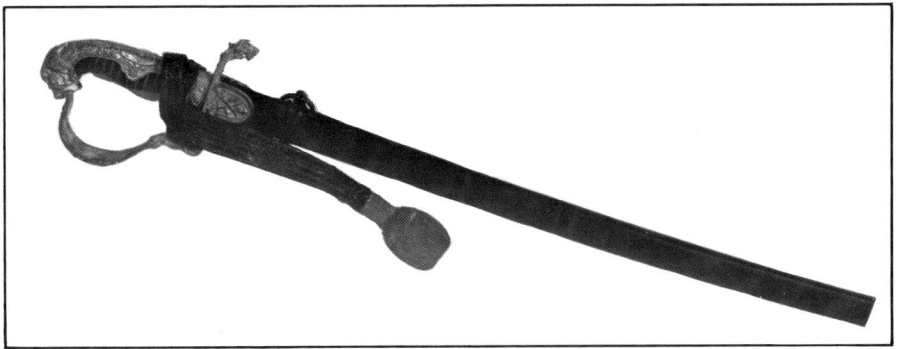

215

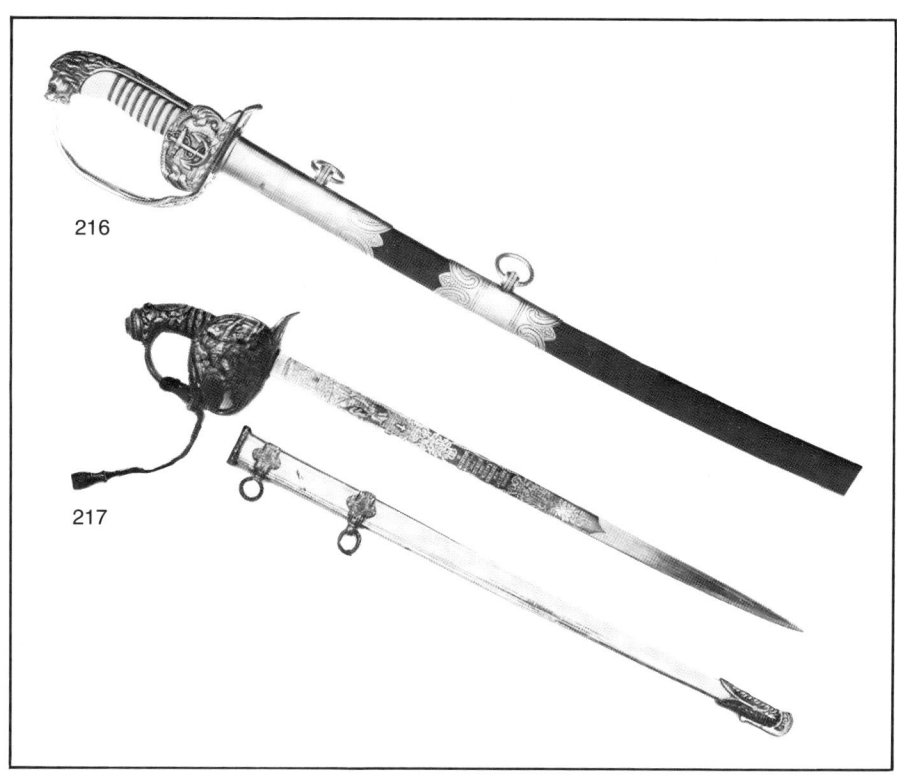

216 Löwenkopf-Offizierssäbel der Marine. Gebogene Rückenklinge mit Zierätzungen. Gegossenes, vergoldetes Bronzegefäß mit abklappbarem Stichschaft und Löwenkopfknauf. Elfenbeingriff mit Messingdrahtwicklung. Schwarze Lederscheide mit vergoldeten Messingbeschlägen.
1 000,–/1 200,–

217 Miniatur des Geschenkdegens der Stadt Solingen für Kaiser Wilhelm II. anläßlich seines Besuches 1899. Beide Seiten mit Danksprüchen, geätzt. Vergoldetes Gefäß. Komplett mit Scheide und Portepee. Gute Erhaltung. **600,–/800,–**

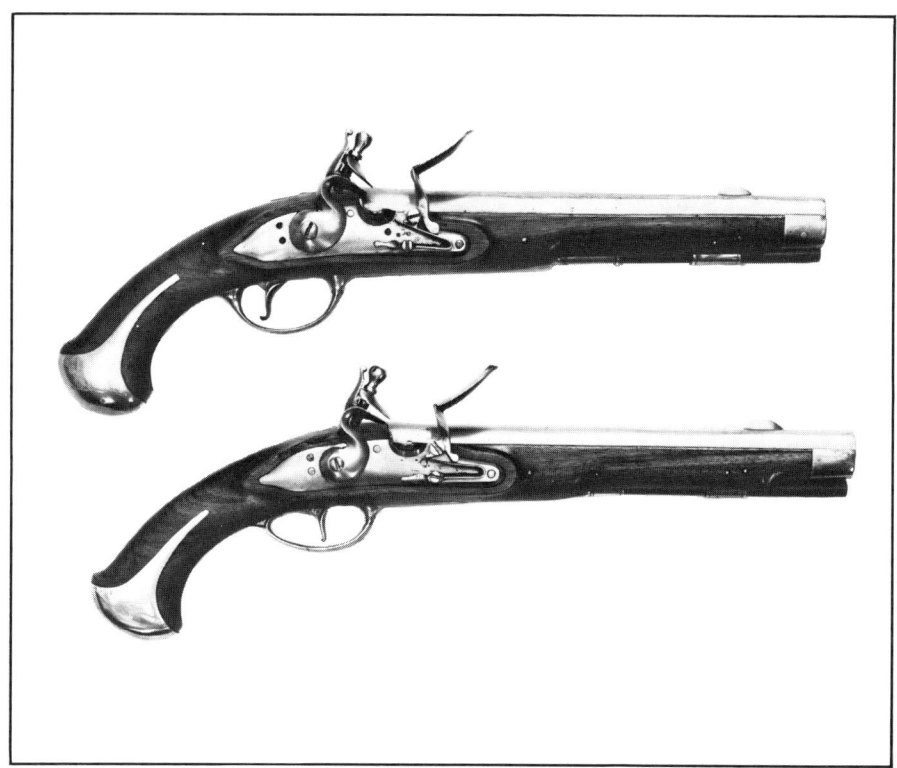

DÄNEMARK

218 Ein Paar Kavallerie-Pistolen aus der Zeit 1775 bis 1795. Glatte runde Läufe, Steinschlösser, Messingbeschläge. Beide Pistolen gestempelt. Ladestöcke ergänzt, kleine Fehler im Schloß. Gute Erhaltung. **3 500,–/4 000,–**

FRANKREICH

219 Prunksäbel des Joachim Murat. Das Gefäß aus Stahl und in feinster Weise brillantiert geschnitten. Der Griff aus Ebenholz mit geschnitzten Ranken. Gebogene Rückenklinge aus Damast mit der Herstellungsgravur der Königlichen Waffenfabrik in Neapel. Die Scheide aus Stahl, in ihrer Fortsetzung zum Griff verziert. Bedeutendes historisches Stück.
30 000,–/40 000,–

220 Säbel der Konsulatszeit für Generäle. Gebogene damaszierte Klinge, tief gebläut, geätzt und vergoldet. Das Gefäß aus feuervergoldetem Messing und mit reliefierten Maskarons und Tierköpfen geschmückt. Die Scheide ebenfalls vergoldet und mit Waffentrophäen verziert. Sehr gute Erhaltung. **20 000,–/25 000,–**

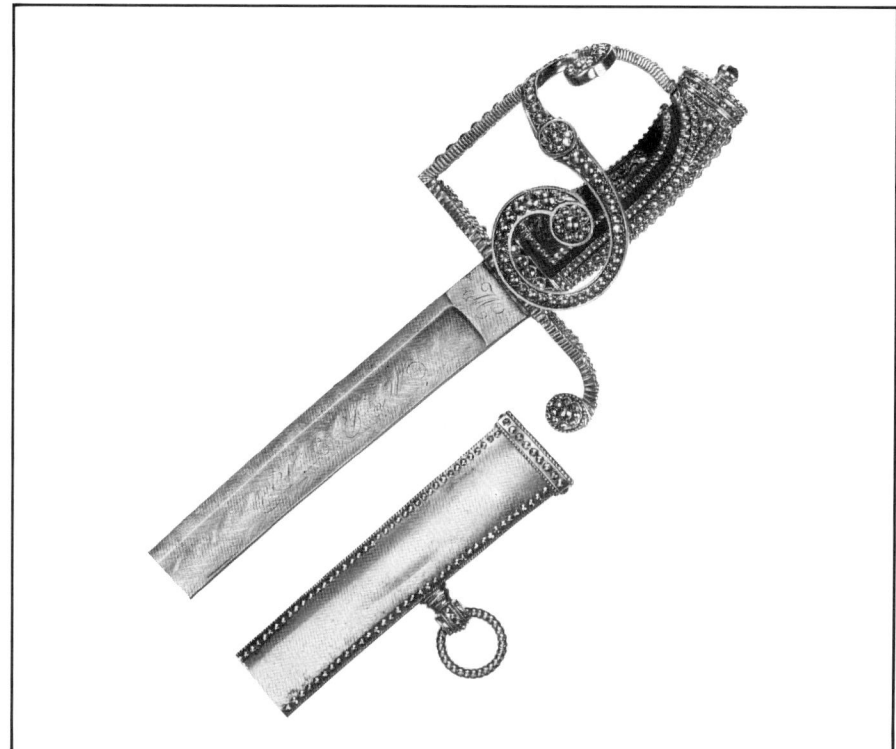
219

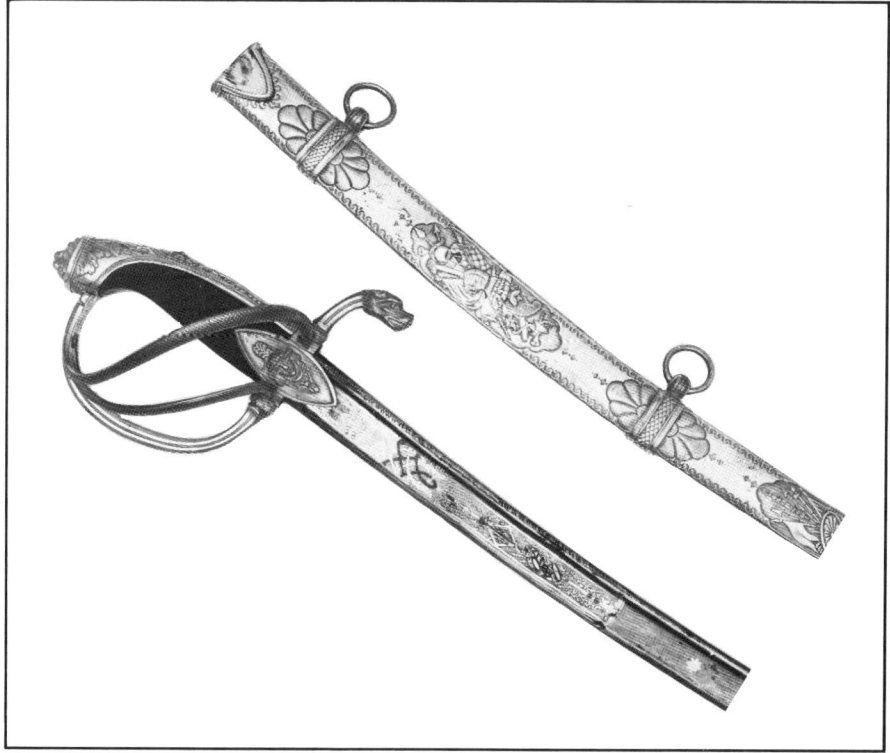
220

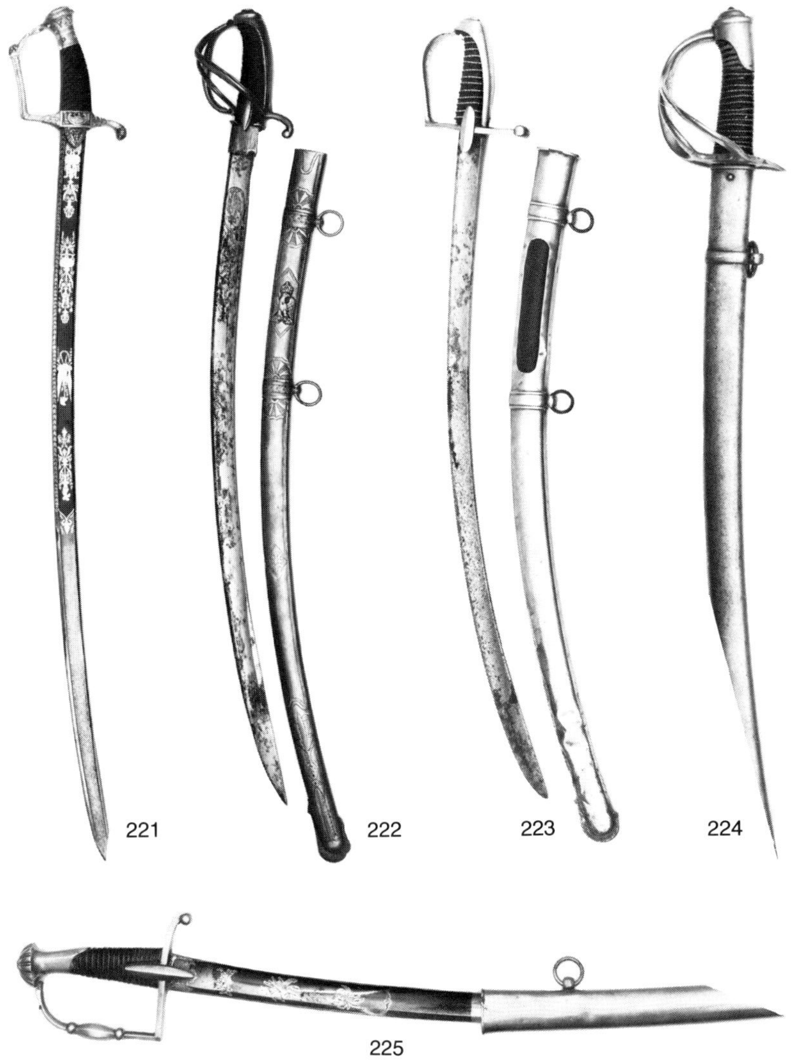

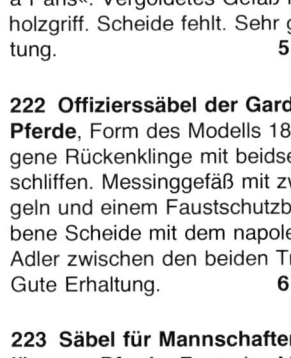

221 Generalssäbel aus der ersten Restauration (1814). Gekrümmte damaszierte Klinge mit Rücken tief geätzt, gebläut und vergoldet. Auf der Klinge Herstellerbezeichnung »Le Page Arquebusier du Roi a Paris«. Vergoldetes Gefäß mit Ebenholzgriff. Scheide fehlt. Sehr gute Erhaltung. **5 000,–/6 000,–**

222 Offizierssäbel der Gardejäger zu Pferde, Form des Modells 1802. Gebogene Rückenklinge mit beidseitigen Hohlschliffen. Messinggefäß mit zwei Seitenbügeln und einem Faustschutzbügel. Getriebene Scheide mit dem napoleonischen Adler zwischen den beiden Trageringen. Gute Erhaltung. **6 000,–/7 000,–**

223 Säbel für Mannschaften der Gardejäger zu Pferde. Form des Modells 1802. Gebogene Rückenklinge mit beidseitigen Hohlschliffen. Messinggefäß mit Faustschutzbügel. Messingscheide, zwischen den beiden Tragebändern durchbrochen und mit Leder unterfüttert. Gute Erhaltung. **2 000,–/3 000,–**

224 Säbel der leichten Kavallerie, Form des Modells 1822. Gekrümmte Rückenklinge mit beidseitigem Hohlschliff. Messinggefäß mit einem Faustschutz- und zwei Seitenbügeln. Griff mit Leder überzogen und mit Messingdrahtwicklung. Eisenscheide mit einem Tragring. Gute Erhaltung. **500,–/700,–**

225 Offizierssäbel der leichten Kavallerie, sogenannter »Sabre à l'Allemande«. Form um 1800. Gekrümmte Rückenklinge. Etwa bis zur Mitte mit Trophäen geätzt, gebläut und vergoldet. Bügelgefäß aus Messing. Der Griff mit Leder bezogen und mit Kupferdraht umwickelt. Messingscheide mit zwei Tragringen. Gute Erhaltung. **1 200,–/1 500,–**

226 Kavallerie-Perkussionspistolen Modell 1822, später aptiert auf Perkussion. Achtkantiger, nach vorn in rund übergehender glatter Lauf. Auf der Schloßplatte Herstellerbezeichnung der Manufaktur Mutzig. Eiserner Ladestock, Messingbeschläge. Gute Erhaltung. **1 500,–/1 800,–**

Blankwaffen und Schußwaffen 123

227 Seitenwaffe der Marineartillerie, in der Form um 1800. Gekrümmte Rückenklinge mit beidseitigem Hohlschliff. Oberhalb des Klingenansatzes auf jeder Seite ein stehender Bär eingeätzt. Auf dem Klingenrücken Herstellerbezeichnung »Daniel Kirschbaum Fabricant à Solingen«. Gefäß aus gegossenem Messing und in Löwenkopfform gestaltet. Lederscheide mit Messingbeschlägen. Gute Erhaltung.
2 000,–/2 500,–

228 Säbel für Tamboure, um 1800. Gekrümmte Rückenklinge mit beidseitigem Hohlschliff. Gefäß aus Messing, der Knauf als Hahnenkopf ausgebildet. In der Mitte der Parierstange halbplastischer Löwenkopf, die Parierstangenenden in vollplastischen Löwenköpfen endend. Gute Erhaltung.
2 500,–/3 000,–

229 Kurzschwert der Ecole militaire auf dem Marsfeld, Modell 1794. Zweischneidige Klinge mit Mittelgrat. Messinggefäß. Der Griff in übereinanderliegenden Lorbeerblättern gestaltet. Scheide mit Messingbeschlägen. Gute Erhaltung.
3 500,–/4 000,–

230 Kavallerie-Offizierssäbel, Anfang 19. Jh., im Mamelucken-Stil. Stark gekrümmte Rückenklinge. Vergoldetes Gefäß mit Elfenbeingriff. Messingscheide mit zwei Tragringen. Gute Erhaltung.
800,–/1 000,–

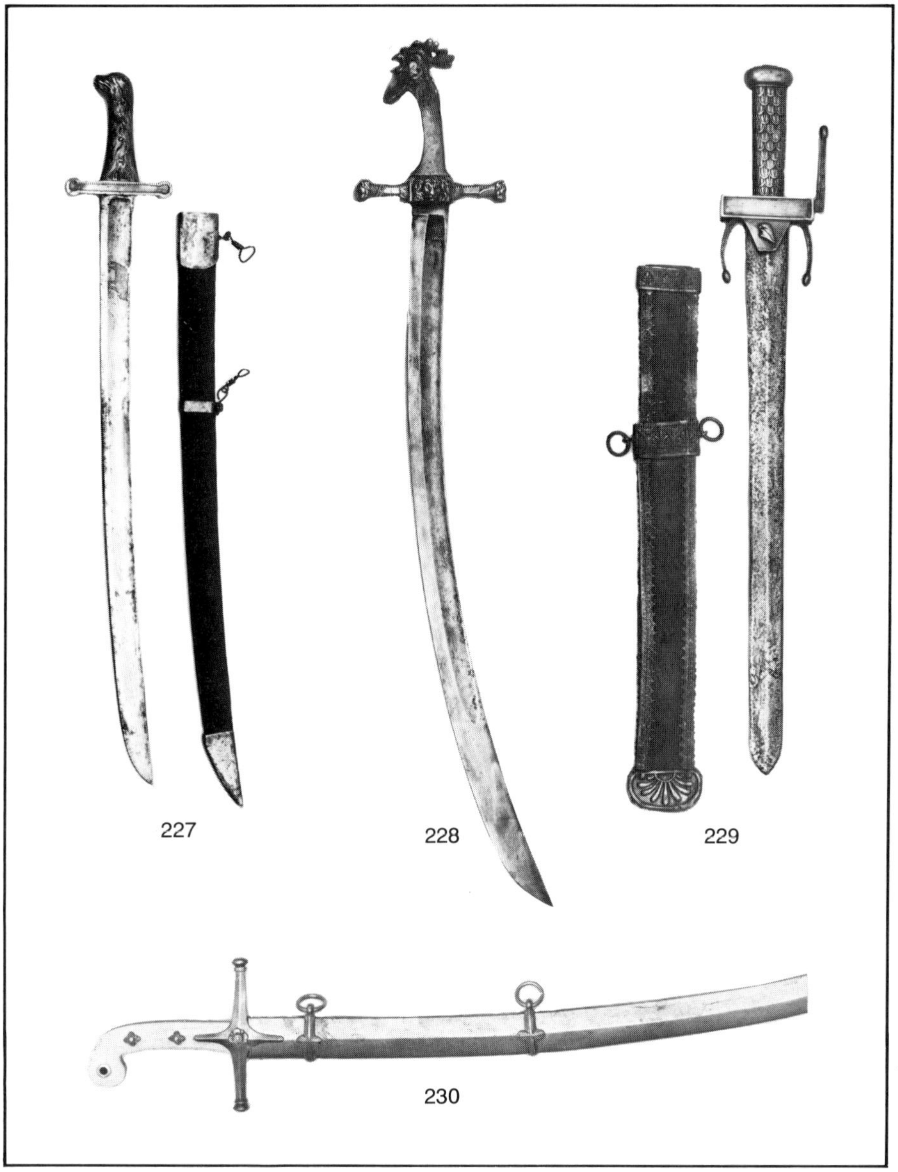

GROSSBRITANNIEN

231 Karabiner der Dragoner-Regimenter, in der Form um 1850, Schloß auf Perkussion aptiert. Hergestellt für die East India Company. Mäßig erhalten.
1 200,–/1 500,–

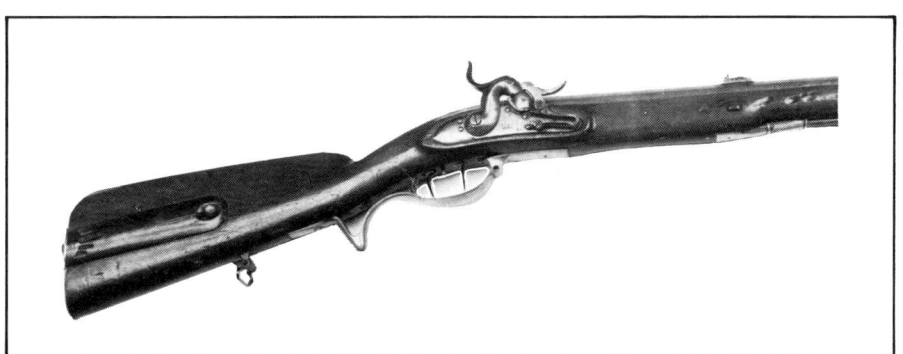

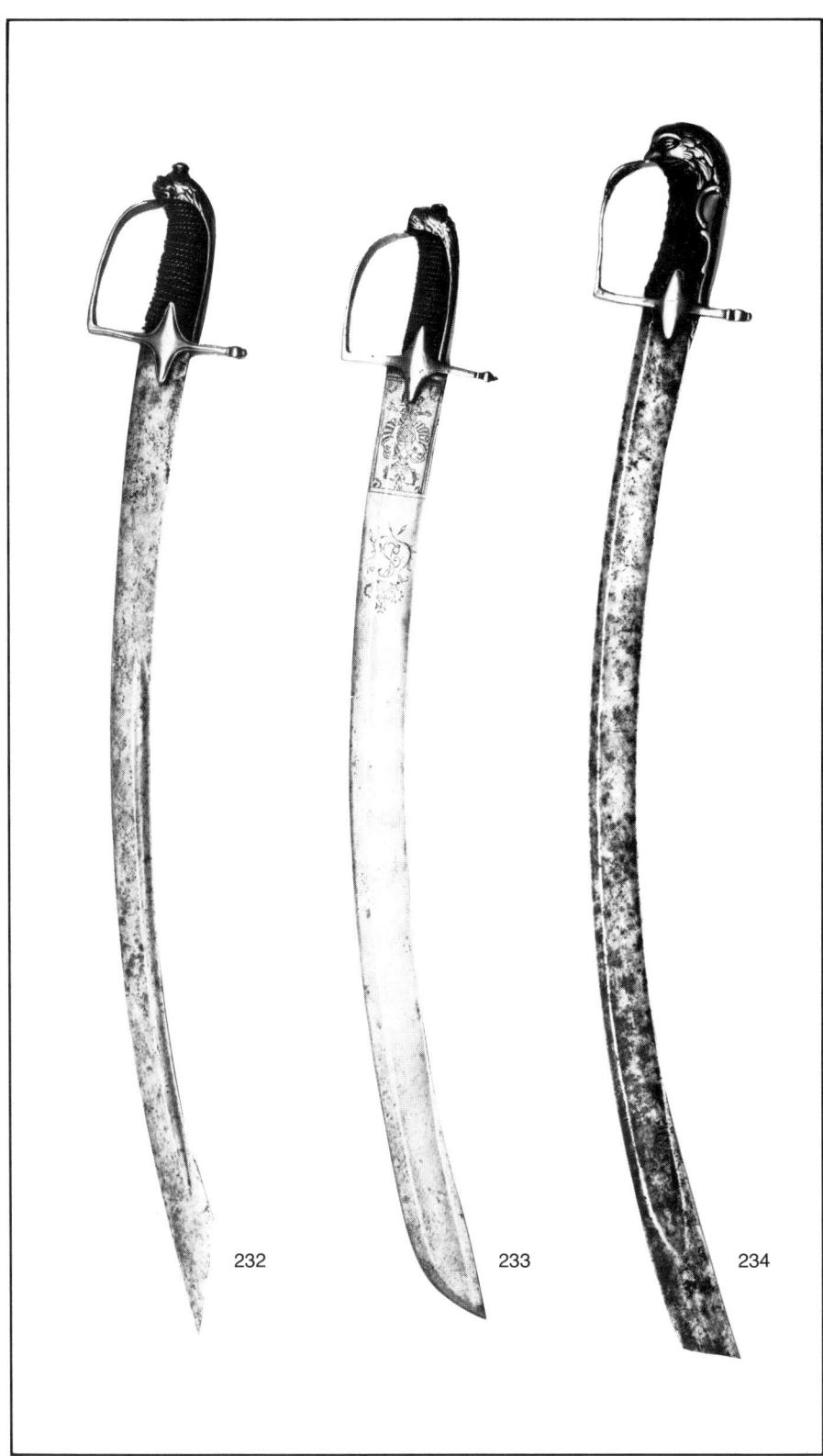

ÖSTERREICH

232 Prima-Plana-Unteroffizierssäbel, in der Form um 1775. Gekrümmte Rückenklinge. Gefäß aus Messing mit einfachem Faustschutzbügel und Knauf in Löwenkopfform. Der Griff mit Leder überzogen und Messingdraht umwickelt. Scheide fehlt (Prima Plana: das nicht in Reih' und Glied stehende Personal der Kompagnie; ursprünglich: bei den Landsknechten, die bei der Werbung auf das erste Blatt geschriebenen Söhne von Adeligen und Patriziern). Gute Erhaltung. **1 000,–/1 200,–**

233 Prima-Plana-Unteroffizierssäbel, um 1775. Breite Rückenklinge mit beidseitigem Hohlschliff. An der Fehlschärfe auf jeder Seite eingeätzt der große österreichische Doppeladler. Über dem Doppeladler eingeätzt gekröntes Monogramm »JLS«, vermutlich das des Regimentsinhabers. Bügelgefäß aus Messing, der Knauf in Löwenkopfform ausgebildet. Griff mit Leder überzogen und mit Kupferdraht umwickelt. Gute Erhaltung **1 200,–/1 500,–**

234 Offizierssäbel, Ende 18. Jahrhundert. Breite, gekrümmte Rückenklinge mit beidseitigem Hohlschliff. Messinggefäß mit Faustschutzbügel. Im Bügel das durchbrochene Monogramm »FII« für Kaiser Franz II. Der Knauf in Adlerkopfform. Scheide fehlt. Gute Erhaltung.
1 000,–/1 200,–

Blankwaffen und Schußwaffen

235 Säbel für Stabsoffiziere der Husaren, in der Form des Modells 1827. Gekrümmte Rückenklinge mit beidseitigem Hohlschliff. Eisernes Gefäß mit Faustschutz- und abklappbarem Seitenbügel. Das Griffstück mit Haifischhaut bezogen. Eiserne Scheide mit zwei Trageösen. Gute Erhaltung. **1 100,–/1 300,–**

236 Säbel für Beamte, in der Trageweise um 1900. Leicht gebogene Rückenklinge. Messinggefäß mit Korb, dieser durchbrochen. Griff mit Haifischhaut bezogen. Schwarze Lederscheide mit vergoldeten Beschlägen. Auf dem Mundblech herausgearbeitet das gekrönte Monogramm »FJI« für Kaiser Franz Josef I. Ein Tragring. Gute Erhaltung. **300,–/500,–**

237 Degen für hohe Eisenbahnbeamte, in der Trageweise um 1900. Vernickelte Rückenklinge. Messinggefäß, der Knauf als Erdkugel ausgebildet. Auf dem Stichblatt ein geflügeltes Rad und die Kaiserkrone. Schwarze Lederscheide mit Messingbeschlägen. Gute Erhaltung. **300,–/400,–**

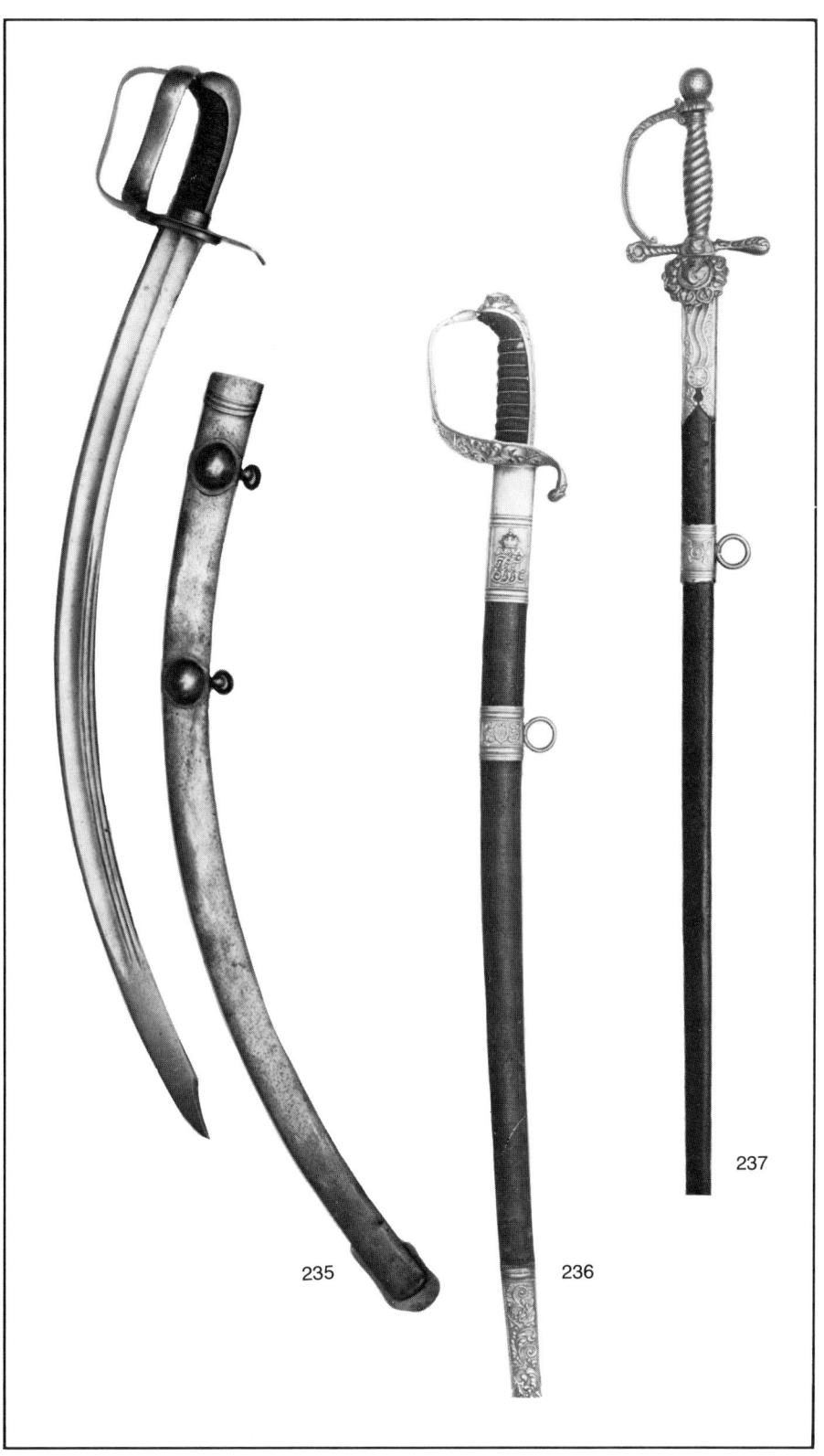

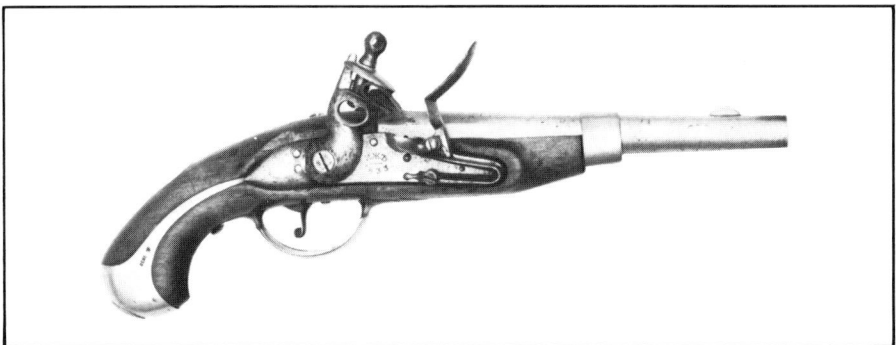

238

239   240   241

RUSSLAND

238 Steinschloßpistole, um 1833. Achtkantiger, in Rund übergehender Lauf mit linsenförmigem Korn. Eisernes Schloß. Auf der Schloßplatte eingeschlagen die Jahreszahl »1833«. Messingbeschläge wie alle anderen Teile der Pistole gestempelt, Halbschäftung. Gute Erhaltung.
2 500,–/3 000,–

239 Offizierssponton aus der Mitte des 18. Jahrhunderts. Eiserne Klinge, beidseitig eingeätzt der gekrönte russische Doppeladler. Unter dem Doppeladler auf der einen Seite außerdem die Buchstaben »GKW« eingraviert. Länge 207 cm. Gute Erhaltung. **2 500,–/3 000,–**

240 Offizierssponton, aus der Regierungszeit des Zaren Paul (1762–1773). Eiserne Klinge mit beidseitig eingeätztem, gekröntem »P« im Lorbeerkranz. Darunter die Bezeichnung für die kaiserlich-russische schleswig-holsteinische Infanterie. Reste von Vergoldung. Länge 221 cm. Gute Erhaltung. **2 500,–/3 000,–**

241 Unteroffiziers-Kurzgewehr, ebenfalls aus der Regierungszeit des Zaren Paul (1762–1773). Eiserne Klinge, im unteren Teil eingelegt das Monogramm »P« in silbernem Strahlenkranz. Eine Feder fehlt. Gute Erhaltung. **2 000,–/2 500,–**

242 Mannschaftssäbel für Husaren, aus der Regierungszeit der Zarin Elisabeth (1741–1762). Gekrümmte Rückenklinge mit beidseitigem Hohlschliff und eingeätztem, gekröntem Monogramm »E«. Eisernes Gefäß mit einfachem Faustschutzbügel. Lederscheide mit eisernen Beschlägen, Tragringe fehlen. Gute Erhaltung.
1 500,–/2 000,–

243 Mannschaftssäbel der Kavallerie, Modell 1826, nach französischem Vorbild. Gekrümmte Rückenklinge, auf dem Klingenrücken eingeschlagenes Herstellungsjahr 1829. Messinggefäß mit einem Faustschutz- und zwei Seitenbügeln. Griff mit Leder überzogen. Eiserne Scheide mit zwei Tragringen. Gute Erhaltung.
800,–/1 200,–

244 Infanterie-Offizierssäbel, Modell 1913. Vernickelte, gekrümmte Klinge mit beidseitig drei Hohlschliffen. Auf der Klinge eineätzt der russische Doppeladler und das Monogramm »NII« für Nikolaus II. Auf der Klinge Geschenkgravur für den Offizier Denisow, dem den Säbel ein Kamerad 1915 überreichte. Messinggefäß mit einfachem Faustschutzbügel. Vergoldete Messingscheide. Gute Erhaltung.
1 000,–/1 200,–

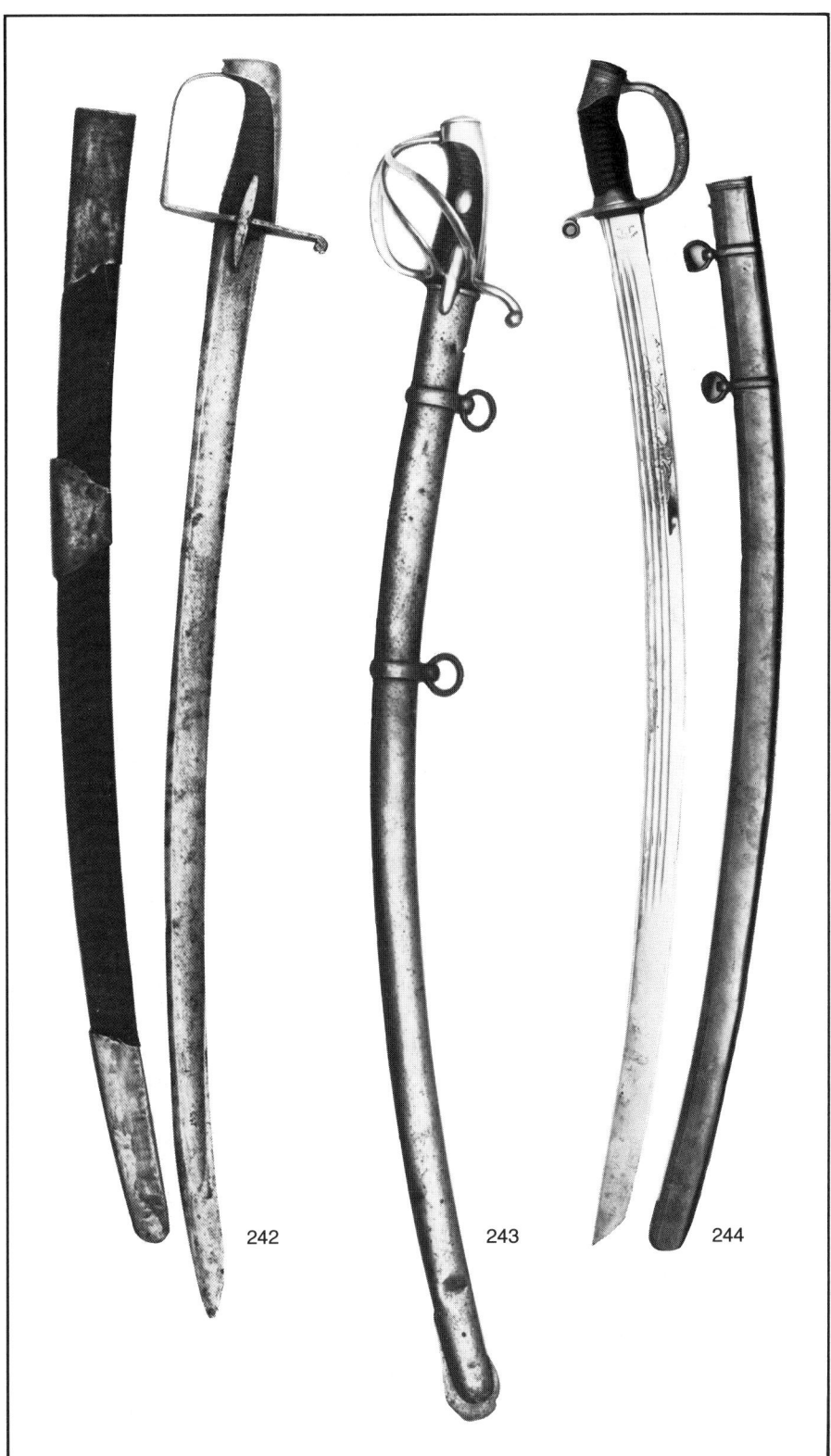

245

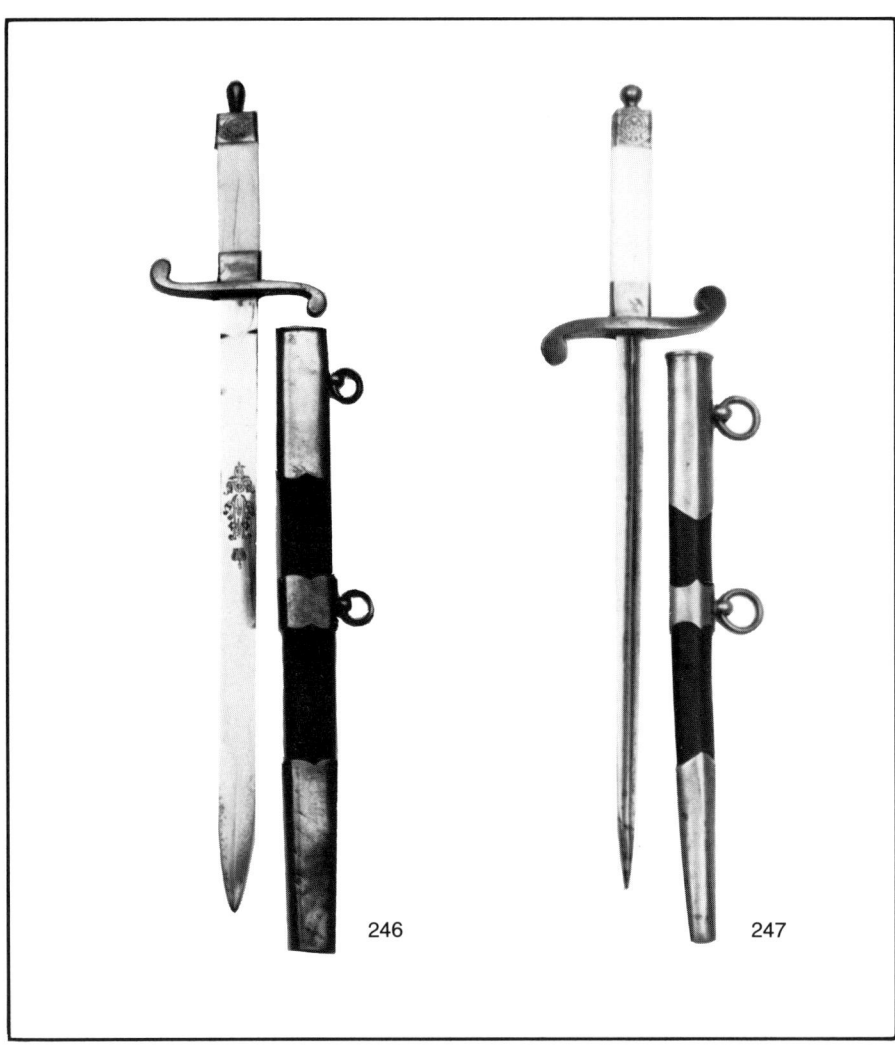

246 247

245 Polizeipistole, um 1850. Achtkantiger, in rund übergehender glatter, großkalibriger Lauf. Perkussionsschloß mit rückliegender Feder. Eiserne Beschläge. Schwenkbarer Ladestock. Gute Erhaltung.
2 500,–/3 000,–

246 Flieger-Offiziersdolch, aus der Zeit des Ersten Weltkrieges. Geätzte Klinge mit Monogramm »NII« für Nikolaus II. sowie einer Flugzeugdarstellung. Griff aus Elfenbein. Knauf und Parierstange aus vergoldetem Messing. Auch auf dem Knauf das kaiserliche Monogramm. Komplett mit Lederscheide, diese mit Messingbeschlägen und zwei Tragringen. Gute Erhaltung. 2 500,–/3 000,–

247 Marine-Offiziersdolch, aus der Zeit des Ersten Weltkrieges. Rhombenförmige Klinge, Griff aus Elfenbein. Knauf und Parierstange aus Messing. Auf dem Knauf das kaiserliche Monogramm. Schwarze Lederscheide mit Messingbeschlägen. Gute Erhaltung. 1 500,–/1 800,–

UNGARN (TITULARKÖNIGREICH)

248 Paradesäbel für Offiziere der königlich ungarischen Donauflottille.
Reich geätzte Klinge. Vernickeltes Löwenkopfgefäß mit eingesetzten Glasaugen. Auf dem Stichblatt Ankeremblem. Vernickelte Stahlscheide mit zwei Trageringen. Komplett mit Portepee und Trageriemen. Gute Erhaltung. **1 200,–/1 500,–**

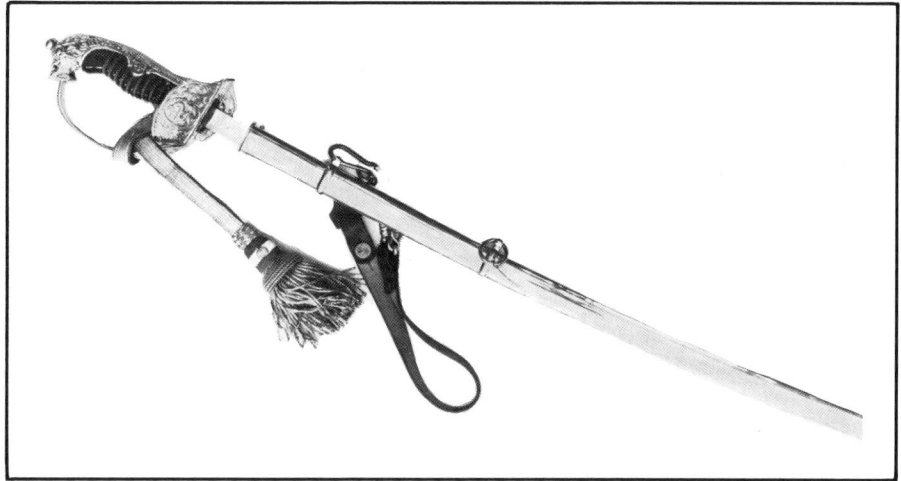

248

VATIKAN

249 Schwert zur Uniform des Ordens vom Heiligen Grabe. Vernickelte Klinge. Weiße Griffschalen. In der Mitte der Parierstange rotes, aufgelegtes Ordenskreuz. Scheide mit Samt bezogen. Mund- und Ortblech vergoldet. Gute Erhaltung. **500,–/600,–**

250 Schwert zur Uniform des St.-Georgs-Ordens. Vernickelte Klinge. Vergoldetes Bronzegefäß. Auf dem Stichblatt das rot emaillierte Ordenskreuz. Weiße Perlmuttergriffschalen. Scheide mit schwarzem Samt bezogen. Gute Erhaltung. **500,–/600,–**

251 Schwert zur Uniform des St.-Sylvester-Ordens. Ähnliche Ausführung wie das Schwert des St.-Georgs-Orden. Auf der Parierstange das weiß emaillierte Ordenskreuz. Gute Erhaltung. **500,–/600,–**

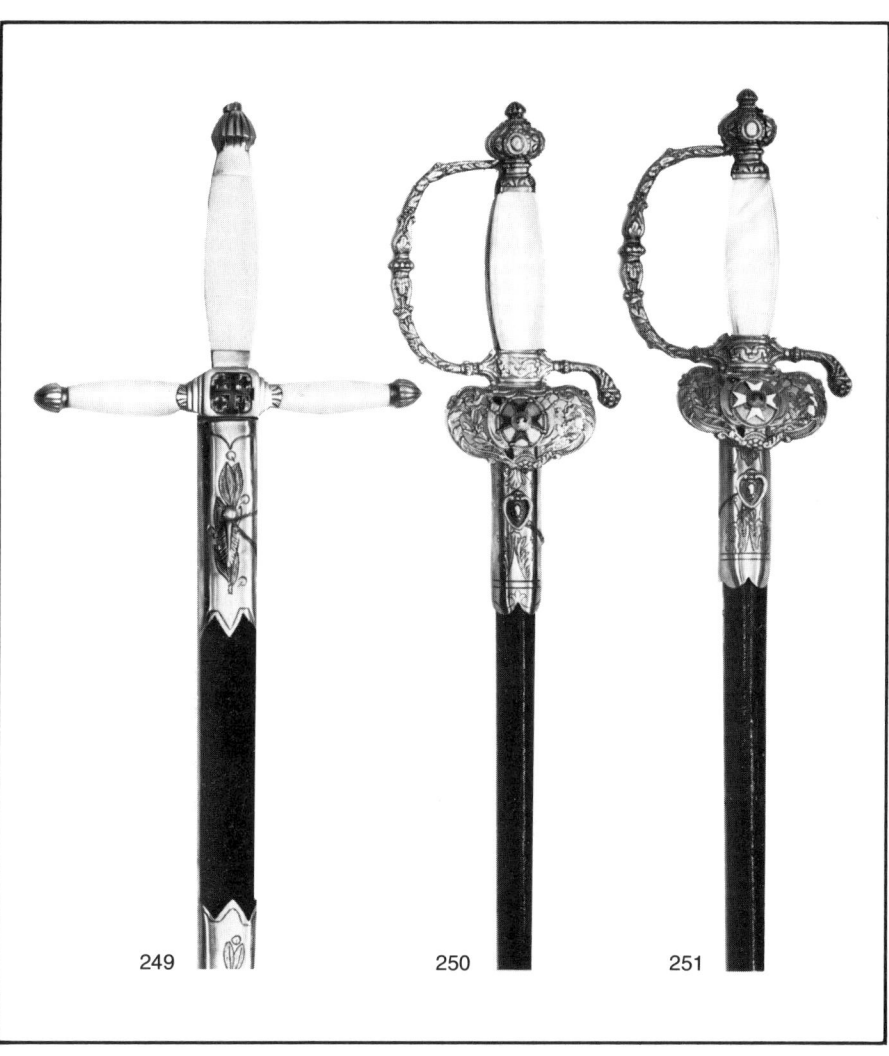

249 250 251

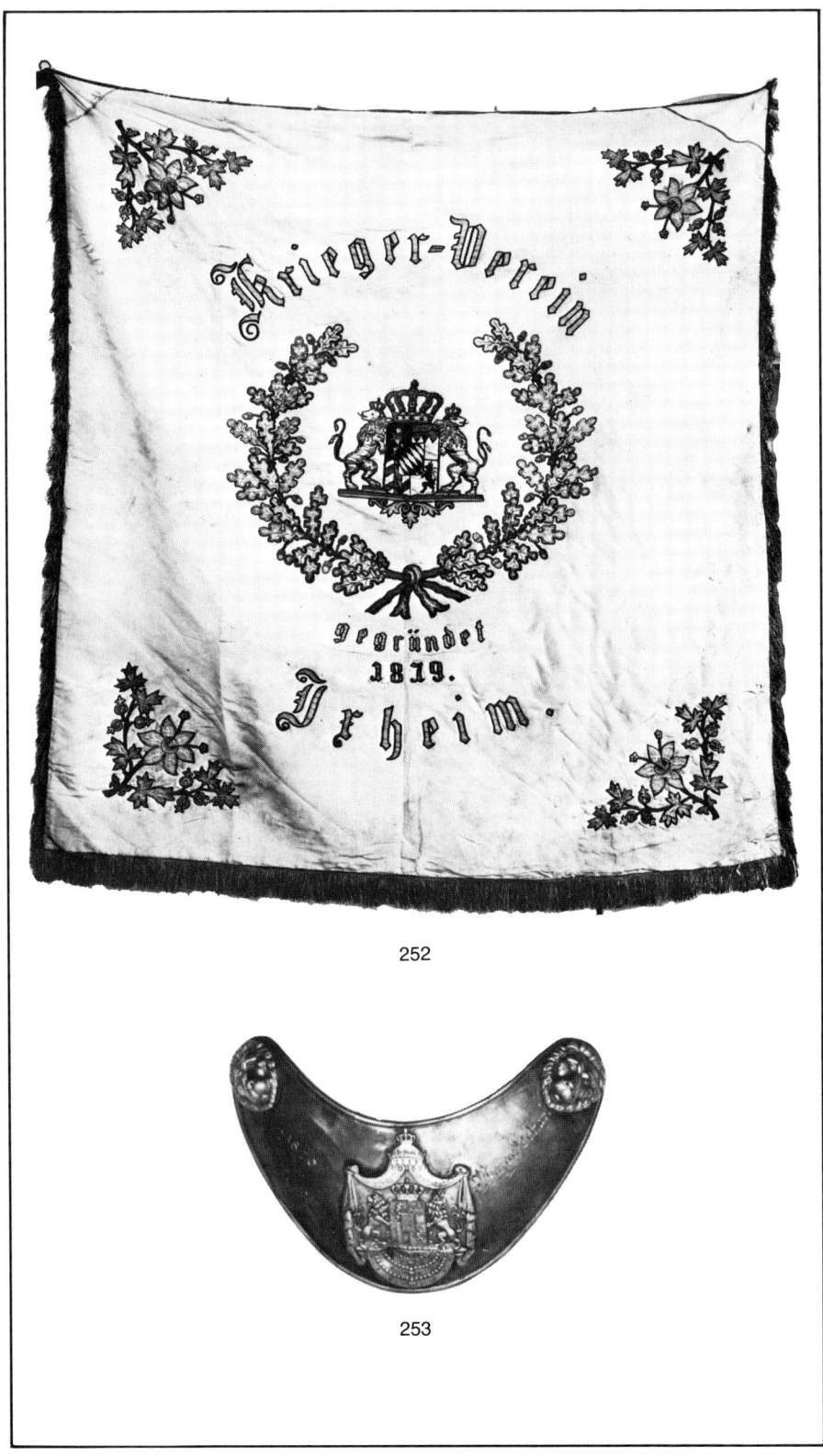

252

253

Fahnen, Fahnenspitzen, Ringkragen, Schabrunken und Paukenbehänge

BAYERN

252 Fahne des Kriegervereins Irheim.
Hellbeige Seide mit Stickereien: Vorne das farbig gestickte Reichswappen, rückseitig das bayerische Wappen mit Ortsinschrift und Gründungstag. Mittlere Erhaltung. **1800,–/2 000,–**

253 Ringkragen, Modell 1837, so getragen bis zum Jahre 1873. Schild aus Eisen, aufgelegt das bayerische Wappen in Messing im großen Wappenmantel. An den beiden oberen Enden zwei halbplastische Löwenköpfe ebenfalls aus Messing. Gute Erhaltung. **400,–/600,–**

HESSEN-DARMSTADT

254 Fahnenspitze des Leibgarde-Infanterie-Regimentes Nr. 115, 3. Bataillon. Aus feuervergoldeter Bronze mit doppeltem gekröntem »L« und dem Großkreuz des Eisernen Kreuzes, das dem Regiment verliehen wurde. Höhe 29 cm. Gute Erhaltung. **2500,–/3500,–**

MECKLENBURG-SCHWERIN

255 Fahnenspitze, 19. Jahrhundert. Ausführung in gegossener, vergoldeter Bronze. Vorderseitig das gekrönte neusilberne Wappenschild, rückseitig durchbrochenes Spielmonogramm »FF« für Friedrich Franz. 18 x 9,5 cm. Gute Erhaltung. **2000,–/2500,–**

OLDENBURG

256 Fahne eines Vereins ehemaliger Kavalleristen aus Eutin und Umgebung. Fahnenstoff aus Seide, beidseitig prächtig bestickt. Dazu Fahnenstange und Fahnenspitze. Gute Erhaltung. **2000,–/2500,–**

254

255

256

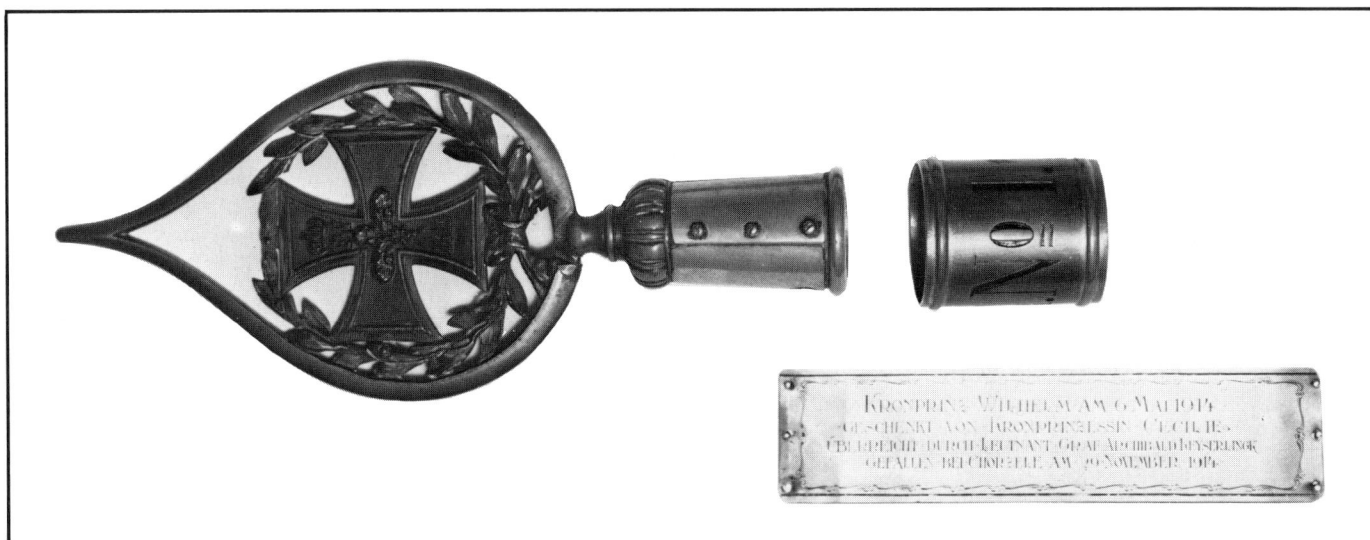

257

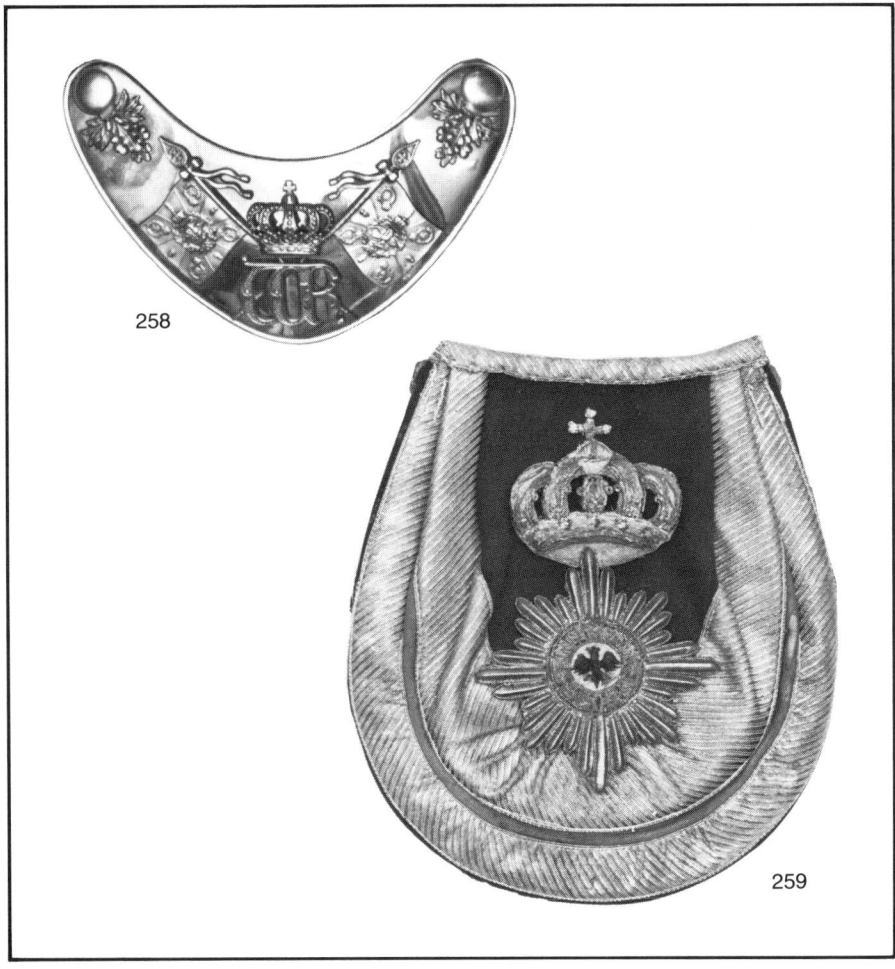

PREUSSEN

257 Fahnenspitze, Ring und silberne Geschenkplakette aus dem 1. Husarenregiment. Bronzene Fahnenspitze, im Mittelfeld das Eiserne Kreuz inmitten von Lorbeer und Eichenlaub. Auf der Tülle eingraviert »Tobitschau 15. Juli 1866«, auf dem Ring »H.R.No. I« für Husarenregiment Nummer 1« und auf der silbernen Widmungsplakette Inschrift »Kronprinz Wilhelm am 6. Mai 1914 geschenkt von Kronprinzessin Cecilie. Überreicht durch Leutnant Graf Archibald Kaiserlingk, gefallen bei Chorzele am 29. November 1914«. Sehr gute Erhaltung. 4 500,–/5 000,–

258 Ringkragen für Fahnenträger der Linieninfanterie-Regimenter, Modell 1898, komplett mit Kette. Vernickeltes Blech. Aufgelegt das gekrönte Monogramm »WR« für Wilhelm Rex, zwischen zwei wehenden Regimentsfahnen. In den Ecken zwei platzende Granaten. Die Montierungen in Messing. Sehr gute Erhaltung. 1 500,–/1 800,–

259 Einzelne Schabrunke (Decke über den Pistolenhalftern) für Offiziere aus dem Gardekürassierregiment, in der Form um 1900. Kornblumenblaues Grundtuch mit breiter Silbertresse und gesticktem Stern des schwarzen Adlerordens. Darüber die silbergestickte preußische Königskrone. Gute Erhaltung. 1 200,–/1 500,–

260

260 Parade-Paukenbehang aus einem preußischen Kürassierregiment in der Form um 1900. Weinroter Samt mit fünf silberbestickten Feldern abwechselnd mit dem preußischen gekrönten Adler und dem königlichen Monogramm. In den Winkeln weiße Seidenfütterung, daran anhängend vier rote und zwölf silberne Quasten. Rückseitige Abfütterung mit rotem Saffianleder. Sehr gute Erhaltung.
20 000,–/25 000,–

261 Schabracke der Stabsoffiziere des 1. Garderegiments zu Fuß. Blaues Tuch, umlaufend doppelte Silbertresse. Gute Erhaltung. **1 800,–/2 000,–**

262 Schabracke und Schabrunken für Generale. Dunkelblaues Tuch, dreifacher Goldtressenbesatz, gestickte Sterne vom Schwarzen Adler-Orden mit Krone. Gute Erhaltung. **3 800,–/4 200,–**

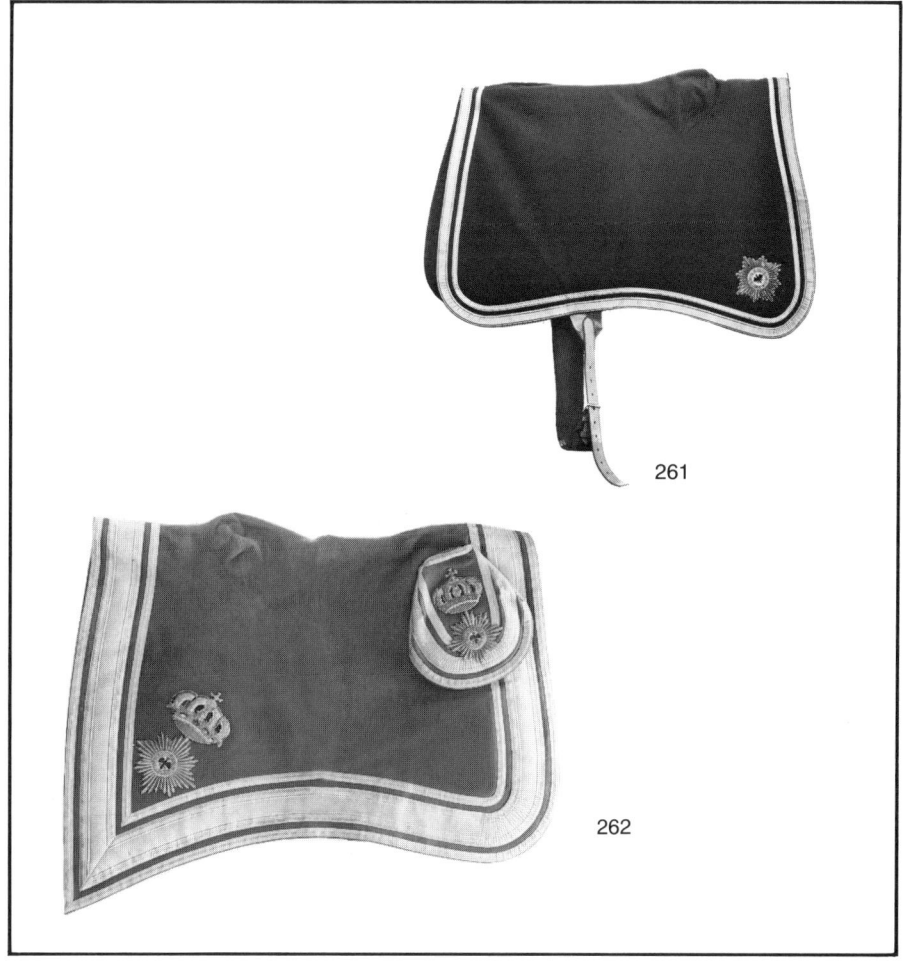

261

262

SACHSEN

263 Standarte des letzten Königs, Friedrich August III. (1904–1918). Schwarz-gelb gestreiftes Seidentuch mit schräg laufender grüner Rautenkrone (also Darstellung des Wappens). Auf drei Seiten mit Fransen besetzt (lediglich die Königsstandarte trug Fransen). 80 x 80 cm. Aus dem Nachlaß des letzten Adjutanten des sächsischen Königs, Graf Pfeil. Gute Erhaltung. 6 000,–/8 000,–

264 Fahne und Stange mit Fahnenspitze aus dem Kriegerverein »Appel-Mohorn«. Seidenes Tuch. Sehr feine Stickereien. Zweiteilige Fahnenstange mit zahlreichen Beschlägen. Die Fahnenspitze in Form der Germania. Sehr gute Erhaltung. 2 500,–/3 000,–

Fahnen, Fahnenspitzen, Ringkragen, Schabrunken und Paukenbehänge

WÜRTTEMBERG

265 Fahnenspitze aus der Regierungszeit von König Friedrich I. (1806–1816). Ausführung in feuervergoldeter Bronze. Auf der einen Seite das gekrönte Monogramm »FR«, auf der anderen das gekrönte Wappen. Mittlere Erhaltung. **2 500,–/3 000,–**

266 Fahne des Kriegervereins Hochdorf. Rote Seide mit vielfältiger Stickerei. Vorderseitig das württembergische Wappen mit der Inschrift: »Kriegerverein Hochdorf 1899–1901«. Rückseitig die Symbole der Waffengattungen Infanterie, Artillerie und Kavallerie. Inschrift: »Deutschlands Ehre, Ruhm und Taten halten aufrecht wir Soldaten«. Komplett mit Fahnenband. Gute Erhaltung. **1 800,–/2 000,–**

DEUTSCHES REICH

267 Kaiserstandarte. Quadratisches goldgelbes Tuch mit dem Eisernen Kreuz von 1870, in der Mitte goldener, mit der Kaiserkrone gekrönter Wappenschild mit dem Reichsadler, der Schild umgeben mit der Kette des Schwarzen Adlerordens. Stoffdruck. Gute Erhaltung. **4 000,–/5 000,–**

266

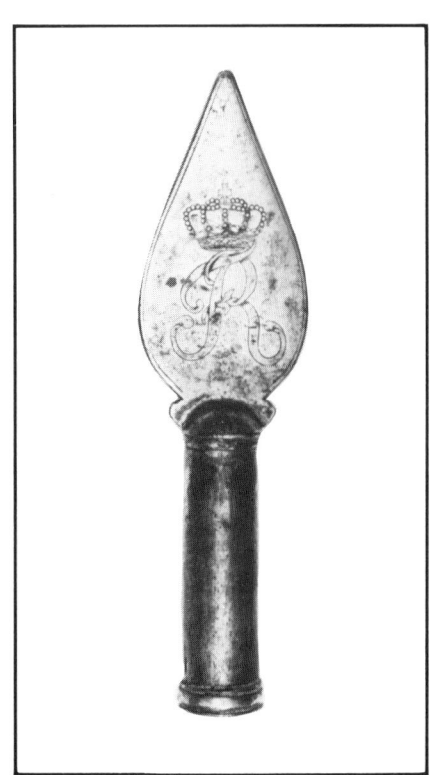

265

267

268

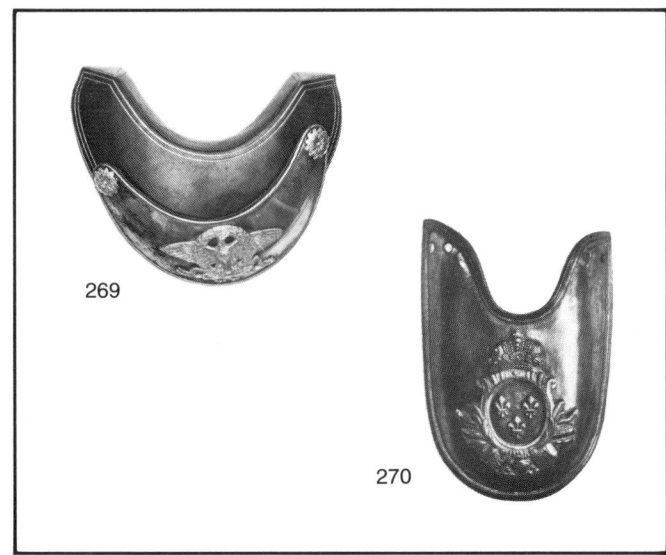

271

FRANKREICH

268 Fahnenadler für Regimentsfahnen, in der Form des Modells 1804. Feuervergoldete Bronzeausführung. Regimentsnummer und die sogenannte »Zigarre« fehlen. Sockelbefestigung restauriert. Hochbedeutendes napoleonisches Sammlungsstück. Gute Erhaltung.
25 000,–/30 000,–

269 Ringkragen des Marschalls Conte Filippo Severoli, komplett mit originalem Lederetui. Feuervergoldetes Messingschild mit aufgelegtem Adler. Dem Ringkragen liegt eine ausführliche Biographie des Marschalls bei, der die napoleonischen Truppen in Italien kommandierte. Gute Erhaltung.
3 000,–/4 000,–

270 Offiziers-Ringkragen aus dem Regiment der »Nobles à pied de Condé«. Versilbert, mit Bronzeauflage. 1791 entstand dieses Regiment aus Emigranten auf seiten der Alliierten, wechselte 1798 in russische Dienste. 1800 übernahm England die Finanzierung des Regiments. Gute Erhaltung.
2 000,–/3 000,–

271 Eisengegossener Adler, im Stil der Regimentsfahnenadler. Auf schwarzem Holzsockel. Schöne Patina. Höhe 30 cm.
300,–/400,–

Fahnen, Fahnenspitzen, Ringkragen, Schabrunken und Paukenbehänge 137

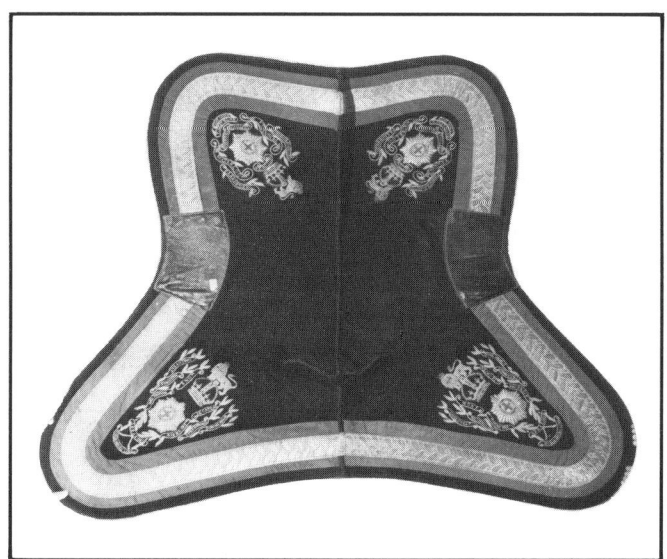
272

274

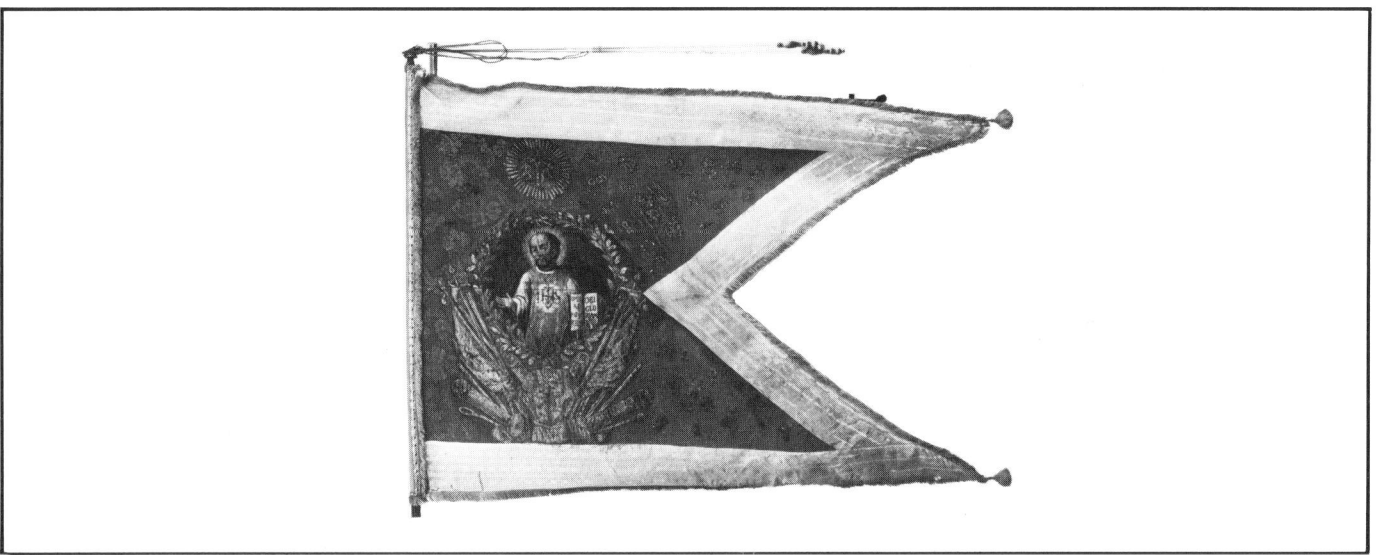
273

GROSSBRITANNIEN

272 Paradeschabracke für Offiziere aus dem 1. königlichen Dragonerregiment, in der Form von 1920. Schwarzes Grundtuch, in den Winkeln vier silbern gestickte Sterne des Hosenbandordens, eingefaßt mit Schlachtennamen. Einfassung mit roter Borte, die in ihrer Mitte eine goldene Tresse trägt. Gute Erhaltung.
1 200,–/1 500,–

ÖSTERREICH

273 Kirchenfahne, 18. Jh. Doppelstander aus beidseitig fein bemalter Seide. Aposteldarstellung über Waffentrophäen. Kaisergelbe Franseneinfassung. Geschnitzte und bemalte Fahnenstange. Mäßige Erhaltung. **1 000,–/1 500,–**

POLEN

274 Traditionsfahne des Infanterieregiments »Koło Błonskie«, zur Erinnerung an die Kämpfe des Regimentes 1914 bis 1921. Silber- und Goldstickerei auf rot-weißem Grund. 100 x 100 cm. Guter Erhaltungszustand. **3 000,–/4 000,–**

Militärische Erinnerungsstücke

BILDER

275 Ölgemälde (Ausschnitt) von Richard Knötel: Einzug der preußischen Landwehr in Leipzig 1813. In der rechten unteren Ecke Signatur. Öl auf Karton. Ohne Rahmen. Zwei Ecken gering bestoßen. 46 x 64 cm. Gute Erhaltung. 5000,–/6000,–

276 Ölgemälde (Ausschnitt) von Paul Weinrich: »Garde du Corps – Patrouille«. Signiert und datiert Berlin 1900. Öl auf Leinwand. 54 x 54 cm ohne Rahmen. Gute Erhaltung. 2000,–/2500,–

277 Elfenbeinminiatur mit Darstellung Ludwigs XVI. Mit Signatur »David«. Vergoldeter Messingrahmen. Gute Erhaltung. 1200,–/1400,–

275

276

277

Militärische Erinnerungsstücke 139

278 Porträt Alexanders I., (Ausschnitt), (1801–1825). Öl auf Leinwand. Darstellung des Zaren in Generalsuniform. Mit dem Stern des russischen Andreasordens und dem Emailleband des englischen Hosenbandordens sowie anhängendem schwedischem Schwertorden. Das einmalige Exemplar dieses Ordens befindet sich im Artilleriemuseum Leningrad. Maler unbekannt, jedoch im Stil der Krügerschen Schule. 86 x 64 cm. Sehr gute Erhaltung.
3 000,–/4 000,–

279 Großes Gruppenfoto des Trompeterkorps der Gardedukorps. Mit handschriftlichem Vermerk: »Herrn Kamerad Kamberg zur Erinnerung an die Gardedukorps, Lingert, 6.11.1899, freundlich gewidmet L. Lehmann, kgl. Musikdirigent«. 39 x 49 cm. Sehr gute Erhaltung.
600,–/800,–

278

279

280 Erinnerungsbild eines Infanteristen aus der 1. Kompanie des 8. bayerischen Infanterie-Regiments in Metz, datiert 1910. Die Reservisten der 1. Kompanie bei der Abschiedsfeier versammelt. Gerahmt und unter Glas. Gute Erhaltung. **80,–/120,–**

281 Erinnerungsbild eines Reservisten aus der 4. Eskadron des großherzoglich hessischen Dragoner-Regiments, Dienstzeit 1899 bis 1902. Gerahmt und unter Glas. **80,–/120,–**

PLASTIKEN

282 Bronzestatue Friedrichs des Großen zu Pferde. In Felduniform mit umgehängtem Mantel und Zweispitz. An der linken Seite Stern des Schwarzen Adlerordens. Mit der rechten Hand die Truppe grüßend, mit der linken die Zügel haltend. Am Marmorsockel Messingschild mit Widmung für einen scheidenden Regimentskommandeur. Gute Erhaltung.
3 500,–/4 000,–

283 Bronzefigur Friedrichs des Großen in feldmäßiger Uniform mit Zweispitz und Mantel. Höhe 27 cm. Gute Erhaltung.
1 200,–/1 500,–

284 Bronzebüste des Markgrafen Karl von Brandenburg. Büste im Stil eines Torso, zeigt den Markgrafen im jugendlichen Alter mit Umhang. Um den Hals Pour le Mérite, an der linken Seite Großkreuzstern des Schwarzen Adlerordens. Die Büste steht auf einem Marmorsockel, der eine Widmungsplakette für den scheidenden Kommandeur eines Infanterieregimentes trägt. Höhe der Büste 42 cm. Gute Erhaltung.
1 000,–/1 200,–

282

283   284

285

286

285 Bronzebüste Friedrich Wilhelms IV. von Preußen, nach einer Arbeit des Bildhauers C. Rauch. Im Stil eines Torso. Vorderseitig eingraviert die Darstellungsbezeichnung, rückseitig Herstellersignatur. Sehr feine Ausführung. Gute Erhaltung.
3 000,–/4 000,–

286 Porzellanfigur eines Offiziers vom 1. preußischen Leibhusarenregiment in der Adjustierung von 1809. Feldmäßige Uniformierung. Der Husarenoffizier hält in der rechten Hand den Säbel, mit der linken die Zügel. Im Boden Marke der Porzellanmanufaktur Nymphenburg. Etwas restauriert. Gute Erhaltung. **1 800,–/2 000,–**

287 Bronzefigur eines preußischen Infanteristen der Befreiungskriege. In der rechten Hand das Infanteriegewehr mit aufgepflanztem Bajonett. Auf dem Rücken feldmarschmäßiger Tornister. Die Figur steht auf einem schwarzen Marmorsockel, daran vorderseitig silbernes Widmungsschild für einen scheidenden Major aus dem Kaiser-Alexander-Garde-Grenadier-Regiment Nr. 1. Höhe 49 cm. Gute Erhaltung. **1 200,–/2 500,–**

288 Porzellanfigur eines Offiziers der bayerischen Garde du Corps in der Uniformierung von 1814 bis 1825. Der Offizier trägt Bügelhelm mit Bärenfellraupe und Lorbeerblattverzierung um den Bund. Er ist bekleidet mit Kürass und hohen Stulpenstiefeln. Alle Uniformteile sind detailgetreu gestaltet und gemalt. Im Boden Marke der Porzellanmanufaktur Nymphenburg. Eine kleinere Beschädigung. Höhe 31 cm. Gute Erhaltung.
1 800,–/2 000,–

287

288

Militärische Erinnerungsstücke 143

289 Ehrengeschenk des Offizierscorps der 7. preußischen Armee für den scheidenden Kommandeur, General der Infanterie von Lentze. Aus Marmor und Silber bestehendes Denkmal. Oben Standbild Kaiser Wilhelms I. Auf dem Zwischensockel das emaillierte Wappen des Generals. Auf dem Hauptsockel drei silberne Porträts preußischer Könige. Am Sockelfuß zehn silberne vollplastische Figuren aus den verschiedenen Truppenteilen. Dazwischen Widmungsplakette. Das Ehrengeschenk wurde im Jahre 1901 überreicht. Höhe 94 cm. Gute Erhaltung. **25 000,–/30 000,–**

290 Stehende Hartblei-Figur eines bayerischen Grenadiers aus der Zeit der Befreiungskriege. Der Grenadier in feldmarschmäßiger Ausrüstung mit Gewehr unter dem Arm. Auf weißen Marmorsockel montiert, Gesamthöhe 45 cm. Sehr gute Erhaltung. **800,–/1 000,–**

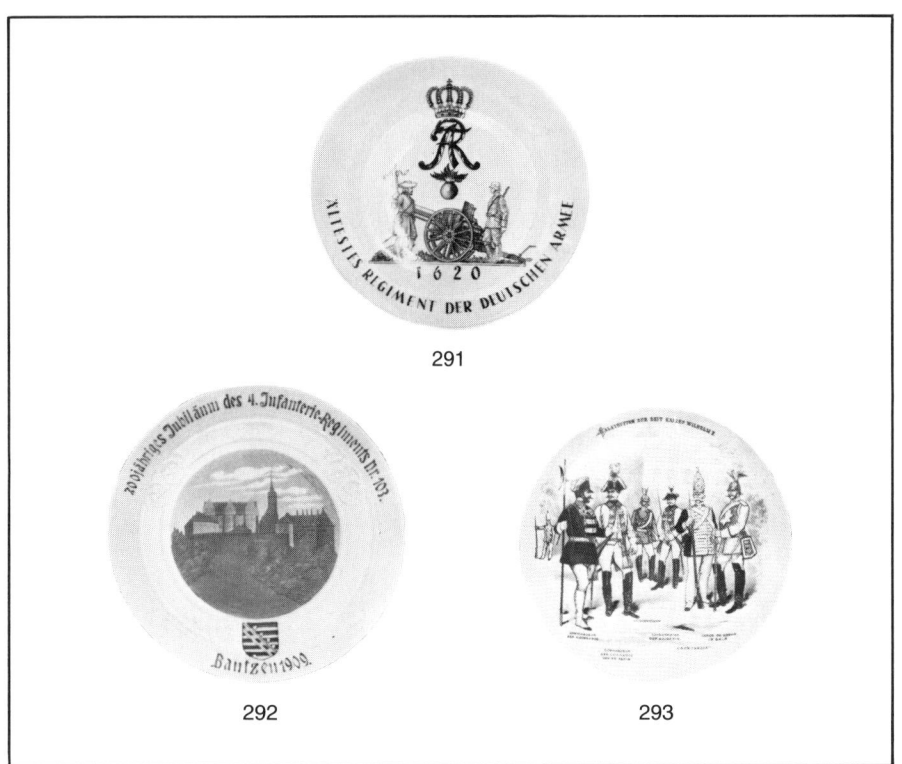

291

292   293

294

295

PORZELLAN UND STEINZEUG

291 Erinnerungsteller aus dem 1. sächsischen Feldartillerieregiment Nr. 23. Weißes Porzellan mit blauer Bemalung. Unter dem königlich sächsischen Monogramm ein Artillerist aus dem Dreißigjährigen Krieg und ein Artillerist aus der Zeit um 1930. Durchmesser 25 cm. Rückseitig Meißener Schwertermarke. Gute Erhaltung. **400,–/500,–**

292 Erinnerungsteller zum zweihundertjährigen Jubiläum des 4. sächsischen Infanterieregiments Nr. 103, Bautzen 1909. Weißes Porzellan. Im Mittelfeld farbige Darstellung der Festung Bautzen, umlaufend Inschrift. Rückseitig Meißener Schwertermarke. Durchmesser 25 cm. Gute Erhaltung. **400,–/500,–**

293 Porzellanteller mit Darstellung der preußischen Galatruppen zur Zeit Kaiser Wilhelms II. Dabei Gardedukorps, Schloßgardekompanie, Leibgarde der Kaiserin, Leibgendarmerie. Rückseitig Herstellerbezeichnung der Firma Villeroy & Bosch in Mettlach. Durchmesser 22 cm. Gute Erhaltung. **300,–/450,–**

294 Erinnerungsbierkrug auf das 100jährige Bestehen des bayerischen Infanterie-Leibregiments (1814–1914). Krug aus Steinzeug. Deckelheber in Form einer Krone. Auf dem Krug mehrfarbig dargestellte stürmende Infanteristen. Gute Erhaltung. **600,–/800,–**

295 Mettlach-Erinnerungskrug eines Infanteristen aus dem 85. preußischen Infanterieregiment »Herzog von Holstein«. Der Krug bemalt mit Manöverszene des Regimentes. Auf dem Krug Zinndeckel mit Waffentrophäen. Deckelheber in Form eines Adlers. Höhe 21,5 cm. Gute Erhaltung. **600,–/700,–**

Militärische Erinnerungsstücke

296 Gruppe von fünf Porzellanpfeifenköpfen für Reservistenpfeifen. Darunter Ulanenregiment Nr. 14, Feldartillerieregiment Nr. 63, Jägerbataillon Nr. 12 und Infanterieregiment Nr. 80. Auf den Pfeifen als Deckel die vom einzelnen Truppenteil getragene Kopfbedeckung in Miniaturausführung. Dazu ein Holzständer. Gute Erhaltung. **1200,–/1500,–**

297 Tasse mit Untertasse aus der königlich preußischen Porzellanmanufaktur in Berlin. Kobaltblaue Grundfarbe, an der Vorderseite der Tasse das Eiserne Kreuz 1914 in zwei Lorbeerzweigen. Erinnerungstasse an den Ersten Weltkrieg. Sehr gute Erhaltung. **400,–/500,–**

298 Erinnerungstasse mit Untertasse zur Erinnerung eines Ulanen an seine Dienstzeit im 1. Garde-Ulanenregiment, 1864. An der Vorderseite der Tasse handgemalter reitender Ulan mit dem Namenszug, auf der Untertasse Schabracke, Säbel, Pistole und ein Trinkspruch. Gute Erhaltung. **400,–/500,–**

299 Tafelservice aus der Offiziersmesse des letzten kaiserlichen Flaggschiffes »S.M.S. Deutschland«, 25 Teile. Im Mittelfeld der Flachteile auf weißem Grund das gekrönte kaiserliche Wappen mit umhängender Kette des Schwarzen Adlerordens, am oberen Rand der Schiffsname sowie zwei gekreuzte Großadmiralsflaggen. Hergestellt von der königlich preußischen Porzellanmanufaktur in Berlin. Aus dem Besitz des Kommandanten des Schiffes, Kapitän zur See Hugo Meurer. Um 1900. Gute Erhaltung. **10000,–/12000,–**

296

297 298

299

300
301
302

303

304

RESERVISTENKRÜGE

300 Reservisten-Bierkrug eines Infanteristen aus dem Infanterie-Regiment Markgraf Ludwig Wilhelm, 3. badisches Nr. 111 in Rastatt. Handgemalte Szenen mit Regimentsemblemen, Namensliste der Regimentskameraden. Knauf des Zinndeckels abgebrochen. Zwei kleine Haarrisse und eine Absplitterung. Höhe 25,5 cm. Mittlere Erhaltung. 500,–/600,–

301 Steingut-Bierkrug eines Infanteristen aus dem Infanterie-Leibregiment, datiert 1916. Vorne handgemalte Allianzwappen von Deutschland, Österreich, Bulgarien und der Türkei mit der Devise »Einigkeit macht stark«. Gute Erhaltung. 250,–/300,–

302 Reservisten-Bierkrug eines Artilleristen aus dem 1. kgl. sächsischen Feldartillerie-Regiment Nr. 12, Dresden. Vorne handgemalte Regimentsdarstellungen. Zinndeckel mit Geschütz, über dem Scharnier Daumenplatte mit dem sächsischen gekrönten Wappen. Gute Erhaltung. 700,–/800,–

303 Reservisten-Bierkrug eines Grenadiers aus dem Grenadier-Regiment König Karl, 5. württembergisches Nr. 123, Ulm 1898 bis 1900. Vorne drei Grenadiere in verschiedener Bekleidung, darüber die gekrönte Regimentsschulterklappe. Zinndeckel mit hufförmiger Daumenplatte. Gute Erhaltung. 700,–/800,–

304 Reservisten-Bierkrug eines Husaren aus dem Husaren-Regiment von Zieten, brandenburgisches Nr. 3, Rathenow, 1896 bis 1899. Vorne handgemalter galoppierender Husar mit gestrecktem Säbel, darüber der Name. Hoher Zinndeckel mit Husarenfigur. Gute Erhaltung. 800,–/1 000,–

305 Reservisten-Bierkrug eines Husaren aus dem thüringischen Husaren-Regiment Nr. 12, Torgau, 1911 bis 1914. Besonders hohe Ausführung (36,5 cm) mit reicher Bemalung. Zinndeckel mit Husarenfigur. Kleine Absplitterung am Rand. Gute Erhaltung. 800,–/900,–

306 Reservisten-Bierkrug eines Artilleristen aus dem 1. Garde-Feldartillerie-Regiment, Berlin, Dienstzeit 1910 bis 1912. Besonders hohe Ausführung (36,5 cm). Handgemalte Regimentsszenen. Hoher Zinndeckel in Granatenform mit bemanntem Feldgeschütz, Daumenscharnier

Militärische Erinnerungsstücke 147

in Reiterform. Kleine Beschädigung an der Zinnfigur. **800,–/1 000,–**

307 Reservisten-Bierkrug eines Matrosen von S.M.S. Kaiser Barbarossa und S.M.S. Kaiser Karl der Große. Dienstzeit 1902 bis 1905. Auf der Vorderseite verschiedene handgemalte Szenen aus dem Marineleben. Zinndeckel mit einem trinkenden Matrosen. Im Boden kleine Haarrisse, im Zinndeckel ebenfalls eine kleine Beschädigung. Mittlere Erhaltung.
1 000,–/1 500,–

308 Reservisten-Bierkrug eines Angehörigen des Telegraphenzuges im 2. Seebataillon Wilhelmshaven, 1907 bis 1910. Vorne handgemalte Seeschlacht, Marine-Infanterist, zwei gekrönte Anker. Auf dem Zinndeckel Fahnenträger-Figur, neu befestigt. Im Boden feine Haarrisse. Mittlere Erhaltung. **1 500,–/2 000,–**

309 Reservisten-Bierkrug aus dem Eisenbahn-Regiment Nr. 2, Berlin-Schöneberg, Dienstzeit 1910 bis 1912. Handgemalte Szenen aus der Tätigkeit der Eisenbahntruppe. Zinndeckel mit Lokomotive. Mittlere Erhaltung. **1 500,–/1 800,–**

305

306

307

308

309

148 Katalog-Bildteil

310

311

312

313

314

315

GLÄSER

310 Erinnerungsglas eines Soldaten aus dem 1. Garderegiment zu Fuß in Potsdam. Auf dem Glas in der Mitte der Gardestern, darüber Grenadiermütze und Regimentsbezeichnung. Höhe 25 cm. Gute Erhaltung. **350,–/400,–**

311 Erinnerungsglas für einen Soldaten zum 100jährigen Jubiläum des oldenburgischen Infanterieregiments Nr. 91. Auf dem Bierglas die Schulterklappe des Regiments zwischen den Jubiläumszahlen 1813 und 1913. Rundherum die Regimentsbezeichnung. Gute Erhaltung. **200,–/250,–**

312 Kristallpokal eines Angehörigen der Feldartillerie-Schießschule Jüterborg. Hochzeitsgeschenk aus dem Jahre 1889. An der Vorderseite eingeschliffen die gekrönten Initialen des Regimentes, an der Rückseite Widmungsinschrift. An Fuß und Rand Goldkante. Höhe 28 cm. Sehr gute Erhaltung. **350,–/400,–**

313 Erinnerungskrug eines Obermatrosen an seine Dienstzeit auf der kaiserlichen Jacht »Hohenzollern« in den Jahren 1908 bis 1911. Krug aus Glas mit mehrfarbiger Handbemalung. Im Mittelfeld die »Hohenzollern« umgeben von einem Eichenlaubkranz, darüber die Kriegsflagge und Nationalflagge. Deckel aus Zinn. Gute Erhaltung. **1 000,–/1 500,–**

314 Kristallpokal zur Erinnerung an den Ersten Weltkrieg. Vorderseitig eingeschliffen das schwarze Eiserne Kreuz umgeben von Eichenlaub und Lorbeer. Am Fuß und am Rand goldener Abschluß. Höhe 20 cm. Sehr gute Erhaltung. **250,–/350,–**

315 Kristallpokal zur Erinnerung an die Verleihung des Eisernen Kreuzes für außergewöhnliche Leistungen in den Befreiungskriegen. Der ganze Pokal reich geschliffen und mit Inschrift. »Zur Erinnerung des 21. Juni 1822«. Die Eisernen Kreuze wurden noch bis spät in die 40er Jahre hinein verliehen. Höhe 30,5 cm. Sehr gute Erhaltung. **2 000,–/2 200,–**

SILBER

316 Silberne Geschenkschale für den preußischen General von Bülow zum 70. Geburtstag am 24. März 1916. Rechteckig mit getriebenen Randverzierungen. In der Mitte Geschenkgravur. Im Boden der Schale die Marke des bekannten Berliner Juweliers Werner. 490 g. Gute Erhaltung. **1 200,–/1 500,–**

317 Ein Paar Silberleuchter, im Stil um 1720. Getriebene, reiche barocke Verzierung. An der Unterkante des Leuchters Geschenkwidmung an das 1. badische Leib-Regiment aus dem Jahre 1895. Der Standfestigkeit wegen sind die Füße ausgegipst. Höhe 20 cm. Gute Erhaltung. **1 800,–/2 200,–**

318 Geschenkpokal für das Infanterieregiment Nr. 127 aus dem Jahre 1905. Jugendstil in Silber getrieben. An der Vorderseite eingraviert die gekrönten Initialen des Regimentes. An der Rückseite Widmungsgravur mit folgendem Inhalt »Dem Regiment gewidmet von Oberst Gronen mit dem Wunsche, daß der Becher fortan im Casino bei jedem Hoch auf Kaiser und König von dem Kommandeur sowie von jedem ausscheidenden Offizier auf das Wohl des Offizierscorps des Regimentes geleert werden möge«. Höhe 24 cm. 400 g. Sehr gute Erhaltung. **1 000,–/1 200,–**

319 Silberne Miniatur-Ulanentschapka. Geschenk um 1900 an einen Offizier des 6. preußischen Ulanenregimentes. Auf dem Deckel der Tschapka eingraviert die Namen von 26 Offizieren des Regimentes. Sehr feine und detailgetreue Ausführung. Höhe 7,5 cm, Gewicht 280 g. Geschenke dieser Art waren in der alten Armee beliebt und wurden insbesondere ausscheidenden Offizieren von den verbleibenden überreicht. Sehr gute Erhaltung. **2 000,–/2 500,–**

316

319

317

318

320

Diverses

320 Große Trommel eines österreichischen Musikcorps. Anfang des 19. Jahrhunderts. Der Körper der Trommel besteht aus Holz, das mit einem grünweißen Zickzackmuster bemalt ist. Darauf an einer Seite der schwarze österreichische Doppeladler mit dem Monogramm Franz I. (1804–1835). Die Trommelfelle haben sich mit der Zeit etwas verzogen, die Schnurbespannung fehlt. Die Pauke ist an einigen kleineren Stellen restauriert. Gute Erhaltung. Frühe Militärmusikinstrumente sind sehr selten. **3 000,–/3 500,–**

321 Winkelquadrant der Artillerie zur Berechnung der Flugbahn von Geschossen, aus der hessisch-darmstädtischen Artillerie des 18. Jahrhunderts. Vergoldet in Bronze. In der Mitte Darstellung eines Kriegers, darüber das gespiegelte Monogramm Ludwigs VIII. (1739–1768), die Spitze in einer Krone endend. Der Unterrand mit Winkelgradeinteilung. 24,5 x 13 cm. Sehr gute Erhaltung. **10 000,–/12 000,–**

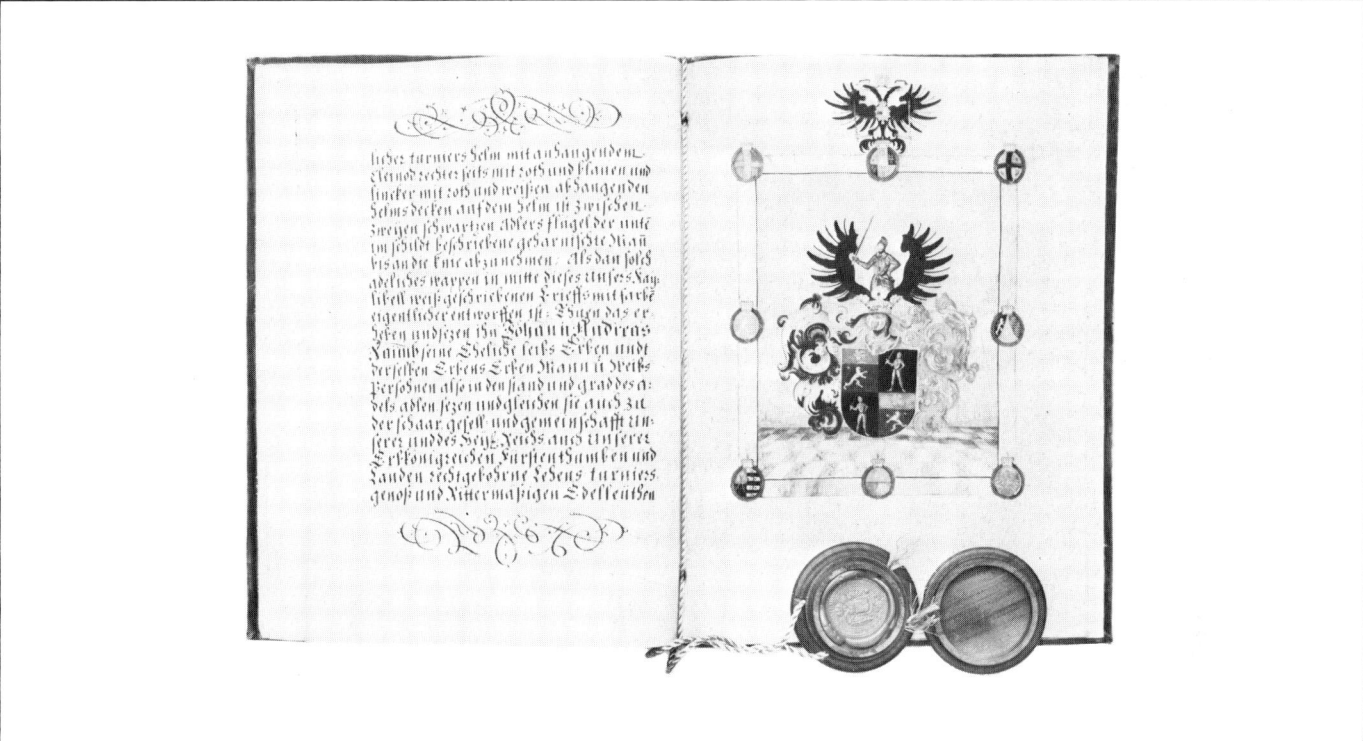

322 Kaiserliches Diplom (Österreich) von 1706 zur Erhebung eines Johann Andreas Kaimb in den rittermäßigen Adelsstand. Rotsamtener Einband, 18 handbeschriebene Pergamentblätter, auf einer Seite mehrfarbige Wappendarstellung. Anhängend Siegelkapsel. Gute Erhaltung.
1 200,–/1 500,–

323 Bayerische Siegelkapsel aus der zweiten Hälfte des 18. Jahrhunderts, Regierungszeit des Kurfürsten Karl Theodor (1777–1799). Die Siegelkapsel besteht aus versilbertem Messing. Auf dem Deckel ist das kurbayerische Wappen im großen Ornat eingraviert. Der Durchmesser der Kapsel beträgt 11,5 cm. Das Siegel selber und die untere Hälfte vermutlich ergänzt. Gute Erhaltung. 800,–/1 000,–

324

325

326

327

Die Wehrmacht

UNIFORMEN

324 Paradeuniform für einen Leutnant der Reserve aus dem IR 55. Feine Maßfertigung mit gestickten Effekten. Die Achselstücke vorschriftsmäßig doppelt unterlegt. Lange, steingraue Hose mit weißen Biesen. **850,–**

325 Paradewaffenrock eines Oberstabsarztes kpl. mit gestickten Effekten, Fangschnur und großer Ordensspange, EK I und Verwundetenabzeichen 1918 in schwarz. **1 000,–**

326 Uniform für einen Oberleutnant der Panzerjäger. Schirmmütze kpl. mit gestickten Effekten. Feldbluse kpl. mit Effekten. Achselstücke mit aufgelegtem »P«. Lange Hose mit rosafarbenen Biesen. Zweidornkoppel mit Pistolentasche. **2 000,–**

327 Paradewaffenrock für einen Zahlmeister der Heeresverwaltung kpl. mit allen Effekten einschl. Paradeachselband. **600,–**

Die Wehrmacht 153

328 Paradewaffenrock für einen Oberst der Pioniere kpl. mit gestickten Effekten, Paradefangschnur, Ordensspange und Paradefeldbinde. Dazu lange, steingraue Hose mit schwarzen Biesen. **1 000,–**

329 Tarnjacke zum Winterkampfanzug des Heeres. **500,–**

330 Feldbluse M 36 für Mannschaften der Artillerie kpl. mit allen vorschriftsmäßigen Effekten. Kammerstempel. **1 000,–**

331 Sturmgeschützuniform für Mannschaften der Artillerie. Kragenspiegel mit rotem Vorstoß und aufgelegtem Totenkopf. Hose in typischem Schnitt und eingearbeitetem Webgurt. Kammerstempel. **3 500,–**

328

329

330

331

332

333

334

335

332 Uniform für einen Generalmajor der Gebirgstruppe. Maßgefertigte Feldbluse mit goldgestickten Effekten. Dazu die lange, steingraue Hose mit breiten, roten Lampassen. **4 000,–**

333 Paradewaffenrock für einen Hauptmann im Gebirgsjägerregiment 98 kpl. mit gestickten Effekten einschl. des Ärmeledelweiß. Feine Maßfertigung. **700,–**

334 Feldgraue Panzerjacke für einen Unterscharführer der Panzerjäger der Waffen-SS. Typischer Schnitt. Kpl. mit allen Effekten bis auf das Ärmelband. **2 500,–**

335 Uniform für einen Brigadeführer der Waffen-SS. Feldgraue Schirmmütze mit versilberten Abzeichen. Der Rock mit handgestickten Effekten. Zahlreiche Ordensschlaufen. Lange steingraue Hose mit breiten, grauen Lampassen. **10 000,–**

Die Wehrmacht 155

336 Erich Raeder. Epauletten zur Uniform als Großadmiral. Felder aus silberner Tresse mit aufgelegten Marschallstäben der 1. Form, d. h. 43 × 30 mm. Feuervergoldeter unklarer Anker. In Schachtel mit Namensstempel. **7 000,–**

337 Uniform für einen Oberbootsmannsmaat bestehend aus Jacke mit Dienstgradabzeichen und Ärmelabzeichen für Flak-Entfernungsmesser. Dazu dunkelblaue Weste und Hose. **600,–**

338 Kleiner Dienstanzug für einen Beamten im Rang eines Konteradmirals. Dunkelblaues Jackett mit silbernen, geprägten Ankerknöpfen. Silberne Ärmeltresse. Rangsterne fehlen. Gestickter Brustadler. Kieler Schneideretikett. Lange, dunkelblaue Hose. **2 500,–**

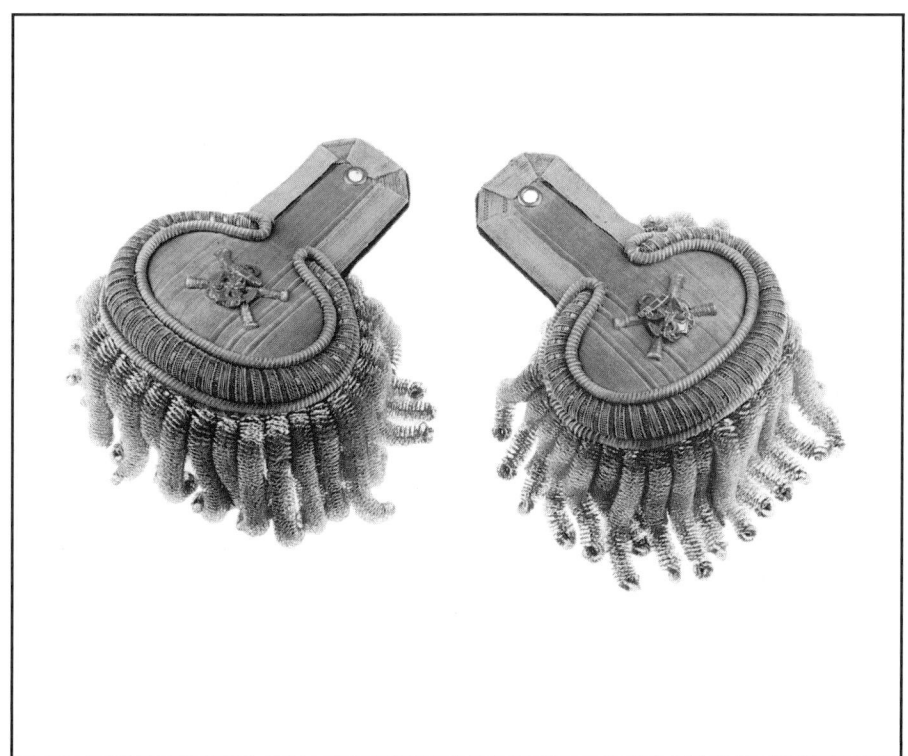

336

337

338

339

340

339 Schwarze Lederjacke für Angehörige der Kleinkampfmittel wie Sprengboote und Einmann-U-Boote. Kammerstempel.
1 000,–

340 Anzug für Angehörige der Kleinkampfmittel wie oben. Kammerstempel.
2 000,–

341 Rock eines Hauptmanns der Luftwaffe. Blaugrau mit handgestickten Effekten und Flugzeugführerabzeichen. Anhängendes EK II und Feldspange. **850,–**

342 Fliegerbluse für einen Oberfeldwebel der Flieger kpl. mit allen Effekten. **450,–**

341

342

Die Wehrmacht 157

343 Pelzjacke zum Winteranzug des fliegenden Personals. **400,–**

344 Winterkombination für fliegendes Personal. Mittelbrauner Velourstoff mit Lammfellfutter. **500,–**

345 Winteranzug für fliegendes Personal. Kopfhaube kpl. mit Anschluß und Kehlkopfmikrophon. Pelzjacke mit blauem Leinenbezug. Heizbare Hose und Handschuhe mit Webpelzfutter. Dazu Fliegerstiefel. **1 500,–**

343

344

345

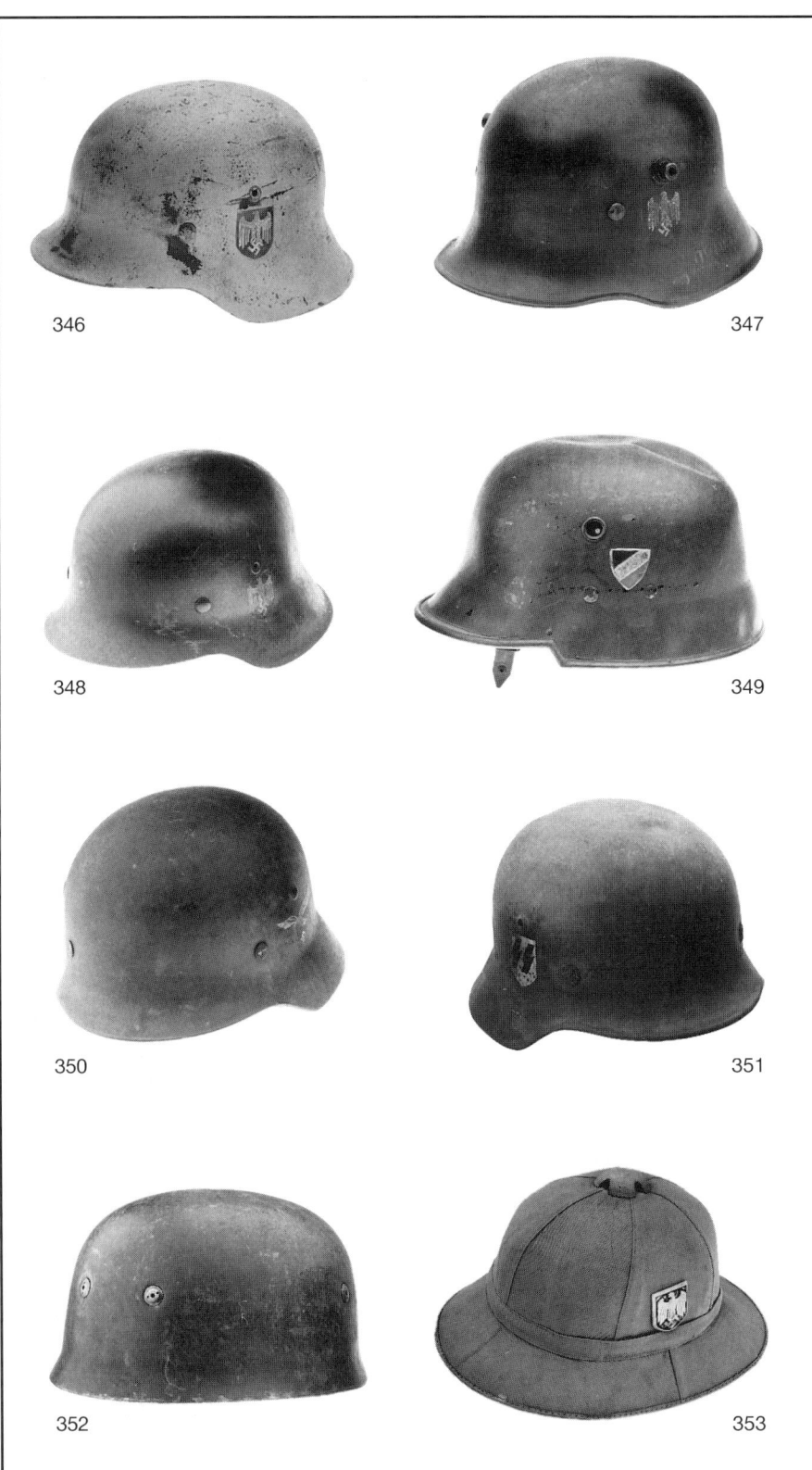

STAHLHELME UND MILITÄRISCHE KOPFBEDECKUNGEN

346 **Helm M 43** für Heereseinheiten des Afrikakorps. Sandfarbener Anstrich. Kpl. mit beiden Abzeichen. **500,–**

347 **Helm M 18** in Wehrmachtsausführung. Feldgrau mit beiden Abzeichen. **500,–**

348 **Helm M 43** des Heeres. Kpl. mit beiden Abzeichen. **500,–**

349 **Helm-Prototyp des Heeres** aus Vulkanfiber. Wappenschilder aus Metall. Hersteller »Lubstein«. **1 500,–**

350 **Helm M 42 der Luftwaffe.** Luftwaffengrau. Kpl. mit beiden Abzeichen. **400,–**

351 **Helm M 42** der Waffen-SS. Kpl. mit beiden Abzeichen. **1 200,–**

352 **Helm der Fallschirmjäger** kpl. mit Innenfutter. **2 000,–**

353 **Tropenhelm** der Heereseinheiten des Afrikakorps, kpl. mit beiden Abzeichen. **350,–**

Die Wehrmacht 159

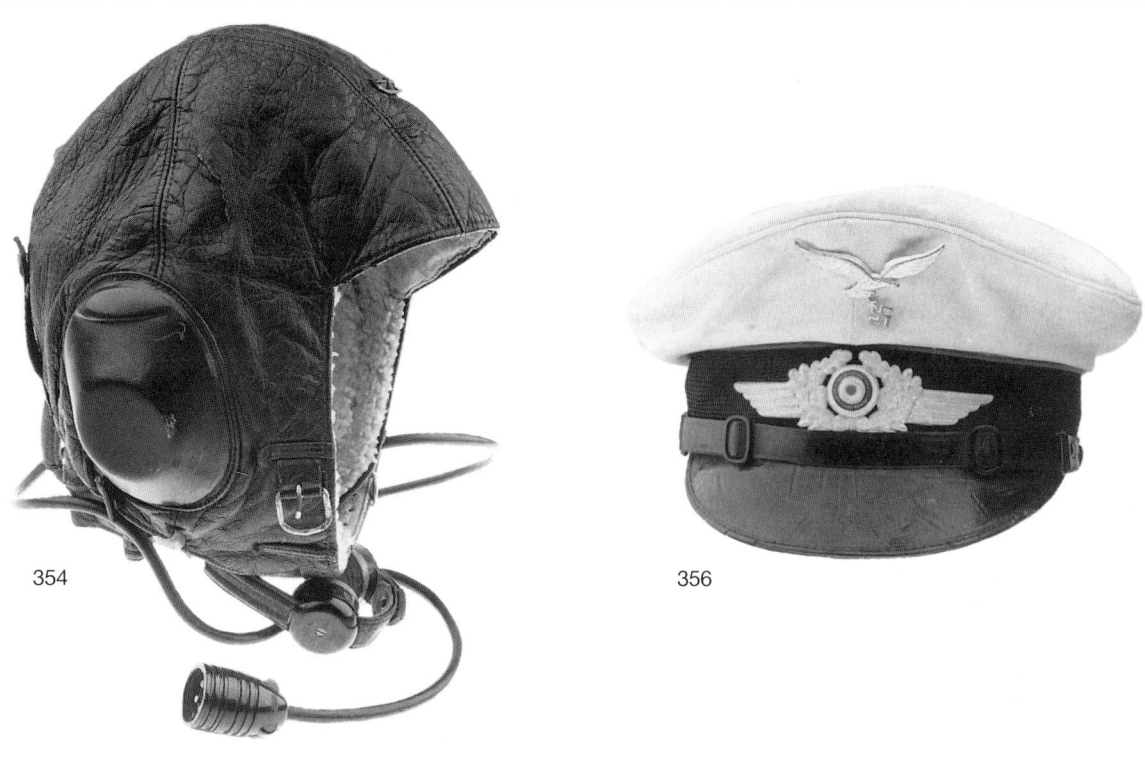

354

355

357

358

359

354 Lederne Kopfhaube für fliegendes Personal der Luftwaffe. Kpl. mit Sprechsatz und Anschlußkabel. **250,-**

355 Schirmmütze für Offiziere der Luftwaffe. Grau-blau. Kpl. mit allen gestickten Abzeichen. **400,-**

356 Schirmmütze zur Sommeruniform der Fliegertruppe für Mannschaften und Unteroffiziere der Flak-Artillerie. Weißer Mützendeckel, der Bund mit rotem Vorstoß. **500,-**

357 Schirmmütze für Offiziere der Gebirgsjäger kpl. mit allen Effekten. **650,-**

358 Schirmmütze für Admirale. Kpl. mit allen Effekten. Abnehmbarer Mützendeckel. **2 500,-**

359 Tropen-Schirmmütze für Seeoffiziere. Khaki. Olivgrüner Lederriemen. Gestickte Abzeichen. **1 200,-**

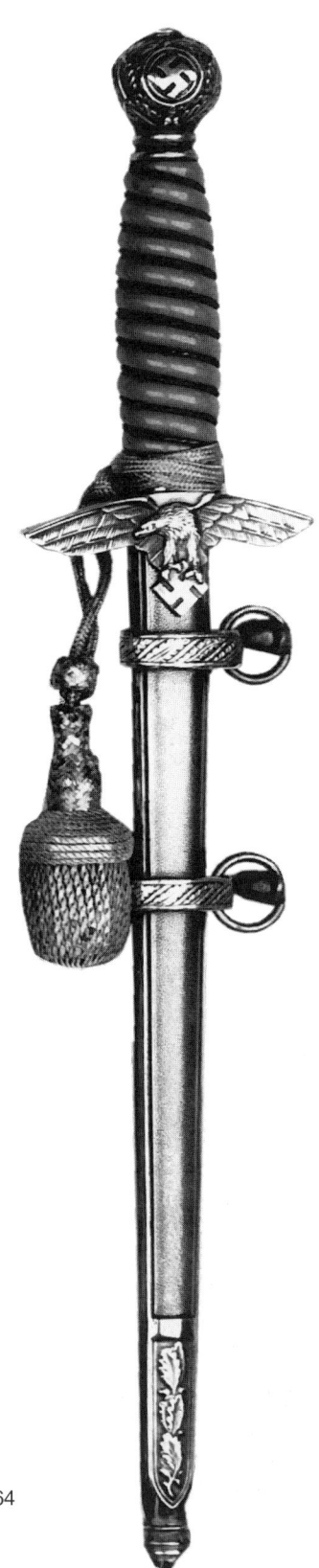

360

361

360 Schirmmütze für Diplomaten zur feldgrauen Uniform, die nur im Führerhauptquartier getragen wurde. Goldene Cello-Stickerei. 3 500,–

361 Schirmmütze für Führer der Waffen-SS. Roter Artillerievorstoß. Maßfertigung in feldgrauem Tuch. Herstellersignatur. 3 500,–

BLANKWAFFEN

362 Dolch für Offiziere des Heeres kpl. mit Scheide, Gehänge und Portepee. 500,–

363 Dolch für Offiziere der Kriegsmarine. Mit Blitzscheide und Portepee. Geätzte Klinge. Hersteller »WKC«. 1 000,–

364 Dolch für Offiziere der Luftwaffe mit Scheide und Portepee. 600,–

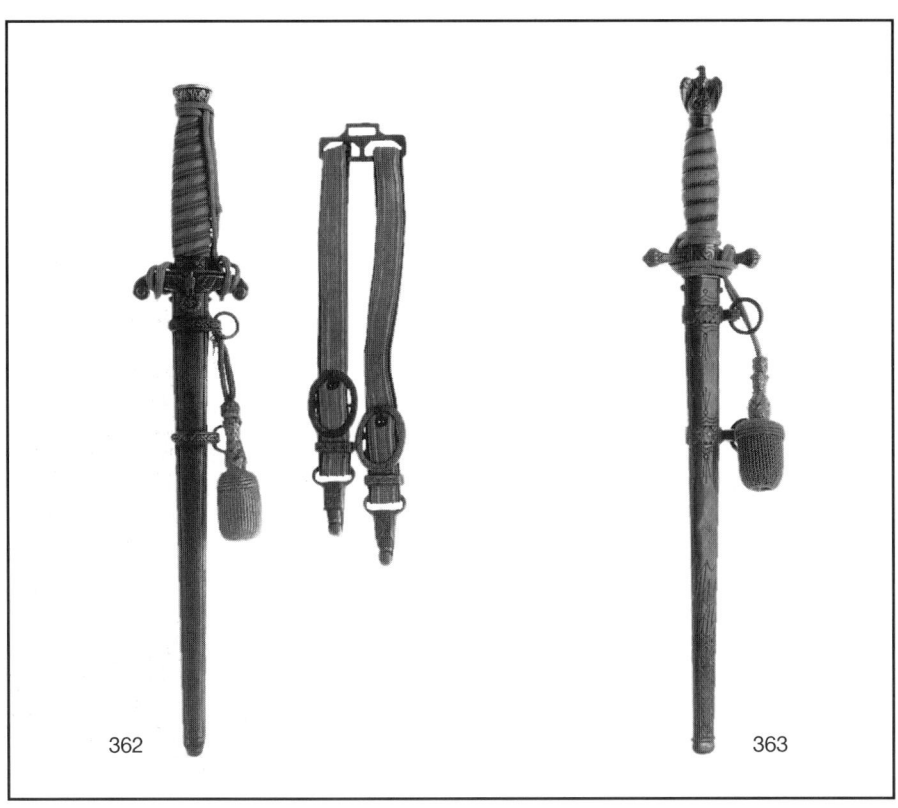

364

362

363

Die Wehrmacht 161

365 Fallschirmjäger-Messer der Luftwaffe. **600,–**

366 Dolch für Offiziere der Luftwaffe, 1. Modell mit Scheide und Gehänge. Hersteller »Herder Solingen«. **750,–**

367 Bügelsäbel für Offiziere des Heeres mit Scheide und Portepee. Vergoldetes Gefäß mit Hoheitsadler auf der Parierstange. **500,–**

368 Schwert für Offiziere der Luftwaffe mit Scheide. Ausführung in Aluminium. Herstellermarke und Abnahmestempel. **1 000,–**

369 Säbel für Offiziere der Kriegsmarine. Feuervergoldetes Löwenkopfgefäß mit abklappbarem Stichblatt. **800,–**

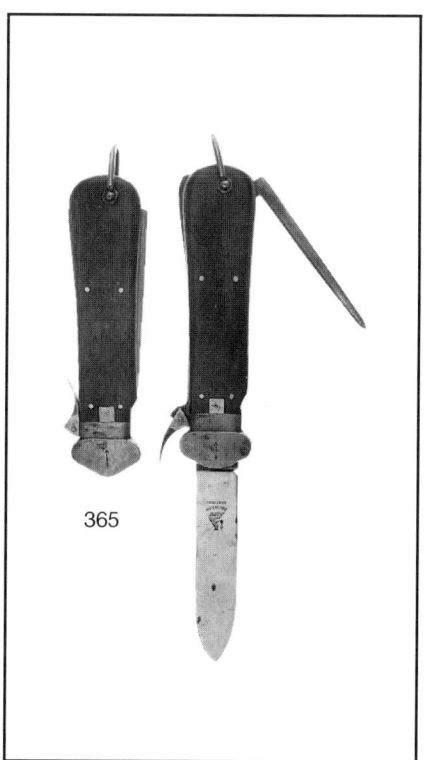

365

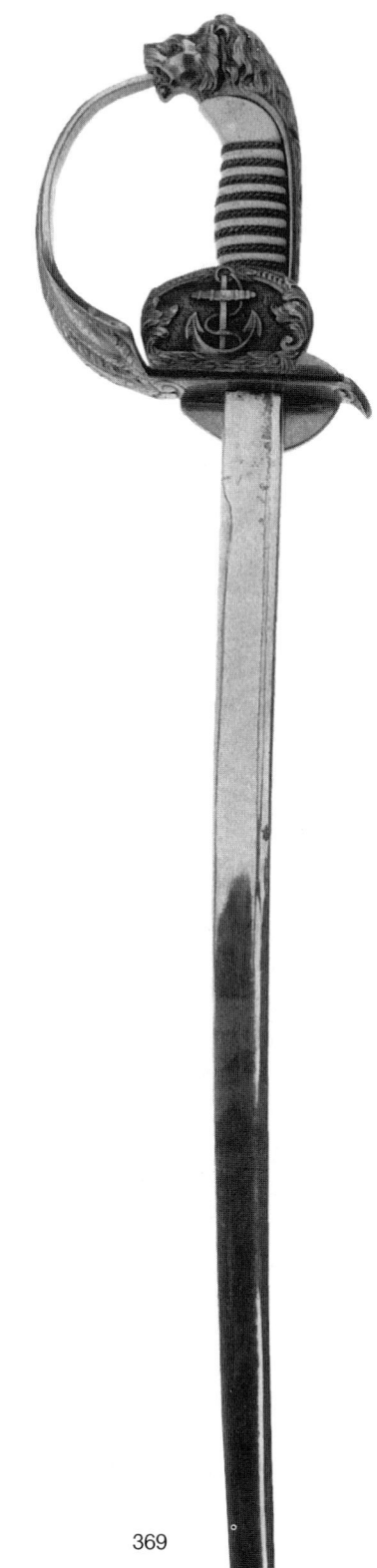

369

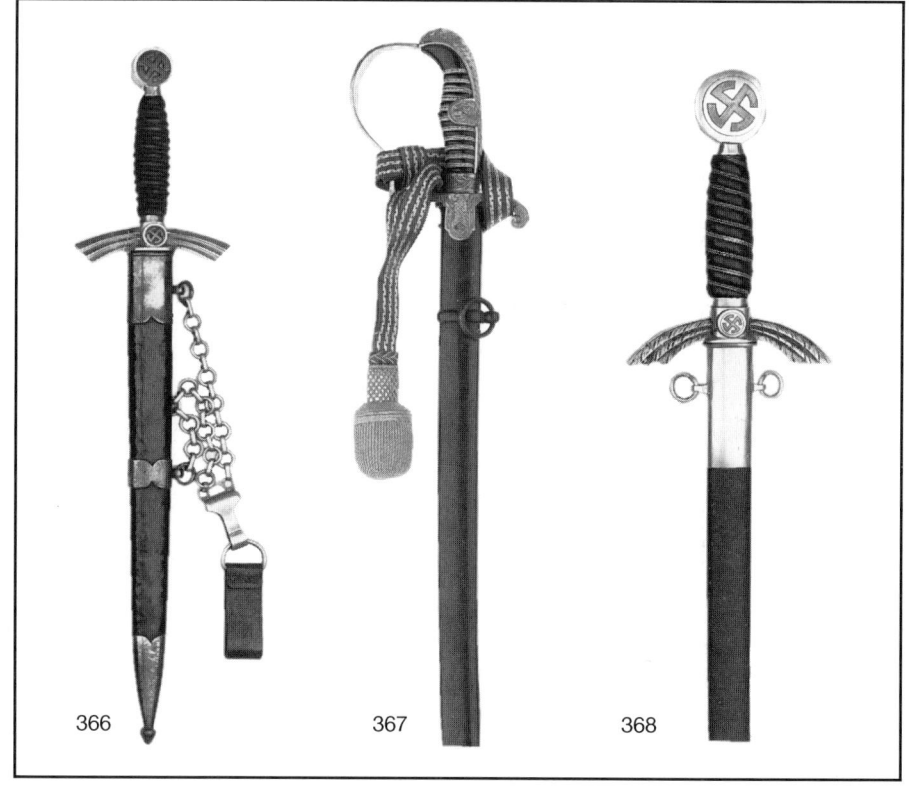

366   367   368

ORDEN UND EHRENZEICHEN

370 Ritterkreuz des Eisernen Kreuzes 1939. An Band. Silberzarge gestempelt »800«. **3 000,–**

371 Spanienkreuz in Gold mit Schwertern. Tombak feuervergoldet. Breite Nadel. Hersteller »L/12«. **1 500,–**

372 Deutscher Adlerorden. Kreuz 5. Klasse. Silber vergoldet und emailliert. An Band. **1 200,–**

373 Verleihungsurkunde zum Ritterkreuz in goldgeprägter Mappe. **8 000,–**

370

371

372

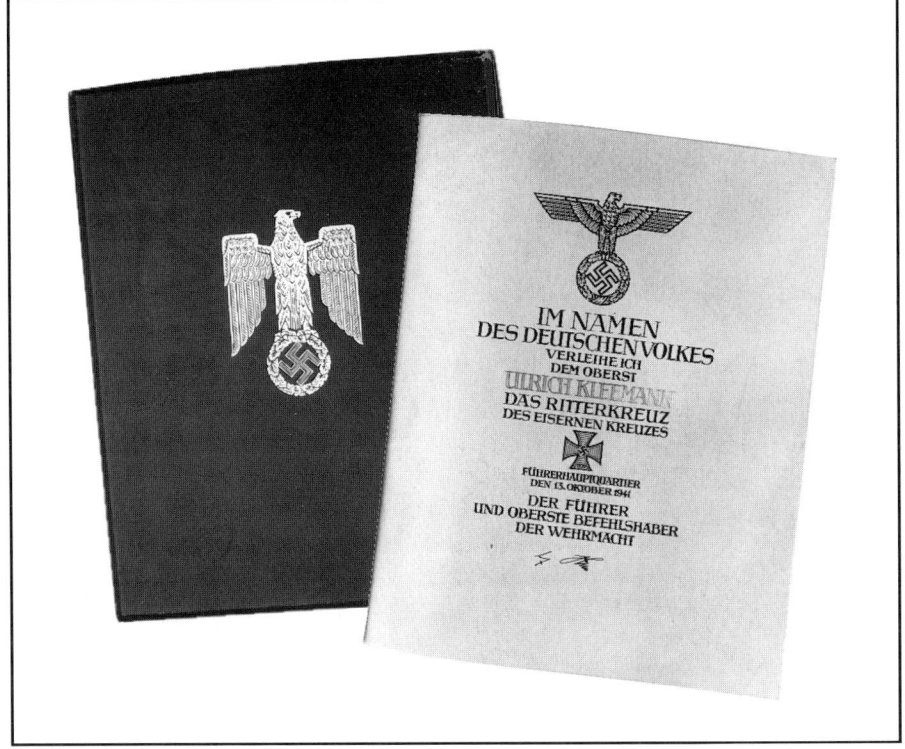

373

374 Deutsches Kreuz in Gold. Hersteller »20«. In Etui. Dazu das vorläufige Besitzzeugnis 1944 für einen Obergefreiten der Artillerie. **2 200,–**

375 Nahkampfspange in Gold. Feuervergoldetes Buntmetall. **1 500,–**

376 Verwundetenabzeichen in Gold. Sogenannte »Legion Condor«-Ausführung. Hohlprägung. Vergoldet. In Etui. **500,–**

377 Panzerkampfabzeichen in Silber mit Einsatzzahl »25«. Massive Ausführung mit breiter Nadel und Hersteller »JFS«. **1 200,–**

378 Allgemeines Sturmabzeichen mit Einsatzzahl »50«. Feinzink versilbert. **1 500,–**

379 Schnellboot-Kriegsabzeichen, 2. Modell. Feinzink, vergoldet und versilbert. Hersteller »W. E. Peekhaus«. **500,–**

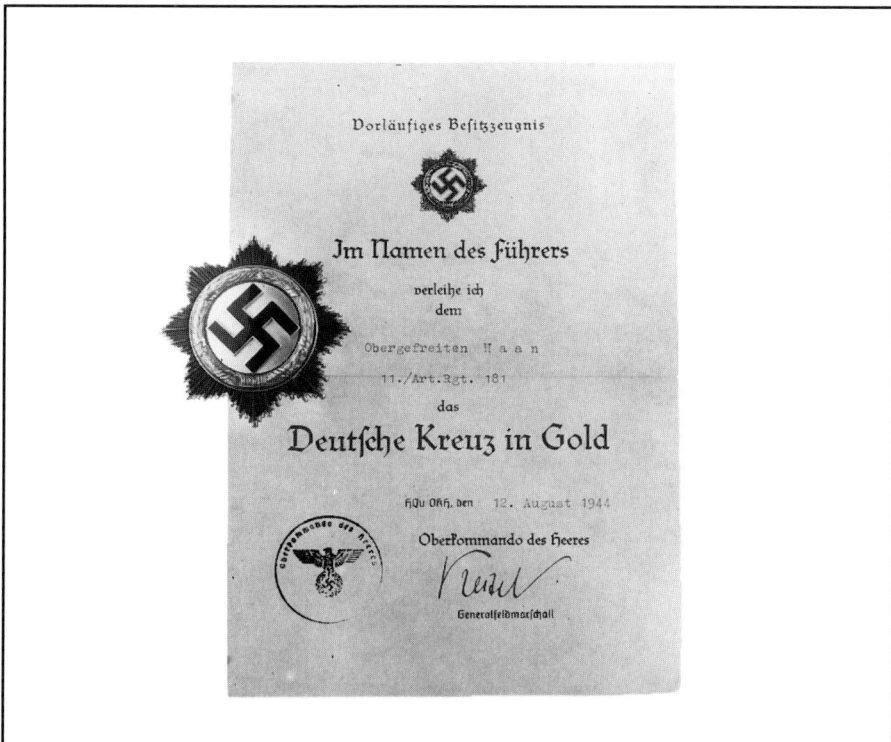

374

375 376

377 378 379

380

MILITÄRISCHE ERINNERUNGSSTÜCKE

380 Friedrich der Große. Farbig bemalte Porzellanfigur der Manufaktur Allach. Im Boden Künstlersignatur »Prof. Th. Kärner«. Höhe 29 cm. **12 000,–**

381 Schnürpel, Herbert. »Sturmgeschütze in der Ukraine 1942«. Öl auf Lnwd. Signiert. **5 000,–**

381

382 Fahnenträger der Schutzstaffel. Weißglasierte Porzellanfigur der Manufaktur Allach. Im Boden Künstlersignatur »T. Kärner«. Höhe 51 cm. **12 000,–**

382

Die Wehrmacht 165

DIVERSES

384 Autostander des Oberbefehlshabers der Kriegsmarine Großadmiral Erich Raeder. 23 × 23 cm.   **6 000,–**

385 Regimentsfahne der Infanterie. Weiße Seide, aufwendig bestickt und appliziert. Von der Fahnenstange abgenommenes Exemplar. 120 × 120 cm.   **15 000,–**

384

383 Ehrenpokal für besondere Leistungen im Luftkrieg, verliehen an den Oberfeldwebel Adolf Hartmann am 16. 3. 1942. Alpaka mit Feinsilberauflage und Herstellersignatur »Joh. Wagner & Söhne«.   **3 000,–**

383

385

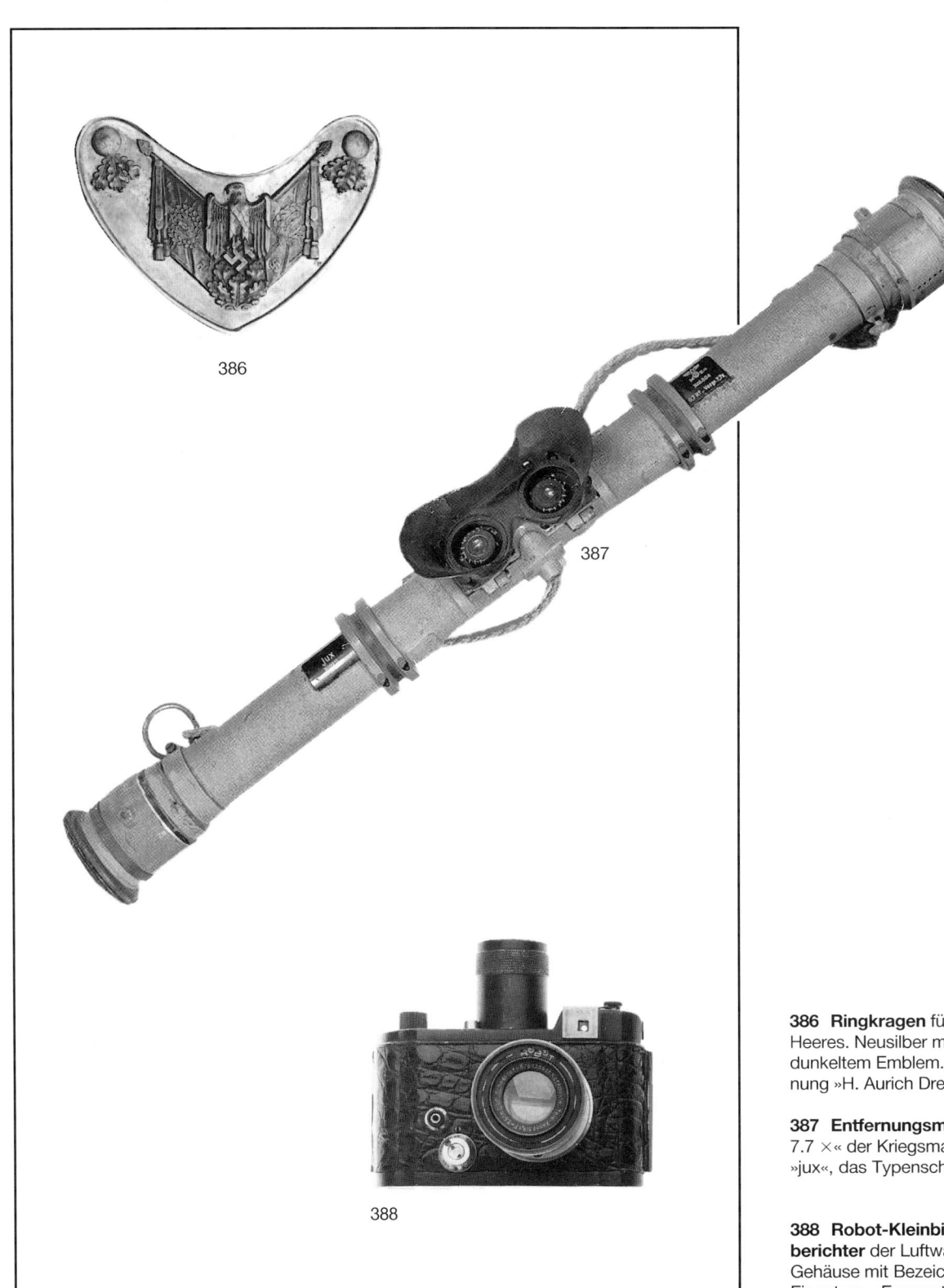

386

387

388

386 Ringkragen für Fahnenträger des Heeres. Neusilber mit verschraubtem, gedunkeltem Emblem. Hersteller-Bezeichnung »H. Aurich Dresden«. **1 000,–**

387 Entfernungsmesser »0.7 Rf – Vergr. 7.7 ×« der Kriegsmarine. Herstellercode »jux«, das Typenschild mit Abnahme. **400,–**

388 Robot-Kleinbildkamera für Kriegsberichter der Luftwaffe. Geschwärztes Gehäuse mit Bezeichnung »Luftwaffen-Eigentum«. Erneuerter Bezug. Teleobjektiv. **1 500,–**

Die Zeit nach 1945 167

389

390

391

392

393

389 Uniform eines Generalmajors des Heeres, Modell 1955–57
Zweireihiger Rock mit Schirmmütze **550,–**

390 Große Dienstuniform eines Oberstleutnants der Panzergrenadiere, Modell 1957–62. Viertaschenrock mit Feldordenspange, Koppel und Stahlhelm. **150,–**

391 Dienstanzug eines Generalmajors der Luftwaffe, Modell 1962–73. Viertaschenrock mit kleiner Ordenspange, Schiffchenmütze. **250,–**

392 Großer Gesellschaftsanzug eines Majors im Generalstab des Heeres. Zweitaschenrock mit Fangschnur und großen Ordensdekorationen, Schirmmütze. **180,–**

393 Dienstanzug eines Oberfeldwebels d. Reserve der Pioniere, Modell 1962, Trageweise um 1985. Viertaschenrock, Schießschnur, Laufbahnabzeichen, Leistungsabzeichen und kleine Ordenspange, Barett. **100,–**

394 Dienstanzug eines Obersten im Generalstab der Luftwaffe, Modell 1973. Viertaschenrock, Laufbahnabzeichen, kleine Ordensspange, Leistungsabzeichen, Schirmmütze. **100,–**

395 Tropenanzug für einen Soldaten der Luftwaffe. Sandfarbener Uniformrock, Modell 1959–62, Schirmmütze. **350,–**

396 Dienstanzug eines weiblichen Stabsarztes des Heeres, erstes Modell. Hellblaue Bluse, Uniformjacke und Rock, dunkelblaue Filzkappe. **400,–**

397 Feldanzug eines Stabsunteroffiziers des Heeres, Modell 1957. Jacke in Flecktarnung, Gasmaskenbüchse mit Segeltuchüberzug, Stahlhelm M1A1 (zweiteilig). **350,–**

398 Feldanzug jagdmeliert **eines Unteroffiziers** der Grenadiere. Rock, Hose, Webkoppel, 2 Paar Magazintaschen zum G3-Gewehr, Traggestell für den Sturmrucksack, Gasmaskenbehälter 3. Modell mit Gasmaske, Stahlhelm Bodentruppen. **200,–**

394

395

396

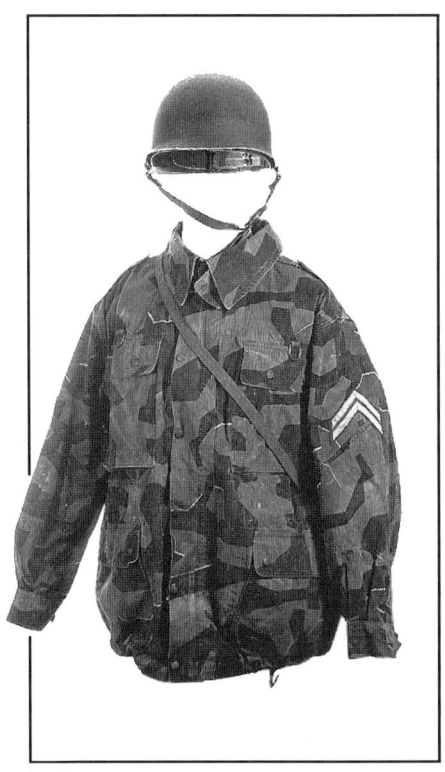
397

398

399 Ehrendolch der NVA. Dolch mit Gehänge in der Verleihungsschachtel. Auf der Scheide Gravur: „Überreicht vom Minister für Nationale Verteidigung der DDR".
850,–

400 Dienstanzug für einen Oberstleutnant der DDR-Grenztruppen. Komplett mit Rock, Hose, Hemd, Krawatte und Winterdienstmütze. **350,–**

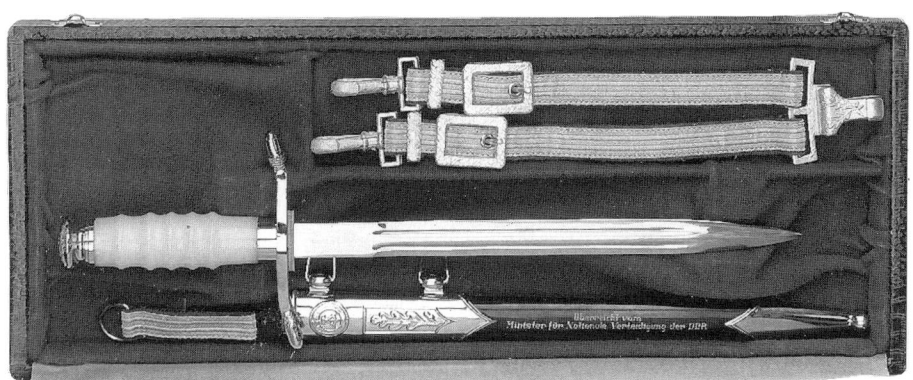

399

400

170 Katalog-Bildteil

401 Mütze für Offiziere der NVA, Heer.
40,–

402 Uniform für einen Generalmajor des Heeres. Rock, Hose und Mütze. **900,–**

401

402